名师名校名校长

凝聚名师共识
回应名师关怀
打造名师品牌
培育名师群体

张晓远题

名师名校名校长书系

在小组研讨互动中
建构师生成长共同体

许红 ◎ 主编

民主与建设出版社

·北京·

图书在版编目（CIP）数据

在小组研讨互动中建构师生成长共同体 / 许红主编
. 一北京：民主与建设出版社, 2019.5
ISBN 978-7-5139-2463-4

Ⅰ. ①在… Ⅱ. ①许… Ⅲ. ①小学－班主任工作－文
集 Ⅳ. ①G625.1-53

中国版本图书馆CIP数据核字（2019）第072049号

在小组研讨互动中建构师生成长共同体
ZAI XIAOZU YANTAO HUDONG ZHONG JIANGOU SHISHENG CHENGZHANG GONGTONGTI

出 版 人　李声笑
主　　编　许　红
责任编辑　刘　芳
封面设计　姜　龙
出版发行　民主与建设出版社有限责任公司
电　　话　（010）59417747　59419778
社　　址　北京市海淀区西三环中路10号望海楼E座7层
邮　　编　100142
印　　刷　北京虎彩文化传播有限公司
版　　次　2022年6月第1版
印　　次　2022年6月第1次印刷
开　　本　710毫米×1000毫米　　1/16
印　　张　19
字　　数　342千字
书　　号　ISBN 978-7-5139-2463-4
定　　价　45.00元

注：如有印、装质量问题，请与出版社联系。

编 委 会

序 言

　　不是上帝，却能影响一群孩子一生的命运；不是编剧，却能操纵一群孩子一天的心情。他（她）是谁？他（她）的名字就叫——班主任。只是普通的班主任，却能决定孩子头顶上方天空的颜色。是的，班主任每天的工作就是陪着孩子们成长，孩子们的酸甜苦辣，成长的点点滴滴早已刻进他们的心里，他们的脑海里。于是，就有了这一片片的思想"落叶"。这里面是教师们讲孩子们的那些事，没有宏大的叙事，没有催人泪下的感动，只有一个个平凡简单，但又耐人寻味的小片段。我们不希望这些思想"落叶"被岁月慢慢冲淡乃至消殒，所以，我们合众人之力将这些思想"落叶"收集了起来，企望着能和更多的人进行分享，希望别人能从中得到一些启发。

　　因为共同的梦想，因为共同的追求，我们相聚在工作室这片看似平凡其实精彩无限的园地里已经有六年多了。光阴会逝去，树木会凋零，色彩会褪去，但我们工作室的同仁却依然不忘初心。我们对教育的追求不曾松懈，也不曾停歇，我们对学生永远有一份浓烈的爱，一份深沉的情。有人说："如果不能坚持，你将看不到最后的风景。"孩子的成长过程就是我们眼中的风景，因为每个班级都是不同的，每个学生也是不同的，甚至班级和学生每一天也都是不同的，我们迷恋着这些变化的风景，迷恋着学生的成长。

　　我们坚信，班主任是学生的人生之师，在小小的班级里我们能唤醒生命，能重塑学生的精神世界。我们责无旁贷，我们将继续努力下去！

陈友廷

2018年12月31日

目 录

第四篇　班级活动

第五篇　安全教育

第九篇　今天，我们这样做班主任

1

工作室团队介绍

第一篇

许红名班主任工作室团队建设概况

工作室授牌

主持人许红及其助理

陈友廷

愿做一点星火，点燃学生，照亮自己，共同成长。

许娟

只有不断地丰富自己，才能更好地成就孩子。

毛江玲

携手家校，当好孩子成长路上的重要他人。

曾翠映

走近孩子，参与其中，幸福孩子们的幸福。

一群人，一件事；一辈子，一起走

一群人，一件事；一辈子，一起走

林贝

温和而坚定，做孩子心灵的守护人！

徐希

我要让孩子们在最好的求学年华里遇上最好的我。

张小金

尊重每一个生命，善待每一种人生。

冯玉梅

教师最大的幸福，就是给予孩子阔步未来、拥抱幸福的能力！

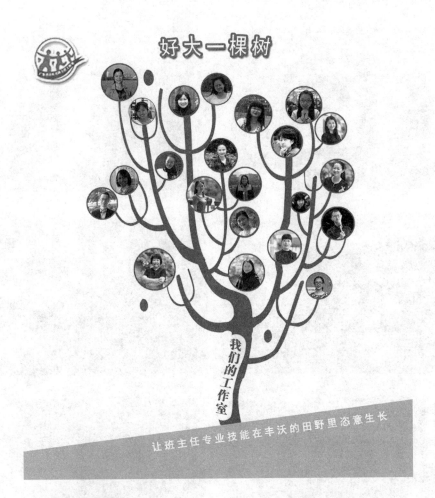

好大一棵树

我们的工作室

让班主任专业技能在丰沃的田野里恣意生长

工作室成员

在研讨互动中建构专业成长共同体

——广东省许红名班主任工作室特色成果

惠州市南坛小学实验学校　许 红

一、工作室概述

2012年，广东省首批名班主任工作室之一的许红名班主任工作室在南坛小学实验学校正式挂牌成立。工作室立足于小学班级管理及师生核心素养的培养，以名师工作室系列活动为载体开展工作，尤其注重建构实操性强的骨干班主任培训模式，如小组研讨互动模式。经过几年的实践探索，成效显著。工作室团队注重帮助一线班主任发现、解决一些教育的热点、难点问题，帮助提升年轻教师的班级管理能力，让他们的专业知识贴地行走，更好地服务于师生，打造更多的班级名片。自成立以来，工作室已出色完成一、二两个周期的建设工作，成效显著，现已启动第三周期的建设工作。

在主持人的带领下，工作室注重发挥骨干班主任的示范、引领和辐射作用，逐步优化骨干成员、学员队伍结构，力求做到"精选、优培"，以快速形成显著的区域名师品牌效应。现有6位骨干成员成为市、区级首批名班主任工作室主持人，1位成员被列为广东省名班主任培养对象，多名骨干成员在乡镇一级的中心学校起着较好的示范引领作用。主持人所在学校已被定为惠州市农村教学点负责人、乡镇一级骨干校长、班主任跟岗基地。近两年，工作室还担负惠州学院应届毕业生实地带教等系列培训项目。近年来，工作室积极创设成长平台，通过示范性班会课、专题讲座、校级交流、工作论坛等形式，发挥主持人及成员的引领作用，累计培训学员8000多人，在学校班主任队伍中发挥示范带头作用，实现了区域德育工作名优群体效应，为惠州市基础教育提供科研服务。

二、工作室主要特色

工作室52位成员、学员是来自惠州市一线的骨干班主任，平均年龄为30岁。这是一个锐意进取、朝气蓬勃的成长共同体。工作室结合成员和学员们在工作中的实际需求，最终把在研讨互动中建构专业成长共同体这一内容确定为工作室的发展特色并加以精心打造，其中"一点、二帮、三圈"是主要的学习路径和方式。

（一）在研讨互动中建立成长共同体

"成长"与"共同体"是工作室的学习理念和精神内涵，是指工作室是基于协作的有机组织形式，强调成员和学员之间的密切关系、共同目标、归属感和认同感。"成长"既是"共同体"形成的途径，也是"共同体"的奋斗目标。学习共同体还意味着学生之间、教师之间、学校之间、家校与社会区域之间的密切协作和相互学习。

（二）在互动中完成"一点、二帮、三圈"

工作室设计的小组研讨互动模式，是指以研讨为中心，在不断研讨各种专题中，促进成员、学员有效参与互动。在互动中形成的"一点、二帮、三圈"是成长共同体的主要学习路径和方式。

"一点、二帮、三圈"目标指的是区域间成员和学员能够在合作、共享基础上相互学习，在工作室学习中获得激励和专业提升。成员通过在小组研讨活动中承担不同任务，共同分享班级管理经验和教育资源。小组研讨活动旨在聚焦班级管理的核心问题，通过群体努力、互助合作，解决班主任遇到的问题和难题，使得每一个参与者都能够分享他人基于带班的观察，基于教育的反思，基于日常积累的经验，与同伴在教育实践的互动中反思自身的教育行为，以团队合作的形式共同探索最适合自己的班级管理模式。

1. 第一阶段：一点

要求主持人每月对成员进行专题培训，以每个主题为一个小点，组织成员围绕《班级规范管理》《班级文化建设》《班级活动组织》《安全教育》

《未成年人思想道德教育》《心理健康教育》等板块内容深入研讨。研讨活动要做到目标具体化、内容特色化、实施规范化、活动多元化，定期组织成员、学员举办阶段性研讨成果汇报会。

2. 第二阶段：二帮

要求成员带领学员，组成老带新研讨梯队进行专题研讨，进行交流分享。成员们积极践行新理念，互相学习，尝试设计合理的班级结构，高效地管理班级事务，积极构建班级个性文化，着力打造班级名片，如《制度文化提升班级管理》《营造家一样的班级文化》《创造一间最美教室》《个案研究，关注学生心灵成长》《做最美孩子，班级礼仪系列教育》等，使"关注孩子生命成长的质量，让班级充满成长的气息"成为班主任工作管理的目标。

学员们的日常工作有了前瞻性，学会从文化视野的角度来建设班集体，学会以高质量的班级活动构建班级文化生态系统，增强学生对班级的认同感与归属感。这些班级活动有"小活动助推大德育系列活动""手拉手，贵州贫困山区爱心行系列活动""家校社区联动，组织亲子阅读分享活动""整合资源，开展乡村少年宫活动""大手牵小手，关注幼小衔接"等。教育理念和工作方式的转变让班级从规范走向特色，各类活动成了一个个有效载体，营造了合作、互动、有趣的德育生态课堂，和班级文化建设的多维活动立体呼应，使班主任工作焕发一种自在之美、灵动之美。

3. 第三阶段：三圈

要求工作室各小组互动合作，参与区域间的培训交流活动，形成成员引领示范辐射圈。一人讲一点，老带新拓展多。成员们积极参与并组织开展的系列校际、乡镇级、市区级的各级各类活动，共计60场次。

成员们脱颖而出，走上培训交流分享的大舞台。如组织了"年度论坛活动""卓越父母公益讲座活动""欢迎来到一年级幼小衔接课""城乡同课异构活动""惠州学院青蓝工程""新教师通识培训""惠州市农村教学点跟岗活动"等深受好评的系列活动。

工作室还加强区域交流，多次承接深圳、中山、河源市的中小学骨干班主任培训活动。最让人感动的是一位成员坚持7年为贵州毕节市赫章县山区贫困学童联系学业资助，常年利用周末时间去山里走访贫困学童家庭，经常深夜加班整理资料发布到网上为他们寻求帮助；还为多所山区学校联系到帮扶，通过修建操场、捐助学习用品、建设多媒体教室……使受益人数多达400人。由此可见，小组研讨模式的构想立足惠州教育一线，以微见真。

（三）在互动中探索出的可喜成绩

1. 研修实训相结合

工作室将骨干班主任培养作为第一要务。根据培训方案和要求，主动依托上级主管部门及德育专家力量，综合利用各类培训资源，开展丰富多彩的研讨活动，积极探索有效的问题破解对策，做到定时、定点、定内容，有要求、有检查、有考核。对当前班主任工作的重点难点问题开展课题研究，提升学员的反思意识和创新能力，促进学员由经验型班主任向研究型班主任转型，并注重发挥工作室在当地的辐射、引领作用，传播班主任工作的优秀经验，宣传推广优秀人才的培养模式。

2. 课题研讨接地气

工作室主持人许红主持了《名班主任工作室阶段性培训模式探究》的课题研究。课题组根据骨干班主任培训的目标定位，系统设计结构化的内容，确定了小组研讨互动模式。实践证明，"一点、二帮、三圈"的培训具有很强的实操性，为一线教师所喜爱。其主要有以下特点：

（1）理论讲解与事例剖析融为一体。

（2）知识授予同经验介绍相互生发。

（3）信息传递与自学讨论有机结合。

（4）小型讲座配主动作业促进参与。

（5）班级创设加临床诊断导向实践。

小组研讨互动模式构建了班主任的专业成长共同体，使班主任与班主任之间、小组与小组之间实现了由点到面的融合，产生了专业提升的"化学反应"，推动成员驶入自主专业成长的快车道，带动学员质变式的突破成长，实现了最大化的引领、辐射效应。

该课题获评2016年广东省德育课题优秀等级、2016年惠州市第九届教育科研成果一等奖、2017年广东省基础教育教学成果一等奖。课题组成员把教育教学实践活动汇编成《广东省许红名班主任工作室成果册》《许红名班主任工作室论文集》《班主任工作小妙招》等读本。

3. 培训主题有专攻

为了更好地发挥阵地功能，帮助学员们解决带班遇到的一些实际问题，减轻他们因为应试教育导致身心受损、生活质量下降、长期心理负担重的压力，使更多年轻班主任轻松管理班级，工作室收集并聚焦了成员们的教育热点、难点问题——心理教育问题，试图以心理学理论为依据，用亲身经历做论证来解决学员们在带班时遇到的棘手问题。

心理健康教育系列主题培训活动形式多样，很受大家的欢迎。如第一阶段的研讨活动有成员们的专题学习《学生心理辅导个案分享》《心理咨询技术在班主任工作中的运用》，有学员们组织的学生团体辅导活动《老师和我们在一起》《我的成长，感恩有你》，以及工作室组织的《教师团体心理辅导》，等等。工作室还要求每位成员一学期至少完成4篇《学生心理辅导记录》。要求个案记录详细、真实，能够反映辅导的过程以及辅导老师对个案辅导后的梳理和反思；要有一定理论依据的陈述，所辅导学生的问题可以从情绪问题、学习问题、人际交往问题、自我认识问题、行为问题等方面进行选择；多种形式相结合。成员们边学边做，能力不断提升。

4. 名优效应创品牌

工作室在周期建设的基础上致力打造的小组研讨互动模式成效凸显。老带新梯队培训磨砺成员快速成长，52名骨干班主任成为各自学校德育工作基础强有力的组织者、协调者、中坚力量。获得省、市、区级个人荣誉称号的学员有80人，开展了近30项省、市、区级课题研究，并在《惠城教育》刊物上开辟了《名师专栏》。

成员们积极探索，不断总结、反思，逐步形成自己的带班特色，成为自主的学习者、经验的反思者和行动的研究者；不断将感性经验概念化、将默会知识显性化和将零散体会结构化，逐步成为学校、区域间班主任研究工作的带头人，步入专业成长的快车道。

三、工作室未来建设构想

（一）着力打造团队领导力

星星之火可以燎原。近几年，成员们相继成立了自己的工作室，在探索的道路上又向前迈进了一大步。但是万事开头难，这些成员必然会面临一些实际困难，如领导力如何提高，主持人如何更好地发挥自身的示范引领作用，如何引领团队朝正确的方向发展，等等。此时，省级的工作室要"扶上马，送一程"，做好跟进工作，成为地方工作室的坚强后盾，由此扩大团队的区域辐射力。

（二）完善"一三五"骨干梯队培训体系

在实践中，成员们有学习工作的热情，但各自任班主任岗位的年限有所区别，专业素养良莠不齐，所面对的班级学情也不尽相同。如一年教龄的班主任需要参加哪些具有实操性的培训？三年教龄的班主任在班级管理工作中会遇到哪些问题与困惑？五年教龄的班主任如何在班级管理理论上进一步更新、提高、总结？……这一系列的问题，都是工作室第三建设周期内骨干梯队培训体系须进一步细化和完善的内容。

（三）加强心理健康教育内容研讨

当今社会瞬息万变，教育要面对的问题很多，如网络时代的教育新问题、离异家庭孩子的问题、留守儿童问题、二孩家庭的教育问题……班主任的工作就像天平的两端，一端针对的是学生的管理问题，一端针对的是家校的沟通问题，这当中师生的心理健康是最值得关注的问题。根据数据分析，专业性强的心理健康教育是班主任工作中的短板，也是最值得深入探讨的专题内容。下一阶段，工作室将继续开展系列心理健康教育主题学习，并将此内容细化为年级段男女性别教育、班主任专题、家校沟通、班级团队活动拓展等板块，借力心理健康教育，发现并解决教育的热点、难点问题，让心理健康教育贴地行走，真正走进班级管理，服务于师生。

（四）提升团队课题研究能力

课题研究是工作室成员专业成长的短板，部分成员还没有独立承担过课题研究。第三周期，工作室将注重课题研究，立足教育教学阵地，变问题为课题，积极深入地开展课题研究，构建选题、申报、研究、成果等各环节的运行机制，有效地促进、提升成员的专业成长。

基于"小学校，大教育"的广阔视野，工作室将一如既往地为成员们勾画专业成长的美好前景，聚点滴之力丰盈教育之正能量，继续探索小组研讨互动模式，用理论和实践着力打磨成员教育领导力，从核心素养的目标、内容、方法、主体、机制等诸多方面汲取有益的启发，赋予区域骨干班主任专业成长以崭新的时代意义，为工作室建设提供具有实操性的人才培养机制新范式。

获奖证书

工作室成员获奖后合影留念

2

第二篇

班级管理

浅析自主服务型班级的构建

惠州市第二十五小学　刘庞斌

　　每年，学校都会开展德育研讨会，讨论班主任如何加快专业成长，做一个纯粹而幸福的教育工作者。这是一个美好的憧憬和理想，但理想很丰满，现实很骨感，在我担任班主任的过程中，经常能感受到隐藏在和谐校园背后的各种抱怨声。一方面，班主任抱怨学生综合素质差，自己为班级工作忙前忙后、无暇自顾，但学生还不领情，甚至还联名投诉，加之家长又不配合，教育起来难上加难。另一方面，学生反映班主任总是居高临下，管理班级简单粗暴，学生稍有不从就上纲上线；班级管理总是围绕着各种检查评比进行，毫无班集体温暖可言，感觉处处受约束，处处被管制。班主任的认真付出与学生的自我觉醒如此不对称的现状，真让人感到无奈。其实，仔细分析，这正是班主任平时只管不教导致的后果。班主任在班级管理中过于强调外归因，总是认为学生该如何去执行，而往往忽略了内归因，那就是学生们随年龄的增长，其心智能力与价值观一直在变化，班主任没有从自身管理问题上找原因，没有结合学生的特点顺势而为，其结果自然是师生角色定位混乱，好心办了坏事。事实上，我们无法管死学生，只有尊重学生，依靠学生，相信学生，发动学生，构建一个新型、有活力的自主服务型班集体，才能达到师生共同成长的双赢结果。

　　何为自主服务型班级？其本质就是一种秉承以生为本的理念、以学生独立人格培养为主要目标，正确引导班级学生进行自我管理、自我教育、自我服务及自我成长的无为而为的科学管理班级的方法。班主任应把班级管理的立足点从直接管理转移到设计管理上来。班主任在班级管理中扮演的是组织者和服务者的角色，是在与人合作中实现其价值的，而学生的成长需求才是一切活动和教育管理的方向。如此班主任应从繁忙的事务工作中解放出来，从苦干变成巧干，让班集体从一个淘气闹事的骄纵小孩成长为懂事独立的当家乖孩。

最新心理学统计分析指出新时代学生难教的原因，可以归结为四点：一是自主意识强，有事不找老师，按自己的方法解决，不喜欢对老师言听计从；二是喜欢与时俱进，追赶最新潮流，不喜欢"奥特曼"的老师；三是逆反心强，有意挑战权威，口头禅是"老师真会装"；四是网络依赖性强，喜欢将真实想法写在QQ心情或者微博上，手机是他们与人沟通的主要方式。这些新的心理特点，让我们的教育管理变得更难了。这里的难，是因为我们千方百计把公认的三好学生的模子往他们身上套。然而学生本来就是千差万别，各有特性的，为何总想把他们都塑造成一个样子的呢？若所有人的行为举止都一样，都凡事对班主任马首是瞻，那这个班级是什么？班主任应积极寻找内归因，简化教育管理方式，转变育人思维，顺势而为构建自主服务型班级。

下面是笔者总结的如何完成从被动管理型班级向自主服务型班级转变的四个要素的鱼骨分析图，主要包括自我管理、自我教育、自我服务、自我学习四个方面，如图2-1。

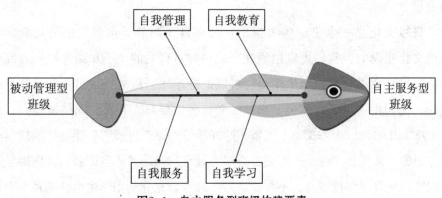

图2-1　自主服务型班级构建要素

苏霍姆林斯基说过："把教育的痕迹淡化。"试想一下，班主任若将所有事情一手操办，学生连基本思考判断的能力都没有，这还是我们想要教育出来的高素质人才吗？因此，班主任首先要搞清角色定位，将自己从主角的身份变为导演的身份，从一线隐退到幕后，将自己变成这一切的策划者和服务者，放开手中的权力，让教育实践回归到学生身上。这里所提到的四个要素似乎是把所有事情都丢给学生，班主任什么都不干。其实不然，在自主服务型班级管理中，班主任的工作是"放手"而不是"离手"，自主服务四个模式的形成核心都要靠班主任穿针引线、幕后指导来完成。俗话说，"看电影要先看是哪个导演导的"，这句话强调了导演导的重要性。所以从另一方面来讲，自主服务型班级管理模式对班主任各方面的能力要求更高了。以下笔者将对自主服务型班级管理模式的各个要点进行细述。

一、让学生自我管理——以教代管，营造温馨的软文化氛围，以文化育人

在大学图书馆里，所有人都自觉将手机调成静音模式才进去，接电话或者讨论时都会跑到门外边；在寺庙里，虽没有明显的禁止拍照标语，但游客们都不会拿出手机、相机对着佛像拍照；在公交车上，没有语音提醒，但当遇到老人时，无论是否真的需要，我们都会主动让出座位……这一切的发生，不是在强调人们的素质提高了，而是说明当一些公众都认可的约定俗成的承诺真正走进人们心里的时候，大家都会自觉地去遵守。这就是一种文化氛围产生的力量。

班级文化是一个班级的灵魂，它具有自我调节、自我约束的功能。在班级文化建设中，我们可以把班规变成一种对自我的小小承诺、口号，或者标语，这样会更容易让学生接受。可以把冷冰冰的班规换成另一种正能量的说法，比如用"今天你微笑了吗？"来代替"要与人和善，团结友爱"；用"$0.99^{365}=0.03$与$1.01^{365}=37.8$"代替"好好学习，每天进步"；用"你的能量超乎你想象"来代替"每个人都要尽心尽力做事"；用"入班即静，入座即学"来代替"晚自习保持安静，不要说话"；等等。充分利用学生生活的每一个角落，如宿舍或者教室的墙面，让每一面墙壁都会"说话"，营造富有文化气息的生活环境，培养学生自觉守纪的习惯。特别值得一提的是，如果这些规定都由学生们自己来定的话，会更容易走进他们的内心。当学生们都知晓哪些可以做，哪些不能做的时候，班主任还用得着天天到现场"执法"吗？

二、让学生自我教育——为学生搭桥引线，以活动育人

常言道"读万卷书，不如行万里路"，学生的各种认知，只有在实践中才能更好地被自觉接受，然后内化成行为。所以班主任的谆谆教诲不是学生成长的唯一源泉，"纸上得来终觉浅，绝知此事要躬行"，各种活动历程才是学生成长的主要动力。我们应尽量发掘和利用学校内的各种资源，积极为学生找事做，如推荐他们进入各种社团、协会或者学生会等，让学生在社团活动中学到人际交往、口才表达、团队合作、问题解决等基本能力。

班主任应当重视并懂得巧妙利用内容丰富、形式多样的文化活动的教育熏陶作用，让学生在体验中得到认识，在认知中得到提高，从而逐步达到让学生自育的目的，全面推动学生素质的发展。

三、让学生自我服务——因人归类，挖掘学生的内在基因

班主任作为过来人，都知道学习成绩不能代表一切，"两耳不闻窗外事，一心只读圣贤书"的学习早已过时。很多学生由于对自身的认知不足，或是经常饱受批评而产生自卑或自负的心理，他们全然不知自己有何所长。这时班主任就要努力成为学生的伯乐，对他们施以知遇之恩。教育家陶行知曾这样提醒过教师："在你的教鞭下有瓦特，在你的冷眼里有牛顿，在你的讥笑中有爱迪生。"如果班主任都不相信自己的学生能变废为宝，那怎么可能成功地塑造出满意的艺术品呢？因此，在自主服务型的班级构建中让学生实现自我服务的第一步，就是要充分挖掘学生的内在基因，让他们各自的特长优势能毫无保留地凸显出来；然后再对拥有不同特长的人进行归类，形成"人才市场"。第二步，分析学生的实际需求，引导学生在遇到各种问题和困难时，在"人才市场"向相应的人求助，以达到"互相帮助，自我服务"的目的。（见图2-2）

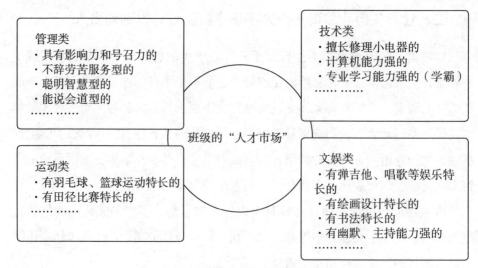

图2-2 我班上的"人才市场"

班级"人才市场"自我服务模式的教育效果要比一般的常规教育更加高效。另外，要想hold住这个"人才市场"并灵活运作的话，班主任总得有两把刷子。这实际上对班主任的个人素质有了更高的要求。班主任要做好引导者和设计者的角色，并不断提高个人魅力，以身示范。

在学生自我服务的构建中，有以下几点需要注意：一是对于自身就是科研教师的班主任，可以充分发挥技能竞赛的德育作用，带领学生一起比赛，一起搞科研创造，以自己的成功为他们树立精神榜样。二是熟悉互联网+时代背景下的沟通工具和语言，知道学生们对什么感兴趣，最近在关注何事，这样才不会与学生产生距离和代沟。三是学会以理服人。教师的教育工作除了传授知识、技能外，很多时候都是在向学生传递为人处世的道理，能不露声色地让学生接受，需要机智。凡事要思前、虑中、想后，与学生沟通时，既要机智应答，又要捕捉最佳的教育机会，这才是班主任要提升的教育智慧。

四、让学生自我学习——培养班干部独立处理事情的能力

班主任的师德、领导水平、组织能力，往往决定学生的思想素质、班风及学风。但即使班主任再优秀、能力再强也不可能事事亲力亲为、面面俱到。所以作为班主任左右臂膀的班干部，其工作能力就显得尤为重要了。有良好

的班干部的班级，班主任对班级的管理工作很快就能得到贯彻和落实，学风良好，班风严谨，班级各方面工作都能顺利开展。然而没有人天生就会当班干部，他们需要班主任的培养和通过实践学习来提升自己的工作能力。为了让班上的班干部都能胜任日常工作，笔者认真总结、罗列了各个班干部岗位的能力要求（见下表），并利用前面班内的"人才市场"，在每周五，对各干部进行相应能力的培训。我们通过辩论赛、文书绘画交流活动、主持人大赛、户外拓展等形式多样、生动有趣的活动来提高班干部的组织和管理能力，使他们能更好地为班级服务，让学生们"自我学习，互助学习，共同提高"。从管理角度来说，班干部的能力输出提高了，最大的受益人就是班主任，管理工作会变得轻松自如，不必为一堂主题班会找不到主持人而烦恼了。（表2-1）

表2-1　班干部岗位能力表

序号	主要岗位	日常工作	岗位能力	优秀班干部应具备的能力
1	班长	负责落实班主任的各项工作任务，督促协调好各个班干部的完成情况	1. 组织能力、协调能力； 2. 较好的口头表达能力； 3. 处理应对一般性突发事件的能力； 4. 班内工作信息收集处理能力	执行力； 组织能力； 人际交往能力； 创新能力； 应对突发事件能力
2	副班长（纪律委员）	负责管理学生考勤与学习纪律	1. 熟知班上规定； 2. 做事有原则； 3. 熟知学生请假程序	
3	学习委员	负责与科任老师沟通，学生督促作业完成情况	1. 较强的学习能力； 2. 口头表达能力	
4	宣传委员	负责每月的黑板报工作及课室宿舍的班级文化宣传	1. 具有一定的美术功底； 2. 会用PPT制作主题班会	
5	劳动委员	负责班级课室及宿舍卫生工作	1. 有清洁和收纳物品的能力； 2. 工作热情，不怕苦、不怕累	
6	体育委员	组织开展丰富多彩的体育活动，负责升旗检查及校运会工作	1. 有体育项目的特长（某方面）； 2. 有号召能力	

综上所述，在班级管理中，要做一个智慧型的班主任，以劳心代替劳力，将工作重心放在了解学生的特点和研究学生的成长规律上，根据学生的特点和成长规律采取更多科学、创造性的管理方法，构建自主服务的班级机制，为学生提供更多的自主管理、自我教育的机会，让学生积极、主动地促进自我成长，从而实现班级的高效管理，达到教育的最佳效果。

参考文献

［1］宋琳奇，戚爱伟，宫巍.高校新生班干部培训研究［J］.时代教育，2015（7）.

［2］朱晓靖，徐维仁.育人为本，德育为先——做一个智慧型班主任［J］.新教育，2015（10）.

［3］徐桂芳.转变观念争做智慧型教师［J］.才智，2015（15）.

［4］王建立.学生自我教育的路径浅析［J］.教学与管理，2011（6）.

班级自治教育的实践与思考

北师大惠州附属小学　柯　静

反思当下的班级管理工作，管多于理，理多于育，学生普遍缺乏自治的能力。自治不足，教师劳心劳力，学生也缺乏自我发展的机会。从一定的意义上看，自治涵盖学生发展的全部，比如自主学习、文明习惯、课间自治、就餐自治、家庭自治等。从四年级接任班主任工作时，我就把培养学生的自治能力和自治教育作为学生发展的第一步，整体推进班级学生自治教育，努力实现学生从他律到自律到自觉的转变。

一、班会自治，让学生自信

从四年级开始，我们班的班会、大课间等小集会就是学生展示的舞台。学生自愿上台与全班同学分享。分享内容可以是读书感想，也可以是自己的旅游见闻、电视上的新闻，等等。坚持一年后我发觉，这样做的确锻炼了一部分学生的口头表达能力。但也存在一些问题，比如分享内容随意性太强，上台展示的学生总是那么几个，有一些学生不敢大胆地上台展示。于是，在五年级下学期开学初，我就和学生们集体商讨，安排好每次班会的内容与形式，并按计划逐月实施，让准备上台展示的学生和家长有一个充足的准备时间。如3月8日妇女节，我们就开展了"我为母亲插花"活动；3月15日学生自主报名参加"我是消费者"讲坛活动，倡导理性消费，合理消费；4月开展了"爱水、节水"主题教育活动，不仅请学生上台演讲，还邀请家长来班级做"水的净化过程"实验，学生十分感兴趣；5月份开展了"知法懂法，做守法小公民"的法制教育活动，并邀请懂法律的家长来班级授课；在迎接小升初最后的日子里，开展了"如何调整情绪，做一个受大家喜欢的人"的情绪管理活动；6月份开展了美食活动，又邀请了一位家长讲授如何制作手抓饼……这些活动均由班级集体讨论制订，学生、家长齐参与。一年下来，每一次的班会都成为学生们期待的班级特色课程，这些课程是大家一起制订一起实施的。在这样的过程中，他们不仅收获了课本外的知识，也增强了上台展示的自信。

二、生活自治，让学生自立

应该说，培养小学生生活自理能力是一个传统话题，为什么教育的效果不好呢？很大一部分原因是因为我们使用的是一种说教式的教育，缺乏有效、持续的管理机制。下面谈谈我们班开展过的"家校劳动清单"和"小鬼当家"活动。

"家校劳动清单"的设计与实施旨在通过校内、社区及家庭，锻炼学生的劳动与自理能力。我们请家长带领孩子学习家务劳动、参加公益劳动，还设计了劳动积分记录单。比如在家里打扫卫生、洗衣、洗碗、做饭、叠被子、收拾房间、叠放衣物、栽花、到社区打扫卫生等，家长可将孩子在校外的劳动情况拍照在班级群交流，并鼓励孩子写劳动体会。学生可凭此册参加班级"劳动小能手"积分活动。

在网络媒体发达的今天，将学生劳动的照片、感想等等在班级微信群里交流，这对班级正能量的形成极有裨益。

我们还开展了"小鬼当家"积分活动，鼓励学生利用周末时间，帮家长买菜、洗菜、做饭、洗碗……积分不是目的，只是一种手段，旨在让学生通过一天的当家活动，体验身为家长的一日艰辛与不易，从中得到锻炼。

三、课间自治，让学生自由

玩是孩子的天性，但通过观察发现，学生在课间时间里并不像我们想象中的那么会玩，在课间时间不能好好地放松。

在一个班级里，学生呈两极分化现象：一是静悄悄的，有一部分学生不会玩，不爱动，下课后就坐在自己的座位上，或写作业，或发发呆；二是乱哄哄地疯跑。下课后追逐打闹，造成许多安全隐患。为此，加强课间自治，解决不会玩的问题，让学生在课间时间享受自由是很有必要的。于是，我让学生自己来设计课间活动和游戏。学生们小组合作讨论，自行设计，成立活动小队，有踢毽子小队，有丢沙包小队，有羽毛球小队，有滚铁圈小队，有下棋小队……各类活动器材由班级家委提供。

学生自治后的课间，自由有序，充满乐趣。

四、岗位自治，让学生自强

岗位自治工作做到班级人人有事做，事事有人做，而不是事事都由班主任来包揽。这样的包揽会使学生缺失能力。看来，适时放手才有发展的机会。我根据班级情况，先拟定了一个班级工作岗位大纲，和学生商讨后具体细化，组织学生竞聘和相互推荐，变"要我做"为"我要做"。

学生在家长的支持和指导下选择管理岗位，准备竞聘演讲，竞聘的过程就是学生能力培养的过程。班级岗位的设置，为学生发展提供了实践的平台，让学生真正成为班级的小主人。班级一日工作流程的细化，让学生清楚自己在什么时段做什么事情，树立"我为大家服务，大家也为我服务"的理念。

五、就餐自治，让学生自主

由于我校是寄宿制学校，就餐管理是班级管理的又一大难题，在实际运行中往往存在着以下几个问题：一是学生的挑食问题。因为挑食有的学生吃不饱，而有的则将大量的食物浪费掉。二是餐厅的噪声问题，影响就餐。对于浪费和挑食问题，简单的说教会随着不断的重复而使教育效果越来越差。于是，我将大数据统计理念引入就餐管理之中，在班级内开展节约粮食的活动，同时将班级就餐的五张餐桌进行分组。每组选出一名统计长对剩饭剩菜进行统计之后汇总各小组和全班进行数据公示，于每天下午放学后汇报。学生们惊讶地发现他们浪费的饭菜够一二十个同龄的同学吃一天，深感浪费之耻。浪费现象常抓不懈，学生挑食现象逐步减少。

对于食堂噪声问题，我们班还进行了"争四jing"活动，分别是争静、争净、争竞、争敬，即以就餐秩序为核心，引导学生自律，赋予小组职责，设立桌长（主要负责统计倒餐浪费）、排长（即一排餐桌的管理员，主要负责纪律），于下午放学前班级一日总结会时公布统计数据，包括吃饭讲话的人数等等，通过集体的努力提高教育效果。

班级自治教育贵在坚持，从班级实际情况出发，从学生的真实生活出发，发挥学生的主体作用，促进学生的能力发展，让空洞的说教变为真实的体验和反思，促进学生主体性人格的健全和发展。

为班级建设打通"任督二脉"

——例说集体活动在班级建设中的作用

惠州市实验中学附属学校　陈友廷

在武侠小说中，但凡武林高手，除了有精湛的武艺，还必须有一身深厚的内功。深厚的内功能让普通的招数化腐朽为神奇，直至飞叶伤人。而要想练就精深的内功，首先就是要打通任督二脉，可以说，能不能打通任督二脉，决定了你能不能转型升级为高手。如果我们把班级建设比作修炼内功的过程的话，那么，集体活动发挥的作用就好比打通任督二脉。集体活动有娱乐、导向、育人的功能，组织各种集体活动，可使全体学生同甘苦，共患难，从思想上树立集体意识，从而增强班级的凝聚力。在集体活动的作用下，班级建设能实现显著的成效。

一、磨炼意志，激发斗志

成为四（3）班的班主任之后，我就一直很苦恼。不是因为这个班级的学生多么调皮，也不是因为这个班级的家长多么难打交道，而是因为这个班级不上不下，用其他老师的话说就是不好不坏，一直很中庸。学校不少比赛活动，学生们拿得最多的成绩就是第三名（年级共有五个班）。这样的班集体不值得羡慕，更谈不上优秀。我渴望扭转这种死气沉沉的氛围，渴望能释放孩子们身上特有的活力，渴望整个班级有一股自信向上的精神。我想了不少办法，苦口婆心地说教、毫不吝惜各种励志的语言讲述各种感人的团体故事，但均不能奏效。直到我们班成功承办了一次主题中队观摩会，我发现，经过中队观摩会的洗礼，学生们变得不一样了。

当学校少先队大队辅导员李老师找到我，希望我承办以"感亲恩，报亲恩，孝在心中"为主题的中队观摩会时，我毫不犹豫就答应了。我心想，就让我再尝试一次改变这个班级吧！我非常重视这次活动，届时全校教师将到我们班观摩学习，我希望学生们能在全校教师面前大胆、自信地展现自己的才能，整个班级能通过这次活动取得质的改变。中队会不同于班会课，有一套必备的仪式。学生们一开始挺兴奋的。在他们的印象中，活动就是玩，跟学习相比更有吸引力。但我以近乎苛刻的标准要求他们，学生们越来越有压力。整个过程，教师只是配角，可以说，学生经历了一次严峻的考验。首先是大队长（大队长由班长陈嘉琪担任），她需要指挥整个活动过程，除了要完成各种标准的队礼，还要能完整无误地记下每个流程该说的话。旗手也很痛苦，必须做最标准的动作，连眼神都要求要到位。主持人更是要背诵长达两页的稿子。我要求他们必须脱稿，这对五年级的学生来说是不小的考验。其他学生也都各自有节目，有四个学生要表演诗歌朗诵，也必须脱稿；有八个学生要进行小品表演；还有四个学生要进行三句半表演；全班学生要用手语表演歌曲《感恩的心》。可以说每个人都有任务，每个人都有挑战。只有两个星期的时间，我们只好利用课余的时间排练。玩的时间没有了，体育课也占用了，学生们一开始意见挺大，可是当我指出他们每个人的不足之处，他们又都能虚心接受。渐渐地我发现，他们似乎比我还上心了，常常主动要求我进行排练。不算他们课余自己排练的时间，光是全班的总动员排练我们就进行了8次。学生们那种追求完美、追求卓越的精神让我特别感动。最后，学生们以近乎完美的表现征服了所有观摩的老师。当我把学校领导和教师的肯定转述给他们听时，换来的是他们的一阵阵欢呼声，他们的脸上洋溢的是自信的神情。很多学生把这次的收获写在周记本上。从他们的文字当中，我可以确定，他们已经体会到了什么是不经历风雨，怎么见彩虹。

二、促进沟通，和谐关系

平时班上有几个学生总是不太受大家欢迎，不是这些孩子品行有什么问题，而是其他学生对他们由于一两次偶然的犯错而有了成见。在设计今年的庆六一班级娱乐活动中，我把团体协作和沟通融入进去，精心设计了"比长短""顶气球比赛""人体克隆"等趣味十足的团体比赛项目。但是,实施过程当中还是发生了不愉快的事。一开始,容易哭的胡益珊就给我来了个下马威。在准备开始合照的时候,她就一直哭,不肯过来合照,左劝右劝都不行。问了一下,才知道原来是和王婷因为座位起了小争执,被王婷说了几句。胡益珊性格特别敏感,每每和同学起争执就哗啦啦地掉眼泪,搞得同学们手足无措,因此都不愿意跟她相处。班长很识大体、顾大局,一边给她递纸巾,一边安慰她。其他同学也纷纷围着她问长问短,王婷也认识到了自己的错误,当场向胡益珊道歉。一向都觉得被同学冷落的胡益珊,得到同学们热切的关心,马上破涕为笑,在活动中表现得特别活跃,笑得最开心。这边刚解决了胡益珊的问题,不多久又出现了情况。第一组的吴丹仪就因为受不了潘瑞宜的埋怨而委屈地站在一边,不想参加活动了。潘瑞宜虽是男生,可是能说会道,什么话都能从他嘴里蹦出来,我平时没少批评他,但收效甚微。同组的同学看不过眼,纷纷替吴丹仪出头,指责批评潘瑞宜。这可倒好,轮到潘瑞宜委屈了,眼睛也红了,趴在课桌上不参加活动了,后来干脆就躲到教室外面去了。我忙跟出去,把"良言一句三冬暖,恶语伤人六月寒"的道理诉说了一番,希望他能学会站在别人的角度考虑问题。过不多一会儿,他就悄悄回来了,活动时叫得最大声的就是他了,组员也接受了他。当最后一个活动结束时,孩子们个个自觉地把桌子搬回原来的座位。看到他们脸上洋溢着幸福和满足的笑容离开教室,我心里倍感欣慰。不少学生还在班级留言本上写下了"最美六一""史上最开心六一"等赞语。

其实活动过程当中出现纠纷是不可避免的,尤其是小学生,心直口快,还没有掌握人际关系的处理技巧。出现问题,关键是如何恰当巧妙地去处理,处理好了不但能把当时的矛盾解决,还能把平时的顽疾去掉。通过这次活动,胡益珊又重新被同学们所接受,还被同学们推举为小组长;而潘瑞宜也收敛了很多,出口伤人的事很少再发生,开朗的他,又和同学们融入在一起了。

三、团体协作,合作共赢

今年五月,学校组织四、五年级学生到市德育基地锻炼学习。简单的开班仪式过后就是各种拓展训练,着实让我开了眼界。在教官看似冷酷的背后有着一颗良苦用心，他在实打实的拓展训练中告诉孩子们一个真正的团体是怎样的。他不会像我们这些讲台上的教师苦口婆心地讲一些大道理，而是通过启发式的训练告诉孩子：团结需要你真正付出行动；团结需要你动脑子为队友着想。当看到学生们为了帮助伙伴甚至跪在地上扶着摇摇晃晃的荡木时，我心里有说不出的激动，这不就是一个班集体最缺乏的团队精神吗？换句话说，一个班集体如果有了这样一种互帮互助，不计较个人得失的协作精神，还怕班风会不好，纪律会差吗？

烧烤也是训练的一项内容。在基地的后山上，学生们个个忙得有滋有味。有肥腻的鸡翅和饱满的火腿及豆腐干，当然还有他们自带的各色菜肴，什么韭菜啦，面包啦，茄子啦，真是五花八门，让人垂涎欲滴。吃了多少不知道，但看着他们小脸蛋被烤炉熏得通红却一副乐此不疲的样子，你真的会被他们所感染。更难得的是，大家小组合作，分工明确，有人负责卫生，有人负责准备调料，有人负责准备饮料，男女生融洽无间，很有那么一种班级小家庭的味道。

一系列的活动为学生之间的交往与了解架起了桥梁，密切了同学之间的关系，使他们由相识到相知、相容、相助。他们互相理解，互相关怀，增进了友谊，增强了合作意识。我在组织每一次集体活动的过程中，也加深了对学生的了解，发现了学生的闪光点，与全班学生融为一体，同甘苦，共患难。通过努力，现在我们班成了一个团结的、有凝聚力的集体。

实践告诉我们，组织集体活动是班级建设的重要途径。它能使学生从思想上树立集体意识和"我与班级共荣辱"的观念，能增强班级的凝聚力，使班级成为每一位学生快乐成长的天地，使班级建设上一个新的台阶。

班级建设借鉴儒家思想的经验分享

惠州市南坛小学实验学校　欧　翡

儒家思想是以孔子为代表的儒家学派的学说和主张，是中国传统文化的核心，深深地影响着一代代中华儿女。班级建设也需要借鉴儒家思想，充满人文关怀和智慧。本文介绍了班级围绕"仁""义""礼""智""信"开展的有效班级管理实践活动，以及借鉴儒家思想所取得的成效。

一、仁：仁者爱人

没有爱就没有教育，因此在班级建设活动中，教育必须遵循的法则，就是人性法则。"爱人者，人恒爱之。"仁爱思想可以促进师生关系的健康发展，促进彼此理解和尊重。

在班级建设工作中，需坚持用仁爱去点亮学生的心灵。营造仁爱环境，树立班级新风，让学生产生家的感觉。温馨的家庭氛围，使每一个学生都能最大限度地释放自己的热情，发挥自己的潜能，在浓浓的亲情中感受真切的人文关怀，学会关爱，学会做人。天长日久，"爱集体""爱同学""爱老师"等爱人的观念便深入学生的心中。

我在接新班之初就为每个学生建立了学生档案，以便了解每个学生的情况，并时时刻刻关心留守儿童以及单亲孩子的心理状态。通过家访，可以深入了解他们的具体情况。慧玲是我重点跟进的孩子之一，这个孩子来自离异家庭，接班之初她个性敏感，性格孤僻，经常与同学发生矛盾。通过不断的接触，多次的家访，孩子逐渐打开心房，更加愿意接受集体，能够主动承担整理班级书架的任务，与同学也能和睦相处了。班主任要给予特殊孩子更多的关爱，使他们切实感受到班集体的温暖，并努力让这些孩子的生活充满阳光。

冬至组织亲子包饺子活动

二、义：君子义以为上

儒家讲的"义"有广义和狭义之分。广义的"义"泛指道义，是道德的代名词，如"舍生取义"；狭义的"义"则是指五常之一，是判断是非善恶的标准和衡量人们行为的价值准则。班级文化建设可以用"义"的内涵启迪学生掌握明是非、识别假恶丑的能力，弘扬正气。

如今，生活条件优越了，不少学生反而滋生出以自我为中心的个人主义。在校集体观念淡薄，只讲权利，不提义务；只求索取，不讲奉献，忽视互助互爱。

这些学生正处于世界观、人生观、价值观形成的重要时期，因此我们的德育工作更应重视抓好社会主义和集体主义教育。通过组织学生参加学校英语节活动、"童心向党"合唱比赛等集体活动，可以引导学生形成正确的世界观、人生观和价值观。同时，加强社会主义教育力度，也可以使学生增强民族自尊心、自信心和自豪感，增强建设祖国的历史使命感和社会责任感。此外，在活动中还应坚持集体主义教育，把集体主义原则作为班级管理的主导价值要求，引导学生互助互爱，树立正确的价值观，让学生学会关心他人，关心社会、关心国家、关心同学、关爱长辈，培养他们正确的道德责任感，最终学会做人。此外，我们班还积极参加向山区小朋友献爱心、爱心报纸义卖等活动，传递正能量。不少家长反映，孩子参与活动之后，比之前懂事了，懂得体恤父母，关爱他人了。

"童心向党"合唱比赛

三、礼：礼之用，和为贵

广义的"礼"是一种社会规范、道德准则；狭义的"礼"是待人接物、与人相处的礼仪态度。礼者，即对他人有礼，敬人即为礼。俗语说："没有规矩不成方圆。"人的行为必须符合一定的行为规范，社会才会和谐有序。礼仪能维护社会秩序和稳定，促进人对人的恭敬与尊重，协调人际关系，因此倡导讲文明懂礼貌的风气极为必要。

文明礼仪是植根于民族精神中的道德品质。加强礼仪教育在德育教育中的渗透显得十分重要，一是要善于将《小学生守则》《小学生日常行为规范》以及有关的班规校纪灌输给学生，使学生的被动行为变为自觉行为。二是建立健全良好的班级礼仪氛围。营造良好的人文与礼仪氛围，加强班级精神文明建设，以板报栏、班报等为舆论宣传阵地，向学生宣传明礼诚信、积极健康的内容。三是多开展礼仪教育活动，如班级举办礼仪讲座，开展礼仪活动，加强礼仪教育的指导，在班级中树立讲文明、讲礼貌的道德风尚。

举行"争做文明儒雅的南实学子"主题班会

四、智：志于学

儒家文化认为追求知识，增长聪明智慧，是人生一个重要的价值取向。我们可以通过以下途径促使学生从小热爱祖国传统文化：一是建立经典诵读、古诗词吟诵教学模式，让学生认识世界，认识自我，陶冶情操，培养学生良好的学习习惯和自学能力。二是举办传统文化活动，如"中国诗词大会""唐诗宋词欣赏讲座"等，增强学生的人文科学素养，营造校园文化氛围。

经典诵读课堂

五、信：谨而信，泛爱众

"信"可以理解为一种责任感、使命感。"信"向外而言，就是要求学生对同学、老师、家长、社会、国家负责，吃亏的事自己先做，模范带头的事自己先来，有了错误自己先改，用实际行动落实自己对师长、亲友、祖国深沉的爱，将忠心献给祖国，将爱心献给社会，将孝心献给父母，将关心献给他人，将诚心献给朋友，将信心留给自己，服务社会。

利用有限的资源提高学生的诚信，也是班级建设的一项重要任务。如进行诚信主题班会，诚信故事演讲比赛，开展"十大诚信之星"评选活动，等等。榜样的力量是巨大的，还可以在班级文化布置中渗透中国传统文化的诚实守信精神，在潜移默化中提高学生的道德素质。

评选班级"十大诚信之星"

接班之后，我借鉴儒家思想管理班级，使班级的班风、学风得到明显改善，使接班之初比较突出的问题，如学生不按时完成作业、上学迟到、课室卫生脏乱差等问题得以解决。（见图2-3、表2-2）

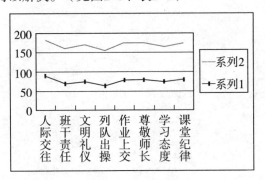

图2-3　班级管理

表2-2　特殊学生简要案例

学生姓名	特殊性	教育方式	转变
刘慧玲	离异家庭，性格孤僻	家访、谈话、班级活动，让其读《弟子规》	能融入集体，有责任心
杨越	留守儿童，学习困难	同学帮扶、家访，让其读《三字经》	性格开朗，学习进步
范元昊	轻度自闭，有攻击行为，偶有情绪失控	专业心理咨询、家访、班级活动，让其读《弟子规》	情绪稳定，与师生能正常交流

总之，儒家思想中的精华充满着人性和智慧。对班级教育管理工作来说，儒家思想是中国古代教育先辈们留给后世教育工作者最宝贵的财富。我们应该不断地继承和发扬儒家思想，推动教育事业和人才培养工作向前发展。

寻找撕试卷的"幕后黑手"

惠州市实验中学附属学校　陈友廷

一、叙事

那天，我刚从食堂吃完早餐，脚还没踏进办公室，只见班上的小婷一脸气愤地跑来找我，手里还拿着什么东西。我接过来一看，是一张试卷。准确地说是一张被撕得不成样子的语文达标卷，这是周末的语文作业。小婷又是气愤又是委屈地说："老师，不知道是谁把我的试卷撕成这样，刚才吃早餐的时候还好好的。"我一听，心里不免火冒三丈：这也太过分了，怎么能暗地里做这么龌龊的事情呢！我一定要把他找出来！小婷接着又说："昨天放学后，有人把我的语文书压在椅子下，还把椅子翻过来了。"我更加气愤了，这不是有预谋、有步骤的报复吗？太可恶了，如果不揪出这个"幕后黑手"来，还如何正班风？于是我问小婷："你最近有没有跟什么同学闹矛盾呢？"她一个劲儿地摇头。我想，既然撕试卷是在吃早餐的时候发生的，那么"凶手"肯定是本班同学。早餐时间，总应该有不吃早餐的同学在啊，总应该有人看到吧。但经过查问，没有人留意到有什么异常。我只好苦心研究起试卷来。这试卷撕得较规整，倒像是女同学的手法。可光一张试卷实在没有什么线索啊，我既不是经验丰富的刑警，更不是神探福尔摩斯，有什么办法揪出撕试卷的人呢？我陷入深深的苦闷中。

在百思不得其解的情况下，我想，正所谓群众的眼睛是雪亮的，我还是发动班上的学生帮我找线索吧。让班上的学生都知道这件事，看能不能通过施加舆论压力找出蛛丝马迹。当然，我并没有让学生们写所谓的揭发信，这样会导致人人自危，降低同学们的相互信任度。于是，我利用早读的时间把事情的经过在班上进行了说明，班里一下子炸开了锅，大家都叽叽喳喳地议论起来。过了一会儿，我示意大家安静下来，大声说道："同学们，老师知道你们和我一样对这件事感到气愤，不管因为什么，这样的行为是非常过分的。现在，我想请你们把你们的看法写下来，不用写名字，写完马上交给我。"

于是，学生们奋笔疾书，马上我就收上来一沓纸条：

◆ 我觉得这个撕试卷的人太没品德，拿到试卷应该物归原主，想必小婷一定写了班级姓名吧！那就应该还给小婷，就算小婷不在，也不能把试卷撕了啊！

◆ 我认为是有人讨厌她，趁下课把她的试卷撕了吧！那个人为什么要这样，好好的试卷被撕了，那这个人太没道德了。

◆ 那个人太可恶了，竟然无缘无故撕别人的试卷。别人又没做过对不起他的事。

◆ 我觉得撕试卷的那个人跟小婷应该有很大很大的仇恨，又或者是别人想恶作剧。

◆ 做这事的人太没道德了，他应该站出来向大家承认错误，不该自己拿别人、动别人的东西。

◆ 我认为一定要把撕试卷的人找出来查明真相，再问他为什么这样做，再根据他的回答做决定。如果是无缘无故，应该重罚；如果有原因，可以考虑原谅。

◆ 那个人为什么要撕她的试卷，这让我想不明白。如果那个人被我们知道了，我们一定会看不起他的。我为他感到悲哀。

◆ 行为好恶劣，没什么深仇大恨不至于吧？应该得罪了什么人吧。

◆ 我跟小婷的性格不合，不发表意见。

◆ 下手的人真狠，为什么要撕试卷，怎么可以这么没有道德心，普普通通的试卷看似是一张纸，可背后代表的可是我们的荣誉。

◆ 望老师对这些人给予相应的惩罚，打击这种不良之风。要给做此事的人一个教训，不要让这些人自大，继续做此事。

◆ 弄的那个人可能不是故意的，提出来以后要问清楚那个同学为什么要这样做，再由大家决定怎么罚。

◆ 我觉得不应该这样，都是一个班的人，即使发生了矛盾也不应该这样，没有道德。我觉得做这件事的人应该向小婷道歉，而我觉得这事是女生所做。

◆ 我认为那应该是他人的恶作剧。但是这个恶作剧做得太过了，非常过分。在别人吃晚饭时推翻别人的椅子又把别人的书扔在地上已经很可恶了，还把别人的试卷给撕了，这实在是太过分了。理应把这个人抓出来，给出相应的惩罚。

◆ 如果想要找到撕试卷的人，可以找一张纸让怀疑的人撕，再来对比一下被撕的试卷，说不定就能知道是谁的"杰作"。

◆ 这样撕烂别人的试卷，我觉得太不道德了。就算是恶作剧，也不能这样。

◆ 撕试卷的人没道德，还把桌椅弄倒了。

◆ 好缺德！谁这么无聊，撕别人的试卷。太没有道德心了。

◆ 谁会这么做？难道是跟小婷关系不好的人吗？是在别人背后说她坏话的人吗？有谁会这样做，她们为什么要撕那张试卷。那个人应该很小心眼吧，连一张试卷也不放过。

◆ 每个人接触到这样的事都会愤怒，撕试卷的人怎么不会站在他人的角度想想呢？这真的不是一件小事，可以看出这个人的品格不好。

我是一张一张把学生写的这些想法看完的，有些还忍不住多看了几遍。坦白说除了学生们写的东西启发了我的思维，我还妄想着能从字里行间找出什么蛛丝马迹来，很显然，这是不可能的事。但学生们的话确实让我有种茅塞顿开的感觉，这些小小的纸条隐藏了巨大的信息量！

很显然，学生们对这件事是有自己的道德判断的，绝大多数的学生都表达了自己明显的愤怒，这不就已经起到了教育的作用了吗？其中有个学生的话触动了我。确实，我千方百计地找出这个"幕后黑手"又能怎么样呢？将她公之于众然后让所有的人都鄙视她吗？她只是我班上的一个孩子，真的这样做了，这孩子以后怎么在班上立足？而且，从字里行间可以看出，小婷在班上的人际关系并不是很好，这或许是她做错在先而导致某个学生在情绪激动的情况下做出的过激反应。

经过慎重考虑，我心里已经有了决定，不再继续追查这个"幕后黑手"了。上课铃声响了，我走上讲台，看着学生充满好奇的眼光，我说道："发生这样的事，老师确实很痛心，也很生气，因为不管发生什么事都不应该以这样的方式去处理，这是上不了台面的做法，是不光明正大的，绝对是错误的行为。但是现在老师不想追查这个人了，因为我知道这个人一定是我们班的同学，我想如果我知道是谁做的话一定会从心里鄙视这个同学的，就算她站出来承认错误，我们也不可能把这件事一笔勾销，我们会深深地记住这件事，这对我们和这个同学都不好。所以，此刻，我想对这个同学说，老师不把你找出来不代表我原谅你，但是我希望你能珍惜老师给你的这次机会，好好反省一下自己的行为，希望你是第一次也是最后一次做这样的事，不然，你以后的生活可能会有更大的不幸的事发生。因为等你长大成人了再做这样有违道德的事，到时找你的不是老师而是警察了。"说完这些话，我看到好几个学生在暗暗地点头，大多数的学生是若有所思的神情。

有意思的是，下课的时候，小周同学举着手委屈地说："老师，我坦白，推椅子压书的人是我，因为她昨天欺负我。但是我绝对没有撕试卷！"全班学生先是一愣，接着是哄堂大笑。我也不禁笑出了声，这个周浩林，敢作敢当，能有勇气主动承认自己的错误，相信他是被我的话打动了。至于那个"凶手"到底是谁，也许真的没有那么重要了。接下来，我应该要做的是好好安慰小婷，同时着手帮助她改善跟班上同学的关系。

二、反思

有人说，学生每一次犯错都是一次转化他的好机会。作为成长中的孩子，哪个不会犯错呢？关键是他们犯错了之后教师如何教育。著名教育学家王晓春老师曾经说过："发现（提出）问题——分析问题——解决问题是一般研究的思路。许多老师遇到问题总是先问怎么办，其实应该先问为什么，后问怎么办。"就处理撕试卷这个事件来说，我一开始想到的也是怎么办，一心想着抓到"凶手"，是学生的话启发了我。在这件事情上，我首先应该想到的是

"为什么有学生会做这样的事情"，从这个思路出发，问题就回到了教育的本质上了，而不是偏向所谓的"破案"。关键的地方在于通过这次事件能使做错事者受到教育，同时教育班上其他学生。通过这种公开的讨论，已经形成了舆论的压力，对做错事的学生来说已经起到了警醒的作用。如果硬是要抓出"幕后黑手"，把最后一层面纱揭了，对班主任来说反而会形成进退两难的困局。黎巴嫩诗人纪伯伦有句名言："我们已走得太远，以至于我们忘了为什么而出发。"作为一名教育工作者，我们千万不要忘了我们的初衷。有时候，宁要孩子的自尊，不要所谓的"真相"！

只需改变一点点

惠州市中洲实验小学　许 娟

　　记得那年秋季，我因工作调整调入惠南学校，接手六（2）班的班主任工作。六（2）班是一个充满朝气、富有活力的班级，但也是一个让人倍感压力、焦虑的班级。回顾这一学年，如果问我最大的感受是什么，我想借用一个例子来回答这个问题。

　　记得有记者采访一位特级教师，请她对年轻教师说几句话，她深有感触地说："不要一味地抱怨环境，要身体力行，从今天做起，哪怕每天只改变一点点。"这句话给了我很多启发。所以，今天的故事主题我就借用这个题目吧。

　　我认为，从小事育人能更好地把班主任工作化为学生的自律规范，提高教育效果。所谓的小事，就是学生的所见、所闻、所说、所做。可以说，这些小事就是我每天班级管理工作的核心内容，课室布置、座椅摆放、包干区打扫、处理纠纷……就像朱自清描写的那样，针尖上一滴水滴在大海里。我的汗水就滴在这些班级小事里，没有声音，没有影子。在原班主任和各科老师的大力支持下，我一件一件地做，耐心地做，可喜地看到了六（2）班的孩子们有了些小小的进步。没有老师们的齐心协力，估计我可能还在焦头烂额地碰钉子，所以我特别感谢这些老师的帮助。

　　教书育人是极大的事，却又是极小的事。虽然都是些极小的事，但是更需要我们耐心引导，尤其是对一些比较调皮的学生。在班级管理上，我比较注重做好以下三点：

一、从听到的小事抓思想

六（2）班的孩子真的很聪明，但也很调皮，个性比较张扬，班集体的凝聚力不强，所以，班风、学风的建设成了我开学的首要任务。每天，我总会听到各种各样的事儿，社会新闻、班级的好人好事，当然还有几件等待处理的"坏人坏事"。于是，学生做的一些事就成了我进行思想教育的好材料，尤其是对一些突发事件。每当这个时候，我总是有选择地把问题抛给学生，让他们谈谈自己的体会和看法，然后我会就每一件事和学生一起分析事情的前因后果，就事论事，对事不对人，不一边倒，以营造正确的班级舆论，引导学生多正向思考问题，提高学生辨别是非的能力。因为有很多案例就来自身边，每一次学生们都听得格外专注。虽是小事，但我认为，学生们能听进去就会有好效果，就是最合适的教育契机。

二、从看到的小事抓行为

随着时间的流逝，我对六（2）班学生的了解越来越多，他们自理能力很强，动手能力超棒！他们带给我更多的是震撼与感动，跟我以前带的班级情况不一样。以前带的学生很多都来自机关单位或家境比较好的家庭，家长关注学生的程度比较高。而六（2）班很多学生的父母常年在外打工，为生活而奔波，很多学生不仅自己上下学，还要带弟弟妹妹上学放学；不仅自己照顾自己，有些学生甚至还要帮家里洗衣做饭；有些父母工作辛苦，素质不高，班上六十八个学生，只有一个学生的家长有正规单位；有的教育方法比较简单，稍有不慎就打骂孩子，使他们小小年纪也承受着一些压力。我惊讶于班级里一些孩子的成长环境，感动于他们的不容易。所以，营造一个温暖的集体，营造一个像家一样的班级对孩子们是多么重要！为此，我批评的时候少了，表扬的时候多了。我多次组织手抄报评比活动，展示他们的特长（因为我们班的学生特别喜欢画画）；对班上的好人好事进行表扬，拉近和学生的距离；尝试着走近他们的生活，关注他们的喜怒哀乐；对于学习基础薄弱的学生，降低学习要求，给他们布置个性化作业，允许他们慢慢赶上来……事无巨细，一件一件地做，一件一件地处理。反思、讨论是我这一年来采取的比较重要的方式，因为六（2）班学生违纪的现象比较多。一个学期下来，学生有了一些进步，我发现自己也学会了换位思考，在处理事情的能力上也有了不小的进步。

三、从做到的小事抓落实

学校无小事，事事是教育。记得苏联教育家凯洛夫说过："劳动可以让一个人的道德情感变得高尚。"我个人认为引导学生在做中提高道德修养是一条重要的途径。根据学校的学月主题、团队主题，结合本班实际，我用心设计了一些做的活动。通过一系列班队主题活动的开展，学生们品尝到了成功带来的喜悦，起到了共生效应，即使是点滴的进步，孩子们也欢欣雀跃，备受鼓舞，那是对自己班集体的重新认识，是个性的自由舒展，是六（2）班成长的气息！

在六（2）班的教育历程让我深深感到，在追求更高教育境界和专业成长的同时，关注学生需求是教育的另一个主题。班集体要立足于共进共长，教师教育观的改变、换位思考，会带来学生可喜的变化。我们只需改变一点点，无论这一点点改变是对学生成长的重视，还是对学生生命体验的关怀……这些都是班主任工作下一阶段新的灵感和不竭的动力。

让学生在爱的阳光雨露中成长

惠州市仲恺高新区实验学校　纪雪琴

"教书和享受教书是不一样的，正如钓鱼和享受钓鱼是不同的一样。前者只重结果不重过程，而后者他永远生活在此时此刻，永远以和孩子在一起为目的和快乐。"每天从事着教育的工作，欣赏着孩子的进步，我觉得我是幸福的。学生的进步就如我工作中挖掘到的金子，让我珍视。在一学期的工作中，我努力做到了解每一位学生，相信每一位学生，尊重每一位学生，教好每一位学生，让自己掘到更多这样的金子。

一、了解每一位学生

1. 记住名字

新生联谊前几天，记住学生的名字是我的功课。一个个生硬的汉字，可真不好记啊！我只好采用反复多次出现的办法，兜里总揣着名单，睡觉前记，吃饭时记，时而还拿明星或熟人的名字来进行连锁记忆。如陈奕旭这个名字跟我很喜欢的《富士山下》的演唱者陈奕迅名字相似，我就用歌星的名字来记他的名字。为加强记忆，我还对自己进行测试，在限定的时间内把记住的名字写下来。新生联谊活动时我已能自如地叫出许多学生的名字。活动结束后，许多家长们都惊讶地说："纪老师，你太厉害了，第一天见面你就能叫出每一个学生的名字。把孩子交给你我们很放心。"哈哈，悄悄地说，其实我只是记住了一部分学生的名字。周五放学后，偌大的教室里只剩下三两个学生了，拿起讲台的铅笔，摊开一笔记本，我又开始进行记住名字测试，这次我花了八分钟的时间。半个学期过去了，我再进行测试，五分钟内完成已没问题。写到这，我又进行了一次测试，不到三分钟，其中有部分原因是书写速度跟不上浪费了时间。要建立民主，平等的良好师生关系，相互了解是第一步。因此，新生联谊会时，我把自己的名字编成了浅显易懂的谜语，让学生在猜谜中记住了我的名字。

2. 开展"走访妈妈"的活动

小学一年级的学生都在六七岁左右，生活上极需要妈妈的照顾，因此妈妈对宝宝的了解应是挺深入的。为了能从家长这里获得学生资料，开学第一个月我采用家访、电访、面谈等方式走访了每一个学生的妈妈。访谈中我了解到：斯豪不但机灵、好学，还是一个琴棋书画皆通的多面手；江江身材高挑瘦弱，可是已有了小小男子汉肯担当、乐助人的气概；雨睛是班里最恬静腼腆的一个，妈妈说她在家里读书、说话声音可响亮了……这些资料对我来说可宝贵了。常言道：教无定法。适于学生个性发展的就是最好的方法，有了这些资料作为基础，我就可以顺藤摸瓜，为他们每个人找到激发学习兴趣的契合点。

3. 多沟通、多观察、多记录、多思考

小学一年级的学生，书写还在起步阶段，因此采用问卷法了解学生不可行，我只好利用课间、课后的时间，多与他们沟通、做游戏。平时我还与班级任课教师沟通、讨论。活动、学习、游戏时，做到多观察并把一些特殊的事件记录下来，然后综合起来加以思考，全面了解他们，为他们制订适合他们发展的教学方法，有效地激发他们的内在动力。

4. 召开主题班会

开学第三周，学生处把班会的主题确定为"夸夸我的同学"。没想到主题一呈现出来，在这一年级的小不点中也能掀起千层浪。发言声此起彼伏，有的夸同学乐于助人，有的夸同学大胆发言，有的夸同学读书好听，还有的同学介绍自己的偶像，有的甚至还说自己是谁的粉丝……从中我还发现了个别学生在老师的评价中挺优秀，但在学生中的评价不够高；有些学生，在老师的评价中较普通，但在学生中的支持率可高了。在这样的氛围中每一个学生都能更加立体地呈现在我的脑海里。

二、相信每一位学生

学生的潜能如空气,可压缩于斗室,可充斥于天地,这取决于我们给学生多大的自由空间。因此我一直都给自己这样的定位:每接一批新的学生都与他们一起成长,哪怕是一年级的"小屁孩"。这学期真带"小屁孩"了。开学初他们努力学习拼音,我也努力学习教科书,学习教参,重读《教育学》《心理学》等书籍。学习和阅读中我也会有犯难的时候,因此当学生遇到困难时我是感同身受的。小宇,是一个聪慧、腼腆、好玩的孩子。开学初,他握着笔,可就是写不出字迹,再三鼓励下,也只能画出一条几乎看不见的痕迹。怎么这样写字啊?我当时在心里嘀咕。经验告诉我:这是孩子手指的小肌肉群不够发达,指骨还未发育成熟的原因,过段时间就会慢慢好起来的。看着孩子每天画出来的作业,孩子的父亲着急了,责怪妈妈上学前没教好儿子,没帮儿子把书写的习惯培养好。妈妈也为孩子的书写困难而生气,还时而让孩子第二天到学校后找老师写作业。面对孩子一次次画出来的作业,一次次地补作业,我坚定地告诉自己:小宇肯定能行!我还跟他的爸爸通电话,孩子没把字写好是我没教好,给我一个学期的时间,我一定能让他不断进步。于是,他练习写字时,我总在一旁给他提醒,肯定他写得好的地方。为了帮他在同学中树立信心,我努力捕捉他的闪光点,在班上郑重地提出表扬,还及时给他的父母电话告知,让孩子的脸上时常洋溢自信的微笑。一学期下来,他有了很大的进步,能横平竖直地写字了,正确率也在不断地提高。他妈妈在新年信息中说:感谢纪老师一直以来对小宇无尽的关怀和细心的栽培,您对孩子的付出我们家长万分感激。深知是您的辛勤换来了孩子的知识和自信。

三、教好每一位学生

要教好每一个学生,一个重要的前提是激发学生的学习兴趣。课堂上我让学生猜一猜,激发兴趣。我问:"队鼓鼓槌,小鱼跳舞?"孩子们答:"队鼓鼓槌d,d,d,小鱼跳舞t,t,t。"读一读,读出童真。如,学习ai,我们边击掌边读:"姐姐高,弟弟矮,你挨我来我挨你。a在前,i在后,挨在一起ai,ai,ai,姐弟永远不分开。"编一编,编出乐趣。如学完《自己去吧》一文后，孩子争先恐后地续编。演一演，演出童趣。如在教学j，q，x和ü时，给孩子们戴上头饰，配上儿歌："小ü小ü，有礼貌，见了j，q，x，就脱帽。"为了便于孩子们记忆，我还把声母、韵母等知识编到《新年好》《小星星》等旋律中并配上律动，让孩子们不但会读，能唱，还能跳。因此，回家后孩子们很喜欢读语文书。好多家长向我反映，家里每天晚上都能欣赏到朗诵会，孩子总不厌其烦地一遍一遍地把语文书从头读起。

要教好每一位学生，还要学会欣赏，善于鼓励。小恺，是一个性情耿直，责任心强的孩子。也许是受方言的影响，开学初他总不能清晰地读出o和e，书写时应该是由于指骨还未发育成熟的原因，他总用上拳劲来写字，因此总是写得生硬而笨拙。课堂上轮到他读拼音时，常引来同学们的哄堂大笑。每每此时，我总能看到他沮丧的脸。为了帮助他在班级里树立自信，我安排他担任同学们天天需要的差使，即"送风员"。开学初，正当"秋老虎"来袭，班级里常需要他开关风扇。为了能当上作业收发员，他还对自己的作业提出了更高的要求，每天按时、按质、按量完成。慢慢地字写漂亮了，多次在作业评比中拿到了优+，A+，最后名正言顺地当上了作业收发员。教育的根本技艺全在于调动学生内在的动力，并让他们享受到劳动和成功的乐趣。花开会有时，我相信静听，是能听到花儿努力绽放的声音的。

四、尾声

"老师，我想奖给你一个星星贴纸。"这是班里充满童趣的嘉馨元旦休假前一天跟我说的一句话。我问："为什么？"嘉馨说："因为将要放五天假，我五天都会见不到你，我会很想你的。"我欣然地接受了奖励，并贴在手上久久不愿撕去，最后把这份奖赏郑重地贴在电脑显示屏的左下角后，心中才觉释然。是的，接到一个新班我会用我细致的爱让学生喜欢上我，让他们像蜜蜂喜欢花儿一样恋着我。我认为学生喜欢上我进而就会喜欢上我所带的语文学科，乐于与我一起徜徉在语文学科这方沃土上，乐于在我爱的阳光雨露中进步、成长，使我获得的"金子"堆满堂。

拔除心中的杂草

——我和六（8）班的故事

惠州市第十一小学　毛江玲

　　金秋时节，名师荟萃。作为一位虔诚的学习者，我有幸参加了11月5日至7日在东莞举行的《"互联网+"时代背景下的有效德育与班主任工作主题班会优质课观摩研讨会》。在这次活动中，我收获颇丰：领略了上海范儿十足的"另类校长"郑杰老师的幽默风趣和渊博学识；感受到了全国中小学优质班会课一等奖获得者何丹老师对学生无限的热情和关爱；惊叹于《运动，青春最美丽的色彩》一课的独特视角和时尚潮流；感动于《爱是德育的最大智慧》中刘小宁老师和她的大孩子们之间或惊心动魄，或平淡似水的德育小故事；着迷于陈琴老师对经典的讲读吟背，和学生一样希望永远没有下课……一节节优质课，一种种理念，一个个故事，都给我的思想带来了极大的冲击和震撼，是我此行收获的一颗颗闪亮的珍珠。

　　在众多名师中，有一位名师在和大家的交流中，似乎没有表达与众不同的理念，也没有显露个性张扬的做法，但他的观点却深深引起了我的共鸣。他就是全国知名特级教师、全国十佳班主任郑立平老师。郑老师的讲座不急不缓，从容自若，在那带有特色的山东语调后，透露着其对教育深入的思考。郑老师抛出一个问题引发听者的思考：如何用经济的办法去除田里的杂草？接着引申到教育工作：如何拔除班主任心中职业倦怠的杂草？

　　对此，我深有感触。同时，我想到了目前自己带的这个班——六（8）班。开学初，接到学校领导安排我带六（8）班的通知，犹如晴天霹雳。一个有着十年教龄的教师，为什么在接受这次工作安排时有如此大的反应呢？情况是这样的：从去年起某校并入我校，作为我所在的这所大校的分教点，学生升入六年级就会全班离开分教点搬迁到总校。对学生而言，离开分教点来到一所大学校，他们要面对陌生的环境，全新的教师；对于教师而言，接手一个六年级的新班，已经是很多教师避之不及的事了，况且还要面对分教点对这个班的期望和要求，面对学校对这个新班的规范和管理。而有时过多的关注对班主任的班级管理而言，本身就是一份沉重的压力。那这个班的学生又是怎么样的呢？如果是循规蹈矩的一帮孩子，问题应该还好办，恰恰不是这样：班级里有已年满18岁但学习、品行都差，同学没人愿意搭理的小王；有在五年级时已经和总校学生拳脚过招跨校打架的小邱；有小动作不断，不停骚扰同学，连家长也向老师诉苦的小陈；有自我意识特强，只听得进表扬，对一切负面评价反抗、抵触的小刘、小梁……这是一群个性鲜明、较难管教的学生。这次接班，外忧内患样样具备，即使对我这个"身经百战"的老班主任来说，也是一次极大的挑战。最后在接受领导安排时，我半开玩笑半认真地说："领导，接下这个班，就要准备脱一层皮了！"

担子就这样接下来了。开学的前两个星期，我每天早早到校，领着学生读书，要求他们每天有个良好的开端。上课前认真备课，上课时尽量激发学生学习兴趣，努力消除课堂的小说小动；班会课精心准备，悄悄地将德育目标融入一个个环节之中；一有闲暇时间就和学生聊天谈心，试图将做人做事的正确方法细无声地滋润到他们心里……开学初的那十几天，既辛苦又疲惫，神经如同拉满的弓，绷得很紧。功夫不负有心人。班级学生在我的经营下，似乎慢慢适应了新的校园生活。我正准备松一口气时，班级却发生了一件大事。那是第二周的周四，我正在办公室批改作业，忽然班长慌慌张张地跑来报告说班级三个男生打起来了，有人推倒桌子，有人踢开椅子，那场面激烈到惊动了学校保安！我从办公室飞奔到教室，看着眼前那三个平时就个性十足的男生，想着刚才班长描述的画面，既庆幸保安及时出现避免了一场一触即发的安全事故，又对这三个学生打架的行为异常生气——前一天的班会课才深入浅出地谈过要如何"知校、爱校、荣校"，才苦口婆心地让他们意识到自己肩上的双重期待，今天就开打了！霎时间，挫败、失望、气愤、无助等情绪一下子压上心头，还未开口询问，我的眼泪竟然控制不住地涌了出来。我知道，那一定是我那复杂情绪的表达。眼前的三个学生，本以为老师会刮来一阵狂风暴雨，没想到面对的却是老师哗哗的泪水。孩子们也许是愣住了，也许是吓住了，不敢多说什么……

事情过后，我开始冷静思考，忽然意识到开学以来，班级管理的压力让我的神经绷得太紧了，长此以往，我一定会对班级管理这份工作产生厌恶、倦怠情绪的。这种状态不能再持续下去了！如何寻找一条突围的路呢？对，驱赶坏情绪最好的方式就是让好情绪进驻，驱除职业倦怠最好的办法就是体验职业的成就感和幸福感。我开始寻找：这个班级在管理中有没有成功之处呢？学生们的进步有哪些呢？是啊，开学不久，班级已经有收获了：学生适应了校园生活，接受了新的科任老师的教学方法，班级正能量正慢慢形成，集体意识正慢慢凝聚，在学校集会纪律，卫生保洁，班队会活动等检查评比中也有良好表现。这些既是对学生进步的总结，也是对教师工作的鼓励，更是对我前段时间付出的回报啊。是啊，班级建设本就是一个长期的过程，有成绩有问题，问题解决也一定有困难有反复，应在解决问题中去赢得成绩。我只有树立打持久战的思想，才能坦然面对，才会理性处理。想到这里，我豁然开朗了，我之前的急躁是不恰当的，既影响自己的工作情绪，也会影响班级建设。对于班级建设，我应该有长远的规划和采取合理的步骤。

接下来，我轻装上阵，用更理性的心态和科学的方法指导自己的工作：挤时间继续阅读优秀教育教学书籍，从他人的经验中寻找灵感；更用心开好每一次班队会，用学生喜闻乐见的形式落实德育目标；有意识地研究学生，尽量因材施教，寻找适合学生个体发展的多种教育方式；我将自己的教育理念利用校讯通等形式传达给家长，让家庭教育将学校教育更好的延续和深化；我还将每一次班级活动和学生的点滴进步拍成照片，形成文字，发布到班级QQ群，微信群，利用现代通信工具为班级服务。实践证明，这样的方式非常有效：既宣传了学校，展示了我为班级所做的工作，又宣传了学生，传递了班级正能量，鼓舞了家长信心。后来，我进一步利用这些工具，将班级存在的一些问题用图片与文字结合的形式公布在群里，引起家长的注意和反思，让家长看到我的处理方法，认可进而支持我的工作……功夫不负有心人，以上种种措施慢慢显露出效果：六（8）班在全校集会上被表扬了；六（8）班被评为"月份文明标兵班"了；六（8）班学生在公开课上踊跃发言，获得听课老师好评了；六（8）班科任老师反应，班风、学风有进步了；六（8）班的体育健儿在惠城区中小学田径运动会上载誉归来，小邹同学获得了三个第一名的好成绩；甚至上次打架的一个学生经历"眼泪事件"后，也突然像变了一个人似的，特别虚心地听从老师的教导。真没想到，老师的眼泪也能带来意外的收获！这时候的我，依然每天忙于班级建设，但不一样的是，我已经拥有了动力。我明白，这种动力来自我已经体验到的职业成就感和幸福感。当初，我心里的那种挫败和焦虑的情绪，不正像田里的杂草吗？去除它们最好的办法是种上庄稼——体验教师工作带来的成就感、幸福感。而要种上这样的庄稼，一定需要教师去学习，去研究，去实践，去反思。这个过程是辛苦的，更是快乐的。

我和六（8）班的这段经历，不正印证了郑老师"去除杂草"的观点吗？我想，这个观点也一定是郑老师自身专业成长过程的经验之谈。从一个一线教师成长为如今的知名特级教师，一定也是一个不断在教坛"种上庄稼"的过程。职业之路漫漫，我们需要明确的工作思路，唯有如此，我们才可能拥有理想的工作境界。在教育这块广袤的土地上，拔除了职业倦怠这些"杂草"之时，也必定是教育成果这些金灿灿的"庄稼"的收获之时。

沉淀，再出发

——参加广东省第二次班主任工作论坛有感

惠州市实验中学附属学校　陈友廷

　　在电影《倚天屠龙记》中有这样一个片段，强敌来攻打武当山，张无忌空有一身神功却因为有承诺在先不得使用，于是张三丰决定临时向他传授自创的太极拳。张三丰一边演示一边问张无忌记住了没有，张无忌开始是用心识记，等到张三丰演示完早已忘得一干二净。张三丰却说："对了，招数都忘记了你就学会了。"这是无招胜有招的道理。这次参加广东省第二次班主任工作论坛恰有这种体会。

　　去年参加第一次班主任工作论坛，大有刘姥姥进大观园之感，又如井底之蛙跳出了井看到了广阔的天，可以说大大开阔了眼界，原来普普通通的班主任工作还有这么多学问！如果用比较形象的说法来概括这次的收获，那就是——打通任督二脉。武侠小说中，打通任督二脉的人内功会大幅提升，进入另一个层次。为什么这样说呢？去年参加第一次论坛我就像一块干渴的海绵一下掉进海里，不假思索拼命吸收专家的观点和方法。今年却不同，专家的观点会激起我的思考和疑惑。我是抱着一种批判的态度在接受知识；在一些具体方法上我也不再迷恋，而是洞察其基本理念，可以说学的是内功心法而不是招式，或者说招式已经统统被我抛在了脑后。所以，我已经不想详细叙述专家们的观点，而是想说说在这次论坛中我被激发出来的一些想法。

一、学会记录、积累、沉淀，为展示做准备

　　华师附小的××老师展示了自己如何利用《弟子规》渗透德育教育，内

容之丰富，取得的效果之好，让与会者叹为观止。国学经典进校园已不是新鲜事物，可是能结合国学经典把德育落实得如此之好的实在不多。我们常常惊讶于讲坛上的名优班主任为何总是如此出众，讲起值班之道口若悬河，展示的教育材料丰富翔实。自己也是班主任，怎么就没有领略到教育的如斯精彩呢？那感觉好比你有一个花园，邻居也有一个花园，所不同的是邻居家的花园四季百花飘香，而自己的花园却是枯枝败叶。到底是怎么回事？一个小插曲让我疑惑顿解。××老师的成果实在让人激动不已，于是不少老师纷纷要求能不能拷贝××老师的课件回去研究学习，××老师面有难色地说："这东西我搞了十几年，不是一蹴而就的，等完善了之后再给大家吧。"十几年，人生有几个十几年呢？时间是最好的沉淀，歌德的《浮士德》写了60年，马克思的《资本论》写了40年，托尔斯泰的《战争与和平》写了37年，徐霞客的《徐霞客游记》写了34年，李时珍的《本草纲目》写了27年，达尔文的《物神起源》写了23年……这让我想起冰心《繁心·春水》中那句有名的诗——成功的花，人们只是惊羡她现时的明艳，然而当初她的芽儿，浸透了奋斗的泪泉，洒遍了牺牲的血雨。只要是经得起时间考验的东西，只要是能震撼人心的东西，哪个不是花费了大量的时间和精力呢？身处网络时代的我们好像总有个毛病，喜欢拿来主义，哪个名优班主任的经验好，就照搬过来，结果往往落得个非驴非马的窘境。经验不是不可以学，但经验拿来消化吸收，最终是为了完成我们自己的作品。别人有自己的有个性的学生，我们也有；别人有揪心的教育经历，我们也有；别人有打动人心的教育故事，我们也有，只是我们有记录、积累、沉淀的习惯和作为吗？如果没有，那么就永远只有艳羡别人的份。如果有，我们就该坚持下去，相信终有一天会结出硕果。教育不能作假，教育不能取巧。要勤勤恳恳地做，踏踏实实地积累，有一天，我们也可以向别人讲我们的故事，那时，我们就是别人眼中的名优班主任。

二、要做真实的自己，要做有特色的班主任

一直以来，我们总有一种感觉，名优班主任和我们不在一个世界里，在他们那里有特别的学生，在他们那里有特别的故事，在他们那里有特别的感动，在他们那里有先进的理念。可是，他们真的和我们不一样吗？其实他们和

我们一样，都生活在这个地球上，都要面对繁重的教学工作，都要面对调皮的学生，都有"四大金刚"，都有难缠不可理喻的家长，都有各种评比。但他们又和我们不一样，面对种种教育逆境，他们不抱怨，或者说抱怨之后开始卷起袖子去做实实在在的事。起点可能只是精心布置教室的一角，也可能是绞尽脑汁开一个别开生面的班会课，还可能是潜下心连续写学生的成长日记，还可能是……就像肖盛怀老师说的："你们以为贾高见很厉害吗？不，他做得很一般，只是你们没有做，所以一般的也能很出色。"这话当然是玩笑话，但从另一个侧面让我们明白了一个道理：每一个名优班主任都是从最普通的起点做起，做他们自己的事，讲他们自己的故事，分享他们自己的独特体会。所以，名优班主任并不神圣，他们很平凡，但他们身上总有不一样的东西，这种东西我们管它叫个性或特色。班主任工作太需要个性化了。我们的教育对象——学生，虽然年龄相仿，可是他们来自千千万万个不同的家庭，有着不同的生活背景，他们也有各自不同的学习经历。我们教师自己的个性、各学校的地理位置、文化氛围均不相同，没有个性，班主任工作怎么可能做得好，做得成功呢？也唯有个性，我们才能出离平庸，表达独立的自己，展现不一样的自己，正所谓万绿丛中一点红。而在我们有意识地去做自己旗帜鲜明的东西的同时，也会逼迫自己去探索更多新的东西，去建构自己的教育思想，不断完善自己。

三、班主任必须为自己寻找一条精神上升通道

"起得比鸡早，睡得比狗迟。"许多班主任喜欢这样调侃自己。许多一线的班主任有太多可以抱怨的：学生调皮，学困生难搞，家长难缠，待遇低，工作琐碎繁重……但是我们发现，名优班主任很少抱怨这些，是他们摆脱了这些困境吗？其实，每个名优班主任不也是从普通班主任走过来的吗？我发现，名优班主任在自己的成长经历中几乎都曾困惑、迷茫、失落过，因为一般名优班主任都有上进的精神，有远大的志向，这就与教师的发展现状有矛盾，所以许多名优班主任都曾有过苦闷期，只不过，他们成功地迈过了这个苦闷期，找到了自己的精神上升通道。以肖盛怀老师为例，他当了老师之后因为待遇不好曾经过商、下过工厂打工，但又回到教育岗位上。相信他一定也是有着诸多的不满意，可是现在的他谈起自己的工作都是带着一股自豪感，为什么？因为

他觉得与学生在一起是快乐的，与学生的情感是最真挚的，与学生其乐融融的关系是他引以为傲的成就。为此，他特别提出班主任养生说。教育是一方特殊的天地，没有生意场上的一本万利，也没有政府官员的权势，有的只是学生润物细无声的成长。如果缺少一份精神情怀，拿物质来衡量我们的工作，那么我们终将痛苦不堪。想起肖盛怀老师的一句话："如果把班主任工作看成职业，会很无趣；如果把班主任工作看成事业，会很累心，只有把班主任工作当作爱好，我们才能长久的做下去，做好。"

3

班级文化

第三篇

那个叫教室的地方

——浅谈教室文化的重建

惠州市南坛小学实验学校　许　红

近期阅读了李虹霞老师的《创建一间幸福教室》，这本书的内容引发了教师们的多方思考，大家通过不同方式表达了对理想教室的期待，开展了"重建教室文化"的主题研讨。

一、理想教室什么样儿

关于教室，无论如何畅想，我们都不能忽视学生眼中的标准，他们才是真正的主人。学生们喜欢怎样的教室？

有329名学生参与了李虹霞老师的一项调查，看看学生的想法：喜欢教室的多媒体平台、生态角、图书角；喜欢老师的有16人，喜欢同伴的有71人。学生把班级当作了第二个家。

学生认为理想教室是这样的：是像家一样的地方；有不同形状的桌椅；有软软的地毯、抱枕，可以坐在地毯上下棋；窗帘很美丽，书架上放着最爱看的书；墙上看不见冷冰冰的标语，挂着班级全家福、绘画作品，还有小女生喜欢的饰品；最好有多肉植物、金鱼缸……学生的想法让李老师发现美好教室应具备三个基本元素：色彩、生活化、经典。她对原有教室文化进行"杀毒"，删除那些学生始终不关注的文化，保留或放大学生们普遍喜欢的文化，把教室布置成了一间学生理想中的教室。

二、美好教室唯一的方向

的确，只有融入更多的个性化元素，才能形成多姿多彩的班级特征，美好教室唯一的方向就是：创造无限生长的时空！在这里，教室已不再简单地局限于一间房子，而成了一个无限拓展的世界。课堂也有了两种存在的意义：它是知识与技能不断增长的快乐摇篮，也是温暖心灵、开阔胸襟、清明大脑的心灵空间。

美国著名教育家雷夫创设了第56号教室，引发了人们对教室的思考和再认识。雷夫是这么说的："一间教室能给孩子们带来什么，取决于教室桌椅之外的空白处流动着什么。"

教室里如果没有师生温情，没有关爱，就会显得很小，让人感到局促，没有安全感。如果有了教师的情感呵护和陪伴，它就会让人觉得很温暖，显得很大很大，让人觉得有无限伸展的可能。教师的谆谆教导和鼓励，还可以让孩子对未来充满期望，插上理想的翅膀……包容与开放使教室的功能无限延伸，架起师生沟通心灵的桥梁。带着这样的理念，我们尝试着重新布置教室。重新打造的教室带来了视觉冲击，也带来了好长一段时间的惊喜。回顾教室的演变史，那真是久远啊！

三、教室源远流长的发展史

春秋时期就有孔子讲学的杏坛，到后来陆续出现了太学、民间书院和私塾。

捷克教育家夸美纽斯发现，但凡历史上个性化的教育，只是少部分有钱人家的子弟才能享受的特权，受众面只是上流社会家庭的孩子。如果能设计和建造一个教室，不分阶层，将更多的孩子集中起来学习，就可以让全国的少年儿童受益。于是，他写作并出版了《大教学论》，提出了班级授课制的系统化理论。可以说，世界上第一间现代意义上的教室起源于16世纪的欧洲，兴起于17世纪乌克兰的兄弟会学校。

1862年，清政府参照西式学校创办了北京京师同文馆，第一间现代意义上的教室在中国出现了。在《钦定学堂章程》颁布后，班级授课制在全国广泛推广。班级的概念是建立在统一授课制基础上的，是指将学生按实际年龄和已有知识水平分别编成固定的单位，形成不同的就读年级。

"班级是一个为了实现一定目标，有意识、有目的地组织起来的，在时空上保持一定统一性和连续性的群体和组织。"传统的班级是学校教育的一个管理单位，更多关注点是班级的管理和执行职能，教室就是学校、教师行使这些职能的主要场所。事实上，自从班级授课制诞生以来，我们看到的教室就一个模式，基本没变过：长方形的空间里摆放着一排排整齐的桌椅，桌椅的正前方是一个高出地面的讲台，讲台后面是黑板。

传统教室其优势主要体现在：可以容纳更多的学生，进行大规模教学，有助于提高教学效率，符合中国现有的教育国情；固定的班级人数和统一的时间单位，有利于合理安排各科教学的内容和进度，从而赢得教学的高速度；使用编好的教材，由教师设计、组织并上课，保证教师发挥主导作用，保证学习活动循序渐进；班级学生彼此之间可以互相观摩、切磋、砥砺，进行多向交流，保证思想教育的辐射面更广。

传统教室也有其弊端，首先是教师高高在上地讲解，学生规规矩矩地聆听；教室的管理功能占优势，完全控制了教室、教师和学生，学生学习的主动性、独立性和自由受到制约。其次，师生上课的课程、时间被固定化、形式化、格式化，统一的课程使学生被动地接受现成的知识成果，思想容易受到禁锢，加之动手机会少，不利于培养学生的创造性。实行集中和强制教学，教室里强调的是共性、齐步走，教学目标相对单一，难以兼顾个体差异，容易忽视孩子的个性化发展。

纵观历史，学校教育从孔子带着学生周游列国，变成了程序化、标准化的固定模式，从某种意义上说，是教育的异化与倒退。

从小学到高中，教室是学生学习、生活和成长的地方。现实中，我们遗憾地看到：教室里，学习的功能被无限放大，而其应有的丰富功能却弱化了；体育课、音乐课可以不上，成了分数的加工厂，充斥的是题海大战；应试教育的大棒被高高举起，缺少生活，缺少故事，还缺少精神……

教室不应该是静态、单调的，不应该是模式化、同质化的，而应该是一方文化洼地。这里可以有一个好听的班级名字，温暖的名字就是这个教室所有人的精神尺码；这里还可以有好听的班歌、感人的班级日志、个性鲜明的班级文化……

看来，需要改善的不仅仅是教室的物理环境，还要改善教室的心理环境，我们的教室应该像雷夫的第56号教室那样，没有呵斥，没有体罚，没有害怕，没有厌学的孩子……

因为有活泼可爱的孩子，所以教室应该成为最美、最具活力的地方，当然还应该有不可或缺的教师，以及教师的博学、教师的视野、教师的智慧和教师的气度。

为什么说雷夫的第56号教室给人带来了无限憧憬？为什么说第56号教室的学生是幸福的？那是因为雷夫老师独创了很多课程，这些课程教会了学生储蓄、欣赏电影、设计旅行线路、制作美食、怎样做一个有生活品位的人……雷夫老师善于挖掘一切教育资源，只为了孩子们能多元而快乐地成长！

教室因什么而不同？那一定是因人而不同。在朝夕相处的教室里成长起来的，应该是最核心的班级信念、行为准则和价值观，繁衍起来的则应是班风、学风的建设，而建设一个班集体，不啻建设一个微国家。教室就是一个组织。有组织，就会有发展愿景、管理机构和评价体系，同时，还会存在竞争和反组织行为。综上所述，教室理应呈现更丰富的功能，理应有与众不同的味道……

四、教室革故鼎新的新功能

学生每天的校园生活是从教室开始的，所以学生每天停留时间最长、教书育人、增德长智的好地方应该弥漫着这样的成长味道：

"净"——教室的第一"味"是干净整洁的卫生环境。

"进"——教室的第二"味"是催人奋进的班级人文环境。

"竞"——教室的第三"味"是昂扬向上的精神风貌。

"和"——教室的第四"味"是和谐的师生人际环境。

有思考，就有变通！这几年来，我们尝试把新理念、新方法带到重建教室的实践中去，摸索着、享受着专业成长的快乐——如用制度文化提升班级管理，营造家一样的班级，关注问题学生，采用小组合作模式，班级管理民主化开展班级特色活动，等等。班主任和教师们一起高效地管理班级事务，积极构建班级个性文化，着力打造自己的班级名片。

"小课堂，大社会"，寓教于乐的多样活动让教室文化延伸到自然与社会，孩子们用自己的方式主动学习，获得丰富多样的生活体验，使僵硬的知识体系由此变得丰满、灵动。教室中的学习，仅仅是很小的一部分，学习更广阔的天地应是在教室之外。读书节、游戏节、艺术节、戏水节、科技节、美术节、社会实践，这些活动不仅让孩子们充满了期待，收获满满，也让美丽的校园神采飞扬，洋溢无限的生命活力，为师生们筑起"水量充沛的都江堰"，释放出源源不断的教育正能量。

有人说，陪伴儿童过一种精神生活，就是最好的教育！教室里也有春天，让我们一起来发现最美教室，重建教室文化吧！

谈谈班级文化对学生行为习惯的影响

惠州市第十一小学金榜分校　张小金

一、认真解读"班级文化"概念

余秋雨老师在"喜马拉雅"上讲《中国文化必修课》，其中，提到对于文化的定义，自从英国学者泰勒开了个头后，世界就陆陆续续冒出来200多个有关文化的定义。他十分赞同美国学者劳尔的话，劳尔说："给文化下定义，就像用手去抓空气，除了没有抓住，它无处不在。"

最后，余秋雨老师为文化做了世界上最短的定义：文化是一种成为习惯的精神价值和生活方式，它的最终成果是集体人格。

余秋雨老师对于文化的定义给了我很大的触动，同时也使我对"班级文化"的认识更加明晰。

从事十多年班主任工作的我，真切地发现孩子良好行为习惯的养成极其重要，尤其是在小学低年级，这是习惯养成的关键期，而此时，教师又是孩子除了父母之外最重要的人。因此班级就成了教师教育的主阵地。那么，能否以教师为向导，以班级这个单位为主线，着力营造良好的班级文化，以文化影响孩子，使文化变成孩子习惯的精神价值和生活方式，最后体现在班级带领下呈现出来的集体人格上呢？当时的我没有很宏伟的目标，只是为了解决自己工作中的一些难题和困惑，并尝试着去做一些探索而已。

二、积极打造班级文化

以校园文化为以依托，课题组各成员根据自己的个性特长、兴趣爱好积极践行班级文化的建设。

在此基础上，涌现出了在班级文化建设方面具有研究特长的班主任教师。如李梦洁老师的班级建设着力于和学校"三生"理念相融。她充分运用班级每个能利用的空间，努力打造"生命教室""生活教室""生态教室"，物化学校的"三生"教育教学理念，制作了班级管理理念墙、师生笑脸墙、金榜梦之墙、学生争星评比栏；美化了每一个窗台，设立学生自助图书角、班级自助工具箱、班级垃圾分类回收站、"感恩有你一路同行"感恩角；着力优化生态环境，使课室成为充满绿意花香、令人舒展惬意的读书圣地。师生共同构建生态文化，可以自由呼吸高品位的文化空气，尽情享受经典与高雅的文化洗礼。顺木之天，以至其性；道法自然，天人合一。

赖超婷老师的班级以开展主题班会为主要途径，在活动中渗透德育，践行德育。如在"最美金榜人，传递正能量"活动中，让学生树立正确的人生观、价值观。在"龙耀惠州传承文化，中华龙舟大赛'划'进校园"活动中，让学生从小感受我国传统文化，播撒爱国的种子。在"让微笑、感谢、欣赏、安静、学习陪我们走过2016"班会课上告诉孩子，成功的第一步就是先存有一颗感恩之心，时时对自己的现状心存感激，同时也要对别人为你所做的一切怀有敬意和感激之情。"人能感动，就能幸福"，其实快乐就在你的心田。在"争做金榜小农夫"教育活动中，教育学生节约资源，保护环境，以实现人与自然、人与社会的和谐发展。

王思玲老师的班级文化主题是"有规矩方成圆"；李玉明老师的班级文化主题是"以'品'育人，构建文明生态班级"；刘冬洁老师的班级文化主题是"活动育人"；旸丽老师的班级文化主题是"朗读，让班级书香弥漫"；古燕飞老师的班级文化主题是"小绘本大德育"；张秀平老师的班级文化主题是"关注中等生"；林丽丹老师的班级文化主题是"心理健康教育，我们在路上"；等等。

三、班级文化带来丰硕成果

两年来，在我们的共同努力下，基本形成了以我校"三生"教育教学理念为指导，以校园精神文化为核心，以校园物质文化为依托，以校园静态文化为牵引，以校园动态文化为载体的特色校园文化下的班级文化建设的体系。在此基础上，每位成员都努力打造属于自己的班级文化特色，使得我们的班级文化研究有根可循，有路可走，有灵魂引领，有载体依托，有体系保障。

我们关注生命成长，引导孩子追寻生命的意义，从而学会敬畏生命、尊重生命、善待生命和珍爱生命。我们丰富生命内涵，使孩子的自然生命、精神生命、智慧生命协调发展。我们培育生命智慧，磨砺孩子的心理抗挫能力，使其学会学习、学会生存。我们开发生命潜能，运用多元智力理论挖掘每个孩子的生命价值，激励其扬起生命的风帆，超越自我。

生活即教育。我们关注师生的生存状态和生活质量，引导其追求幸福生活的真谛，从而最大限度地实现自己的人生价值。我们丰富师生的生活内涵，从衣、食、住、行、乐、学等日常生活入手，使其不断完善自我。我们拓展师生的生活空间，联合家庭、社区和社会构建广阔的学习生活背景，引导学生在生活中获取知识、应用知识，同时以书本知识去解释生活、改造生活、提高生活质量。我们提高师生的生活快乐指数，树立"享受学习""终身学习"和"快乐生活"的理念，改善学校管理和师生关系，让师生的生活充满阳光和快乐，使校园成为每个学生都能健康快乐成长的乐土。

建设班级文化，拓宽了我们班级管理的德育新途径，我们通过在各年级打造各具特色的班级文化，来促进学生良好行为习惯的养成，尤其是对低年级学生学习习惯、生活习惯以及人际交往能力等，都起到了很好的促进作用，基本形成了一班一特色、一班一风采的良好局面。

工作室成员所带的班级成了一道道亮丽的风景线，推动学校德育工作上了新台阶。学校先后获得全国文明校园、广东省文明校园、广东省教育国际化办学实验学校、广东省民族团结进步创建活动示范单位、惠州市社会主义核心价值观主题校园等荣誉称号，2017年德育工作案例《"三生"润沃土，文化育新人》获评教育部办公厅全国中小学德育工作优秀案例。

好班级，正能量

——正能量班级是这样炼成的

惠州市第十一小学　毛江玲

　　本人目前是一个小学二年级的班主任，班级由20个男孩、25个女孩组成。这是一个团结上进的集体，是一个充满正能量的班级，学生们是非分明，积极向上，刻苦学习。班级自组建以来，被评为学校德、智、体、美全面发展的五星级学生的人数多达30多人。学生的学习成绩稳定，班风淳朴，家校联系紧密，家长支持学校工作，班级多次被评为校文明班级和惠城区优秀中队。不少科任教师反应，满满的正能量让我们班成为他们最喜欢的班级。不少同事问我：你们班的正能量是如何炼成的呢？

一、正能量的炼成要趁早

　　班级正能量即一个班级优良的班风，是由班级成员共同营造的一种团结的集体氛围，即班级成员的整体精神风貌积极向上，个性得到充分的发扬，班级的外部形象较好，班级成员对班级未来发展的方向充满期待。班级正能量是一种，团结的氛围、一种鞭策前进的力量，是一种无形的约束力。

　　作为一个教龄十载的教师，我以前都是从三四年级开始接班，在打造班级正能量的过程中遇到过很多挫折，常常有力不从心之感。我反思的结果是，这跟三四年级的班级已经有了基本固定的班风，学生有了基本固定的思维模式有较大关系。班风具有稳定性的特点，要撼动已有的习惯需要花费较多的精力，结果往往是事倍功半。我目前带的这个班，是从一年级开始接手的，炼成正能量的过程轻松了很多。我认为，一个刚踏入小学校门的孩子，对未来六年的小学生活充满了憧憬，没有一个孩子不希望将来几年的学习生活是精彩的、丰富的，没有一个孩子不希望能成为老师、家长眼中的好学生、好孩子。这时候的孩子就像一张白纸，好班级应该是怎么样的，同学间要怎么相处，如何对待学习等，急需老师去引领，去描画。所以低年级阶段是打造班级正能量的关键时期，这个阶段，坏的思想和习惯还没有侵扰孩子的头脑，若能使正能量安营扎寨，将能起到事半功倍的效果。我还记得开学第一天，孩子们坐在教室里，用纯洁、渴望的眼神望着我这个陌生的老师。就从那天开始，我慢慢教会孩子观察学校、熟悉班级、善待同学，教会孩子什么是真善美……一粒粒正能量的种子就这样植入幼小纯洁的心灵里，孩子们良好的思想、行为慢慢形成，渐渐开出了绚丽的花朵。

二、正能量的炼成要有步骤

班级正能量的炼成是一个系统综合的工程。班级一组建，班主任就需要根据班级特点确定管理班级的理念、班级建设方案及实施管理的措施。只有这样才能按图索骥、有的放矢，而不是东一榔头，西一棒槌。

1. 明确班级目标

一年级刚开学，我就和学生们商量着确定了班级口号、学风、班歌。班级口号是：快乐学习，幸福生活！学风是：用考试的态度对待每一次学习！班歌是《左手右手》。简单易懂的班级口号和学风，让孩子们一目了然，每个孩子都能感受到在学校学习生活是快乐幸福的，对待学习是要认真努力的。每当唱起班歌中"当你的手拉着我的手，团结的力量彼此感受，有方向有决心有节奏，一起牵着手向前走"的歌词，学生就会接受一次团结拼搏教育的洗礼。

2. 规划班级建设方案

明确了班级目标后，接下来是怎么做的问题了，即班级建设方案。我的班级建设方案是分步的和分层的。如一年级上学期侧重进行行为礼仪、学习态度的教育，下学期侧重学习方法的指导；二年级侧重学生心理素质教育；等等。每月既有相对固定的教育主题，又可以根据实时的教育资源产生灵活的教育主题。比如开学第一个月侧重行为礼仪的教育，结合教师节进行感恩教师、长辈的教育；第二个月在继续稳固礼仪教育的同时，开展学习规范的教育，结合国庆节进行热爱祖国、认识家乡的教育；等等。正能量的种子就这样"随风潜入夜，润物细无声"地播撒在学生心田。

3. 及时落实巩固

合理安排时间，及时落实班级建设方案，利用一切教育契机，及时巩固教育成果。

三、正能量的炼成需要帮手

良好班级的建立，班级正能量的形成，教师绝对不能一厢情愿地唱着独角戏，要善于借帮手请救兵。班级建设，班主任是关键，班干部是主角。班干部是班级正能量炼成的第一帮手。班干部是班集体的核心，是学生思想教育、文化学习和课余生活等各项活动的榜样，在班级管理中起着组织管理和火车头作用。一支素质良好、认真负责、积极肯干，能独立高效开展工作的班干部队伍，对于班级正能量的弘扬有着至关重要的作用。我对班干部的培养目标十分明确，采取加强教育、强化责任，明确分工、紧密合作，热情扶持、细心指导，放手锻炼、发挥自治，严格要求、促进成长，等策略，培养了一大批得力的班干部。小班干部们不仅能在早读老师还没到班前，确定学习内容，维持学习纪律，组织到班的学生听写、读书、做题，还能做到实时评价同学学习情况，已成为我班特有的一道风景线。小班干部们还可以协助我处理班级各项事务，如检查考勤、班容班貌，维持纪律，应对突发事件，等等，将各项工作处理得井井有条。小班干部们还是班级同学学习纪律方面的榜样，在班级学校的各项活动中表现突出，引领其他同学为班级赢得荣誉。小班干部们还是教师和学生沟通最好的桥梁，将同学的心声很快地反映给教师，也将教师的要求很好地传达给同学。

家长是学校教育中的重要资源，充分利用家长资源，对于改进班级管理与教学效果，都有不可估量的作用。班级正能量的建立，家长是第二帮手。家校相互信任、相互帮助的合作伙伴关系的建立，首先需要教师密切和家长的联系，如建立班级QQ群和微信群。一方面班主任可以将孩子在校的表现情况实时反馈给家长；一方面可以鼓励家长在群里相互交流关于如何教育孩子的经验方法，鼓励家长向班主任提供信息，便于老师随时掌握班级学生情况，了解家长的心声。家长弥补了班级教育资源的不足，丰富了教育内容，扩大了教育范围，提高教育效果，使班级工作变得更生动、更具体、更生活化。我利用惠州市校讯通这一便捷的平台，鼠标轻轻一点，每天将班级整体情况和作业布置发送给家长。我还利用广泛普及的微信群，将学生学习、活动的照片及时地发送至家长群，让家长直观地了解孩子的学习生活情况，提高家庭教育的针对性。

"家长进校园"活动

班级正能量的形成是一个系统综合的过程，还必须有赖于各科任教师的密切配合和共同努力。科任教师是第三帮手。我在与各科任教师充分讨论的基础上，制定出班级的每日常规条例，并将这些制度交给各任科教师，便于他们在上课时按制度严格要求学生，让大家为建立良好的班集体、形成良好的班风共同努力。我采用询问调查法、观察实践法等途径建立完善的学生档案资料，并把这些情况提供给各科任教师，使其在教学与育人的过程中有的放矢，达到事半功倍的效果。我还利用学科特点及科任教师自身的优势，帮助学生全面发展。比如，我班小黄学习态度不够积极主动，家长、班主任做了不少工作，但收效甚微。这孩子爱好画画，于是我让他担任美术课代表，让美术课李老师利用和小黄接触较自然，时间较多的优势，走近他的心灵，理解呵护他内心的渴望。慢慢地李老师潜移默化的教育出现了明显的效果：小黄打开了心扉，对李老师非常信赖和敬重，学习积极上进，一步一个脚印努力追赶同学，成绩有了较大进步。

不管是借助班干部、家长，还是科任教师的力量，都告诉我们，班级正能量的炼成不是班主任"千里走单骑"能做到的。班主任的单枪匹马，往往吃力不讨好，收效甚微，最终自己也变得心灰意冷。

四、正能量的炼成要有智慧

1. 实现班级正能量文化的多层次渗透

我校每个班的教室外墙壁上都悬挂着一张大展示牌，展示着各班的班级口号、学风、班歌和活动照片、师生合影等，让孩子一走近教室，就能有一种归属感、荣誉感；走廊上还悬挂着名人名言、历史小故事等，吸引孩子驻足观看、回味，激发孩子的学习兴趣；教室内墙壁上张贴着学生的字画和手工作品，让成功激励孩子们走向更大的进步。不同层面的班级文化，给学生一种精神上的感染、吸引、熏陶，增强班集体的凝聚力，形成生机勃勃的班风，促进学生的个性生成。

2. 建立合作竞争机制

我班开展了"手拉手向前走"的帮扶竞赛活动。根据孩子的个性特点和表现情况，或强弱搭配，或强强联合，或势均力敌，让每个孩子都有一个携手向前的伙伴，让伙伴同桌，一起比学习、比思想、比进步。将竞争对手名单列表上墙，将其各自的表现公布于表，以便时刻激励双方。事实证明，同桌间帮扶、合作、竞争的模式，激发了孩子们的责任心和好胜心。通过竞争，班级形成一种互相监督、互相帮助、你追我赶的氛围，促进学生和谐主动地发展，我再用恰当的奖惩方式进一步强化这种进步成果。最终，班级的纪律、成绩，学的个性、特长都交出了更漂亮的成绩单！

以上就是我在培育班级正能量过程中的一点心得体会。班级正能量的炼成是一个系统综合的工程，其中有着丰富多彩的学问。在今后的班级建设中，我还将擦亮发现的眼睛，开动思考的脑筋，获得更多宝贵的经验！

放飞"和美"梦想，共享童年之乐

惠城区第二十九小学　严若兰

童年是人生中重要的发展阶段，为了让学生有一个值得回忆的童年，为了激发他们对知识的兴趣，我主要从创建书香班级、感受民族传统文化和亲近自然这几个方面组织班级活动。

一、创建书香班级，熏陶儒雅之气

课前经典诵读　　　　　　　　家长进课堂分享读书体会

邀请惠州市阅读推广人一　　　　定期开展班级
夫老师进课堂做指导阅读　　　　读书分享会

同学的佳作发表啦

《东江时报》记者来我们班采访

二、感受传统文化，培养民族自豪感

"中秋话团圆"活动

课间习书法

学吹葫芦丝

焚烧豆苗提取食用碱包粽子　　　　强身健体，坚持练习跳绳

三、亲近自然，享受收获的喜悦

按季种植

收获喜悦

认识蔬果

品尝分享

让学生了解每种植物的生长规律和生长习性。拓展课本知识，让学生学习二十四节气和农耕谚语。收获季，让学生学着用花生壳和果皮做酵素。学生学习着，思考着，分享着，在良好班级文化的熏陶下，放飞"和美"梦想，共享童年之乐。

根的工程，花的事业

——论书香班级建设的重要性

惠州市南坛小学实验学校　许　红

一、引　论

每年的4月23日是世界阅读日，这是全世界读书人共同的节日。读书不但可以提升一个人的精神生活质量，而且对于民族和国家也具有特殊意义，因为一个民族的精神境界，在很大程度上取决于这个民族的阅读水平。

当前，读书的问题已经成为我们整个中华民族的大问题。有关部门组织的全国国民阅读调查显示，我国国民图书阅读率连续6年持续走低。再来看看学校的读书情况：教师们生活在校园里，环境相对封闭，工作又十分忙碌，一年到头在日复一日的教学循环中穿梭，光放电，不充电。绝大多数教师很少有时间去读书，整日被正统的作业或教科书、工作压力所包围。在去图书馆的教师中，语文教师竟然是最少的！试想，面对当今不断推出的各种教育改革，面对社会和家长更新更高的要求，面对思维活跃的学生，教师们应何去何从？正如特级教师黄玉锋所批评的："语文教师只是一个'贩卖人'，他们的教学方法不需要读书，只需要做题目。搞题海战术的结果是苦了自己，也苦了学生。烦琐的语文分析、照本宣科的教学方式已经越来越不为学生所接受，学生的阅读面和阅读量正在超过教师。"学生们的阅读现状也让人担忧：大量的课外阅读可以为学生提供良好的智力背景，促进其个性的健康发展。但是一些学生和家长，甚至是部分教师对此的认识却失之偏颇。可见，由于长年推行应试教育，使得被誉为"开启智慧之门"的课外阅读受到了无辜的冷落。

有人做过统计，一套小学六年制语文教材，只有340篇课文、3000多个生字。当我们穿过凝重的历史走廊，面对五彩缤纷的精彩世界，传授给孩子的难道仅仅是这些单薄的知识，或者说这就是我们给予孩子的全部吗？显然，仅仅靠一套教科书，是无法使我们的孩子学会学习、学会生活、学会生存、学会创造的。

让母语阅读成为我们的生活必需，让书籍成为我们的精神伴侣。无论是古代的还是现代的，无论是中国的还是外国的，无论是科技的还是人文的……凝聚着人类文化精神的读物都应进入我们的视野，这样我们才能成为人类文明之火的传薪者。

二、不可或缺的精神底子——学生读书的意义

母语是一个民族的文化载体，母语是一个民族的精神之花，母语教育是一个民族文化传承和发展的根的工程和花的事业。通过母语学习，可以将儿童的个体生命引入民族的和人类的精神之源，同时催发新时代民族的美丽花朵——精神之花、语言之花、文化之花。因此，母语教育课程永远是各个国家基础教育的核心课程。

《语文课程标准》比较重视儿童阅读，要求学生在整个小学阶段，课外阅读总量应该不少于145万字；提出要"培养学生广泛的阅读兴趣，扩大阅读面，增加阅读面，提倡少做题、多读书，好读书、读好书，读整本的书，鼓励学生自主选择阅读材料"。不过，在语文课程改革中，教师在课程资源的利用上还是太局限。例如，教语文就是教语文教材，一个学期只磨一本教材，还抱怨教不完；知道课外阅读很重要，可是不知道该推荐学生读哪些书，不知道该如何指导学生读，或虽然也了解《课程标准》关于课外阅读量的规定，但一般都当成软任务来处理，很少认真落实。可以说，语文教学"少、慢、差、费"的情况还是没有得到根本改变。

曹文轩是北京大学中文系教授、现当代文学博士生导师，他是一位深受少年儿童喜爱的江苏籍作家。走访过100多所中小学的曹文轩教授曾经给台州的小读者们说过三句话："财富不在远方，就在自己脚下"；"好文章离不开折腾"；"一本好书就是一轮太阳"。简单的几句话里，深藏着这位走下塔尖

的儿童文学领军者的心里话。"中国高级知识分子很多都生活在非常狭小的空间里。有些人高谈阔论、愤世嫉俗，甚至忧国忧民，但始终在宝塔的尖上，他们的声音是朝向天空的，每一个人都是另一个人的回音壁，来回震荡。这些声音对于他们来说，并没有什么太重要的意义，但对于宝塔下面的社会而言，却是十分珍贵的。"曹文轩说自己想从那个高处走下来，到下面来走一走，甚至是贫穷的农村，将一些教育理念、文学理念、语文理念、作文理念以及阅读理念，直接传到中小学的校长、老师以及学生们那里。

读什么书比读不读书更重要。曹文轩十分重视阅读，在他看来，阅读习惯十分重要。孩子的阅读姿态是需要培养的，并非天生。而姿态有高低之分，必须培养孩子较高的阅读姿态。"这一两年来我走过了100多所中小学，有机会了解这些学校的阅读生态，发觉目前是个阅读生态严重失衡的时代。阅读生态混乱，最严重的不是读不读书的问题，而是读什么书。现在的小孩不是没书读；相反的，因为出版业蓬勃，五颜六色的书很多。有很多书是可读可不读的，值得读的书不多。"曹文轩说，很多时候看到孩子们手头拿着的，无非就是搞笑的，热闹的，说话痞里痞气的书，甚至连一段像样的风景描写都没有。曹文轩认为，风景描写很重要，尤其是在写给孩子看的书里，更是一个不可或缺的元素。"风景描写部分也是让读者感受文字魅力的最佳之处。一段好的风景描写牵涉一个作者的文字能力和审美境界。鲁迅、沈从文、萧红，外国的契诃夫、川端康成、黑塞、海明威，都是一流的描写风景的大师。记得小时候读书时抄了很多描写风景的段子，这对于我后来的写作来说，真是获益匪浅。孩子们可以在你作品中看到一棵树，一股从田野上吹来的微风，既可以让自然教养着他们，又在不知不觉之中，培养了他们的文字能力和语感。"曹文轩认为，目前的阅读生态还不如他的少年时代，过去出版业虽然不那么蓬勃，但是他却读了许多好书。

因此，笔者认为，建立书香班级，形成一个书香小社会是一件意义非凡的事。在实施班级读书计划时，我指导学生们背诵了《弟子规》《三字经》《千字文》，还定期开展班级读书会，依照孩子们的年龄、兴趣和喜好选择教材。如张天翼的《宝葫芦的秘密》，曹文轩的系列丛书《草房子》《青铜葵花》等优秀的儿童图书就是孩子们开展课外阅读的最好教材……

　　"秋风乍起，十四岁的男孩桑桑，登上了油麻地小学那一片草房子中间最高一幢的房顶。他坐在屋脊上，油麻地小学第一次一下子全部扑到他的眼底。秋天的白云，温柔如絮，悠悠远去；梧桐的枯叶，正在秋风里忽闪忽现地飘落。这个男孩桑桑，忽然觉得自己想哭，于是就小声地呜咽起来……明天一大早，一只大木船，在桑桑还未醒来时，就将载着他和他的家，远远地离开这里——他将永远地告别与他朝夕相处的这片金色的草房子……"

　　以上的描写片段选自曹文轩的《草房子》，这是一部被称为中国儿童文学当代经典、讲究品位的长篇小说，出版后多次获奖，并入选百年百部中国儿童文学经典书系。作品写了男孩桑桑刻骨铭心、终生难忘的六年小学生活。六年中，他亲眼看见或直接参与了一连串看似寻常但又催人泪下、撼动人心的故事：少男少女之间毫无瑕疵的纯情，不幸少年与厄运相拼时的悲怆与优雅，残疾男孩对尊严的执着坚守，垂暮老人在最后一瞬所闪耀的人格光彩，在死亡体验中对生命的深切而优美的领悟，大人们之间扑朔迷离且又充满诗情画意的情感纠葛……曹文轩的成长小说，以审美力量、情感力量、道义力量和语言力量打动和感染读者，使读者的灵魂受到震撼，这是儿童小说不易达到的高度。他的作品一方面具有现实性，扎根现实，同时又拓展了广阔的想象空间，富于理想主义和浪漫主义，符合今天少年儿童的精神生命。

　　《草房子》的背景是20世纪60年代初，三年严重困难时期。那时民生凋敝，生存艰难，人的精神状态比较粗糙。但我们在这部作品中很难看到这一面，而看到更多的是江南水乡的一种舒缓、温柔、优美的格调与人性向善、向美的精神延伸和拓展，从以下这些片段可以看到这里面有曹文轩的理想主义、浪漫主义在起作用。"雨季已经结束，多日不见的阳光，正像清澈的流水一样，哗啦啦漫泻于天空。一直低垂而阴沉的天空，忽然飘飘然扶摇直上，变得高远而明亮。草是湿湿的，花是湿湿的，风车是湿湿的，房屋是湿湿的，牛是湿湿的，鸟是湿湿的……世界万物都还是潮湿的。一路的草，叶叶挂着水珠。葵花的裤管很快就被打湿了。路很泥泞，她的鞋几次被黏住后，索性脱下，一手抓了一只，光着脚丫子，走在凉丝丝的烂泥里……"

　　作为语文教师，我之所以推荐这些书给孩子们读，是希望学生能利用人生记忆的黄金时期，把母语文化中最经典、最精华的作品牢牢刻在心灵深处，融到血液里，努力让这些浓缩了中华民族品格和精神的作品构成孩子一生发展的文化根基，让学生们在生命长河的源头，筑起水量充沛的都江堰。相信，随着岁月的流逝和孩子的日益长大，它会释放出源源不断的清流，滋养孩子们的思想，升华他们的人生。

三、静听自己成长的拔节声——我们的班级读书会和亲子阅读活动

"外面的世界很精彩，外面的世界很无奈。"的确如此，现在的孩子接收信息的方式和途径不断改变着他的阅读习惯。电影、电视、多媒体、网络等视听媒介使孩子们接收信息的来源大大丰富起来。有人说，21世纪是眼球经济。视听，使孩子眼球运动频繁，声觉系统灵敏，孩子对于以安闲静憩方式为主要特点的读书，显然兴趣降低了。

呼唤静读，远离尘嚣，让浮躁的心灵变得平和充实、宁静而致远，唯其阅读能达到之。在人生的黄金时期，孩子们太需要真正的充实和滋养了。读《论语》《孟子》可以帮助孩子们重塑民族精神。记得庄子曾说过："判天地之美，析万物之理。"一个从事教育的人就应当拥有这般审视天地之大美的博大胸怀。就让我们用中国最传统、最朴素的教法把孩子们阅读课外书的热情充分激发和调动起来吧。相信在我们的教学实践中，它会再次证明：现代化不拒绝课外阅读，现代化需要课外阅读，关键是我们应当怎样创造性地指导孩子们进行有效的阅读。

"春雨断桥人不度，小舟撑出绿荫来。"在涌动的热情中，我一直在考虑该在自己的班级里做些什么。无意中在《小学语文教师》杂志里看到儿童博士王林提出的"班级读书会"概念，这个新鲜的说法引起了我的注意，冥冥之中，我感觉眼前铺开了一条路——这是一条引领孩子们进行广泛阅读的路。我认真阅读了周益民老师和岳乃红老师写的《上读书课啦》和《班级读书会ABC》这两本书，根据自己班级的实际情况开展读书活动。

一年来，在班级读书会的实践过程中，我越来越清晰地认识到：班级读书会是以班级为单位，在教师的组织和指导下，在语文课堂上开展的阅读活动。它是由教师指定（或师生共同确定）一本书（或相关主题的书），师生共

同阅读,然后在班上进行讨论和延伸活动。我在指导孩子们进行课外阅读时,主要采取了选书——阅读——讨论——延伸活动的方式。

　　阅读首先就要解决书源问题。我做的第一步就是争取家长的认同与支持,积极引导,利用家长会,把家长会变成读书会。我给家长们讲述图画书《爱心树》,很多家长都被感动了,也愿意给孩子买书了。家长爱上阅读并亲身感受读书会的好处,大力倡导的"亲子阅读"的活动在家长的支持、鼓励与督促下也就初见成效了。学生们在阅读课里静静地捧着书,一副手不释卷的样子,甚至有点如饥似渴,抱怨一节阅读课的时间太短了。望着他们沉醉的笑靥,看着他们执着的眼神,我明明白白地知道,这是深藏于我心底最美的一道风景。这道风景也让我在心里为自己暗暗喝彩:"真是太棒了!!!"

　　接着进入第二阶段——主题阅读。阅读前,我硬性提出完成阅读的时间,并提供一些切实可行的阅读方法,同时还设计了阅读记录表让学生填写。我还布置了一些问题,让他们带着问题阅读,这也是在培养学生的提问能力。讨论则是班级读书会的核心部分。学生通过对书的讨论,不但理清困惑、深化理解,还能分享快乐、分享经验,培养团体探索的习惯。

　　第三阶段——讨论。有的教师说,班级读书会应找到一种聊书的感觉,教师要以读者的心态、读者的身份参与交流。对于这一点,我感触颇深。我尝试着通过大声朗读的形式向学生们推介一本新书,效果真的很好!著名作家梅子涵曾说过这样的话:"我们这些人,是有些像李利的,也是点灯的人,我们每晚把一本有趣也耐人寻思的书,带到孩子们的面前,让他们兴致勃勃地阅读,朦朦胧胧间,竟然使他们一生的日子都有了方向。"他说得真好!我在指导学生阅读《青铜葵花》时,紧紧抓住作家的创作理念与追求,在师生共读,整体把握小说印象后,就以"美"为话题,和学生们一起讨论:你觉得这本书中的美表现在哪里?在小组讨论后,组织交流:

　　美的情节(情节美)——美的事物总有一个美丽的故事。选一个美的事物,说一说它的感人故事。

　　美的人物(人物美)——感受美的人物,走进人物的内心世界。美丽的事物,总是和美好的人物形象联系在一起,说说你看到了什么?想到了谁?

活动延伸部分成了点睛之笔，成了班级读书会的新时空。为了强化学生对文本的阅读，我从网上下载了根据原著改编的电影《草房子》，利用教室里先进的电子交互式白板放给学生看。因为有了前期的阅读指导，再加上已有的个性化阅读体验，学生们对故事情节如数家珍，每每一个新人物出现，大家都会异口同声地喊起来："秃鹤！桑桑！杜康！纸月！"电影看完后还意犹未尽，观点的碰撞，心得的交流使学生们获得了崭新认识，把阅读活动推向了高潮。

由此看来，班级读书会是对儿童阅读权利的最大程度的尊重，对于形成儿童的自主学习意识、独立思考精神都有着很大的帮助，尤其是家庭的亲子阅读部分，家长的感受就更深了。陈立的妈妈是惠州大学的老师，她和儿子一起阅读了《草房子》后，给我发来了短信："许老师，谢谢你推荐了这么优秀的书籍给孩子们阅读，这是真正为孩子而写的儿童作品，在当今物欲横流的社会，这些书籍将帮助孩子们抵御各种不良诱惑的侵蚀……"杨子妈妈和曾颢妈妈看完作品后互相讨论故事情节，杨子妈妈问："小孙，你知道你家曾颢像《草房子》里的哪个孩子吗？——像桑桑！特淘气，特聪明，还富有正义感！是个好孩子！"平时，曾颢妈妈总认为自己的孩子一无是处，经常会盯着孩子的短处数落个没完，听杨子妈妈这么一说，她感动地说："真没想到儿子还有这么多优点，大家都看到了，只有我还没发现，真惭愧！"作品对人的感染力就像作者曹文轩所说的那样："美的力量绝不亚于思想的力量。一个再深刻的思想都可能变为常识，只有一个东西是永不衰老的，那就是美！"

对于读书，我依然心存美丽的期待。我和学生们一起读过《三毛流浪记》《宝葫芦的秘密》《中华上下五千年》……就这样，在油墨的芳香中，在纸页翻动的声音中，在文字海洋的遨游中，我们体会到难以表达的满足和富有。孩子们认识了安徒生、张天翼、余秋雨、张乐平、曹文轩……在安徒生、格林创造的童话世界里认识了坏心肠的巫婆、狡猾的狐狸、可怜的灰姑娘、白雪公主和七个小矮人……学生们在脑海里无形中对童话书里人性的善恶、是非的判断，建立了基本的雏形与价值观。

记得在指导孩子们看《三毛》系列丛书时，有的孩子哭了，他觉得三毛太可怜了！是的，三毛所生活的那个时代，已经成为过去，但是了解过去，了解历史，却是每个人都必须完成的一份答卷。因为了解过去，了解历史可以让成长的脚步更沉着、更坚实，可以让视野更宽广，心胸更博大。在一个人成长的过程中，除了新鲜的空气，灿烂的阳光以外，更需要的是冷静的思考以及心灵的感动和震撼，而这些，在阅读《三毛》的时候，孩子们都能够得到。《三毛》已经永远地沉淀在无数人成长的记忆中，相信在未来的岁月里，《三毛》依然会带给我们许多宝贵的东西，让我们体验苦难和不幸，学会同情，也学会关怀和珍爱。

我们引领着孩子们光顾那个一望无际、五彩缤纷的世界，在茫茫书海中，让孩子们感受到天的高远，地的广漠，阳光的灿烂，空气的清新，自然的奥秘，宇宙的神奇……就这样，我们在书的世界里流连，在书的世界中陶醉，在书的世界中静听自己成长的拔节声。

"半亩方塘一鉴开，天光云影共徘徊。问渠哪得清如许，为有源头活水来。"我在倡导班级读书会的同时，也积极倡导亲子共读、家长读书、社区阅读活动，希冀让阅读成为一种生活方式。借由阅读，使教师成为一个文化的传播者。亲子阅读，使父母和孩子不仅获得了知识和快乐，而且融通了亲子的感情，使家不仅成为一个物质的存在，而且真正成为精神的栖息地。借由经典阅读，儿童对民族文化也产生深刻的认同。阅读给了孩子一个温暖的家，一个文化的根，一个快乐的童年。我认为，带着孩子们一起读书，是一个语文教师最幸福的事。

> 森林从哪里来？一棵棵树。
>
> 大树从哪里来？一粒粒种子。
>
> 种子从哪里来？一个个果实。
>
> 果实从哪里来？一朵朵花。

幸福永远来自根部，最美丽的永远是花。人类是根，母语是花；家是根，童心是花；童心是根，未来是花。无数个书声琅琅的家庭会给我们整个社会带来什么影响？我想，每个人都能得出明确的答案。当读书成为他们一生习惯的时候，我们的国民素质将会发生根本的改变。那是我们民族的福祉，也是我们教师的骄傲！最后，就以一段台词作结吧：

琅琅书声，朗朗乾坤，让阅读温暖儿童的心灵，也温暖我们自己。读吧，让我们一起为儿童这根的工程、花的事业而努力吧！

陪着孩子，慢慢变优秀

惠州市中洲实验小学　许　娟

　　教育的本质意味着一棵树摇动另一棵树，一朵云推动另一朵云，一个灵魂唤醒另一个灵魂。

——题记

　　教育的魅力不只是要求有好教师，而是每个教师都要坚信自己所从事的事业。教育的魅力是创造的魅力，是创造生命发展的魅力。如果说学生是学校的全部意义，那教师职业的本质就意味着，我们就是那棵树，那朵云，那一个灵魂！教师的使命在不断变化，不变的是教师始终需要对人一生负责任。在这条漫漫长路上，我们能为学生做些什么？

　　作为班主任的我，曾经非常认同这种亘古而传统的角色：严格执行学校工作安排，千方百计管好班，带好班。年复一年，忙忙碌碌中时间飞逝……当今社会瞬息万变，班级教育要直面的问题有很多很多，如网络时代的教育新问题、离异家庭的孩子问题、城乡结合部存在的留守儿童、二孩家庭的教育问题……我的班主任工作就像天平的两端，一端是针对学生的管理，一端是家校的沟通问题，还有时刻不能放松的安全教育和班级孩子的心理健康问题，诸如此类的教育的热点、难点问题挑战着每天疲惫不堪的我。忽然间，过往的一些经验也解决不了班级的问题了，心里无比焦虑的我，这时才猛然意识到原来教育也有瓶颈，也需要面对知识断层。原来信心满满的我仿佛来到了十字路口。向左？还是向右？我变得迷茫了，是时候需要放慢脚步思考遇到的新问题了。

记得有位校长曾说过："教育是培养人的工作，它全部的意义与价值在于育人。培养完整的人，就是要回到教育的原点，别因为走得太远，而忘记为何出发。"

是的，一个教师有可能会对儿童、青少年，对某一个人的发展变化留下深刻影响，让他在每一个前进的重要时刻想到这位老师。这样的教师，才是真正意义上的教师，而不仅仅是一个知识的传递者，技能的教学者。回顾自己这些年的工作，透过一节节课，一件件事，一次次活动，我看到的是班主任工作还停留在管学生和带好班这些老经验上，关注的是课堂知识技能的传授，眼里看到更多的是学生的成绩好坏。当我静下心来，沉淀反思自己的时候，才醒悟，脚下的路偏了，我在拼命追赶分数的时候，丢了幸福，丢了快乐！这是多么愚蠢啊！"心若花木，向阳而生"，感谢班主任这个神圣的岗位，感谢充满生命张力的孩子们，是他们的天真与淘气，让我停下了脚步，重新确认前进的方向！

借力名师，我一头扎进了班主任专业知识的学习，理念更新了，思路打开了。教育是丰富人生的很重要的工作，我不是一个简单的知识的传递者，我要跟孩子一起创造他们每一天的学校生活，创造他们的未来生活！

一、布置心中最美的教室

开学了，我决定带着孩子们布置教室，打造班级名片。关于教室，无论怎样畅想，我们都不能忽视学生眼中的标准，他们才是教室真正的主人。那么，怎样的教室才叫作理想教室呢？孩子们喜欢什么样的教室？师生一起合作设计！孩子们小能行不？估计也只能打打下手吧，出乎意料，学生的创意让我感动不已，我发现孩子们心中美好的教室具备三个基本元素：色彩、生活化、经典。我认真依据分析结果，对原有教室文化进行"杀毒"，发动学生重新布置教室，保留或放大学生普遍喜欢的文化。我们以校园生活为主，把他们的作品、种的植物、各类手工制作陈设其中，利用教室后面的黑板和周围的墙壁精心设计，让班级的墙壁会说话。学生自信地展示自己——"小书屋"展示学习成果，"小巧手"展示手工作品，"小画家"展示绘画才能，"小明星"展示学习、活动、生活照……在教室的窗台、走廊摆放着孩子们自己种植的小植物，每种植物的旁边标注着植物介绍和种植者姓名。教室里的展示，不仅体现在静止的学生作品上，还包括动态的人与人之间的展示，如课前的讲故事、说见闻展示，班队活动中的主题演讲展示，课堂教学中的小组交流合作展示。当看到经过共同努力变得焕然一新、温馨美丽的教室时，孩子们欢呼雀跃，大声吟诵着自己亲手镶嵌在教室门上的牌匾"青青园中葵，朝露待日晞"。这就是我们最美的教室！这就是我们共同的家！的确，只有融入更多的个性化元素，才能形成多姿多彩的班级特征。我不由得想起陶行知先生的话："我们加入儿童生活中，便发现了小孩子有力量，而且有创造力。"美好教室唯一的方向就是：创造无限生长的时空！

二、静听读书成长的拔节声

乘着这股东风，我再接再厉，建构书香班级。在班级引入经典系列主题活动，让经典书籍、音乐、绘画、电影进课堂。"名画认领"让每个孩子认领2～3幅中外名画，了解名画作者的风格、作品的创作背景等，并把收集到的名画布置在教室里。如齐白石的画，纯真而自然；雷诺阿的画，温馨而美好；梵高的画，充满了生机与活力……这些作品无一例外都会带给学生精神上的愉悦。课上或课下，选择合适的时段，我会播放风格各异、旋律优美的经典音乐曲目，让学生用心灵感受音乐，用身体表达音乐。澄净心灵、提升心智，感受音乐的力量和魅力，这也是精神生活的一部分。我还在班级开展了"阅读树，成长树"班级读书活动，以"非功利，享受性自由阅读"为原则，培养孩子内在的阅读秩序感。我将教室建设成一个开放式的微型图书馆，选择绘本、漫画、自然、科技、地理、人文、历史、人物传记等适合每个年龄段孩子的读物，让他们在任何时段、任何地点都能拿到、看到喜欢的书。孩子通过轻松自由的阅读，积淀文化素养与品格。孩子们就在这样的氛围中，一天天悄然变化着，一切变得温润、灵巧起来……定期播放的经典儿童影视作品也备受孩子们的喜爱，比如《哈利·波特》《绿野仙踪》《草房子》等等，丰富滋养了儿童的精神世界。我用经典来帮助孩子们实现阳光向上的生命样态，努力让这些浓缩了人类优秀品格和精神的作品构成孩子一生发展的文化根基。

三、享受课间运动的快乐

作家毕淑敏曾说过："人生不可省去的有三件事：学习、旅游、健身。"作为班主任，我时刻牢记"珍爱生命，教会孩子自觉锻炼身体将会使他们终身受益"这句话。

走，到大操场去！走，大课间运动去！放下手头所有的工作，每天的大课间，我和学生一起锻炼身体，跳长绳、踢毽子、打篮球、做游戏……篮球场上，我们一起奔跑传球；操场上，我们一起穿梭在飞扬的大绳里；寒冬里，跑道上响彻的是我们"一二一"的口号声；体育赛事，学生在场上竞技，我则是场下最有力的啦啦队员。踢毽子，我宝刀未老，也在场上一显身手，学生更是奋力地喊加油助威。我简直就像他们眼中的偶像明星。更令人感动的是，比赛结束后，师生们热烈相拥，什么疲劳、矜持乃至名次都抛于脑后，留下的只有一份共同奋斗的深情。这份难得的深情，又让师生关系更近了一步，也让我体会到了陪伴、激励教育在班级管理、学生成长过程中的重要作用和意义，也更深刻地领悟到了立人树德的真正含义——教师从事的是一种独特的创造性工作。作为一个教师，如果只要求自己像蜡烛一样，成天勤勤恳恳地埋头苦干，以牺牲自己作为职业高尚的表达，而不是用一种创造的智慧去激发学生心中的精神潜力，那么将难以培养出有创造力的学生。

特蕾莎修女说过："我们无法在人间做大事，我们只能用大爱来做小事。"的确，无论是陪孩子们读书、讲故事还是写字、做游戏，都是小事，但却值得教师花时间去做。因为教育就是一个会使教育者和受教育者都变得更完善的职业，而且，只有当教育者自觉地完善自己时，才能更有利于学生的自我完善和发展。那些读书的日子，那些奔跑的场景，那些讲故事的时光，我和孩子们享受着这一切带来的无限快乐。有人说"人的一生是见天地，见众生，见自己的过程"，所有光芒，都需要经过时间才能被看到。那就让我陪着孩子们，慢慢变优秀吧！

唤醒天使，创造奇迹

惠州市河南岸中心小学　江润浓

二十多年前，刚踏入师范学校大门时，老师便告诉我们："教师是人类
灵魂的工程师。"瞬间，觉得自己的选择是多么光荣而神圣！从此，这句话
便深深地印在我的心里。踏上三尺讲台后，我一直兢兢业业，时刻牢记教书
育人的神圣使命。同时，也常常在思考：我该如何做好这个人类灵魂的工程
师？经过长期的教育教学实践探索我发现，教育是让"一个灵魂唤醒另一个
灵魂"。在实施唤醒的路上，孩子们创造了一个又一个的奇迹，让我惊喜不
断，欣慰无比……

一、神奇的橡皮擦

面对班上孩子的不当行为，我用一块神奇的橡皮擦巧妙地把他们唤醒，
让他们在不受伤害的前提下成功地改正了错误。我把这种唤醒方法命名为"神
奇的橡皮擦"。

案例：

那是一个风和日丽的下午，班上秦同学的智能手机在教室丢失了。

傍晚六点多，我接到秦同学妈妈的电话："老师，我们也知道学校有规
定学生不能带手机，但是我和先生都不在家，为了方便和她联系我们才让她带
手机的。她的手机平时是放在书包里面的，放学后出了校门才拿手机打电话给
我们。今天放学后她准备给我们打电话时才发现手机不见了。麻烦老师在班上
说一下这件事。"

这确实是个棘手的事，现在都放学那么久了，学生也都回家了。如果放

学前发现手机丢了说不定还能找回来。我只能告诉这位家长要有心理准备，找回的希望不大。

　　说实话，我并没怎么把这件事放在心上，因为找回的希望几乎为零。失窃事情发生后，我想起早在十多年前看过的一个德育故事：班上同学的钱不见了，于是班主任给全班40个孩子每人发了一个牛皮纸袋，让每个人都往里面装点东西，结果丢失的钱就在其中一个纸袋里。十多年前，刚好我带的班上也发生了这样的事，于是我东施效颦般地给全班学生每人发了个纸袋，结果收上来全是废纸……我想，有些方法并不是对每个人都有效。想到这里，我心里拔凉拔凉的，我真的很不愿意接受学生有这种思想和行为。我始终认为这种行为和思想都是暂时的，只要得到正确的引导，一切都会好起来的。

　　既然大纸袋没有用，我就不用了，况且事隔一晚，就根本没希望了。但答应过家长要说一下的，我总不能食言。

　　第二天早上第一节是我的课，在上课前我说了这件事："今天早上教室里的课桌摆得格外整齐，地打扫得也特别干净！真好！老师更希望大家都有一个干净的童年，干净的人生！（每节课前我都喜欢表扬一些人或一些事。）今天老师的心情有点沉重，虽然我一再强调大家不能带手机进校园，但个别同学因为特殊原因带来了手机。但带来了从没在校园内使用，哪怕打电话给家长也是在放学后出了校门再打，这种情况是允许的。可是，这位同学的手机昨天下午在教室里不见了。手机没长翅膀，它不会飞走，它一定是被我们其中一位同学拿走了！这位同学拿走的是手机，丢失的却是道德，留下的是一个污点。这个手机对失主来说是联系家长的工具，失去了就联系不上家长，心里会很难过，很无助，同时也会因为班上有这样的同学感到伤心。对于拿走它的同学来说，不能自己用，只能卖掉。也许能卖几十元或者几百元，但是这就是你道德的全部价格！你的道德就值这点钱，太廉价了吧！而且，这将会是一个污点，一辈子跟随着你！今天，老师要给这位同学一个橡皮擦，把这个污点擦掉！这个橡皮擦这样用：下午上课前半小时，老师办公室的门是开着的，你下午把手机带过来放到我的办公桌上，就像平时交作业那样，谁也不知道你进去干什么。手机放进去了，这个污点就算擦掉了，为自己留下一个干净的童年，干净的人生！如果错过了今天，这个污点将无法擦拭。"

到了下午，我故意在上课后几分钟才进办公室，并没有看到有手机出现在我的桌面上。

找不回手机是意料之中的事，不过，全班学生也接受了一次教育，也算是得到了一点点收获吧，我这样安慰自己。

晚上七点多，秦同学妈妈来电话。我实在很抱歉，因为没能把事情解决。带着歉意接听了电话："老师，下午放学的时候我孩子发现她的手机又被放回去了。她说是江老师帮的忙，谢谢老师！"

事后，我反思了一下，是这位同学教会了我如何更好地保护孩子幼小的心灵。谢谢你，老师为你点赞！希望老师给你的橡皮擦你好好保存，让自己有一个干净的人生！

之后，我给班上的孩子都送了一块橡皮擦，这是一块神奇的橡皮擦，孩子们都知道它有神奇的魔法，可以帮助自己修正错误，我有幸见证了孩子们创造的奇迹。

其实，我知道，是孩子们心中的天使被唤醒了！是孩子们向善的心理需求，赋予了这块橡皮擦神奇的魔力！

二、经典四问

面对学生们之间发生的矛盾，我用四个问句让学生学会控制自己的情绪，成功地避免了打架事件的发生：第一句是"发生什么事了"；第二句是"你错在哪里"；第三句是"你可以怎么避免后面发生的事"；第四句是"以后遇到这种情况你该怎么处理"。之前两个人闹矛盾被叫到办公室来我问怎么回事时，他们基本上一开口都是"老师，他怎么怎么样对我"，把事情的责任全推给对方。用了这个方法后，再问发生什么事时，都会先说"老师是我哪里哪里错了……"这就是思维模式的改变，更是一种自我担当的表现。我把这种唤醒方法命名为"经典四问"。

案例：

上午放学排队下楼梯时，罗同学和林同学不知因何打了起来。发现后我让他们两个排到队伍的最后面，到校门口时，把他们两个留了下来。

"说说怎么回事？"我看着他们，问道。

林同学满脸愧疚地说："老师，是我不对，是我先打的他。"

"你怎么打人了呢？"我继续问道。

这时，罗同学抢着说："老师，是我不对，是我先骂他的。"

"你怎么骂他了呢？"我很高兴他们首先想到的是自我反思而不再是先指责对方的不是。

林同学说："老师，我们是闹着玩的。"

"刚才你们先主动说出自己做得不对的地方，这是勇敢承认错误的表现，也是一种有担当的表现，这很好。现在说说刚刚打架的事情怎样才能避免。"我对他们的表现表示肯定。

罗同学："如果我不骂他，这件事情就可以避免。"

林同学："如果他骂我，我不打他，这件事就可以避免。"

"为什么要避免后面的打架？"我为他们的认识感到欣慰。

"因为打架解决不了问题，只会造成更大的问题。"罗同学想起了我平时在班上常常跟他们说的话，认真地回答道。

"嗯，小罗同学说得对！"我表示认同。"小林同学，说说你的想法，你觉得为什么要避免后面的打架行为？"我转身问正在思考的林同学。

他似乎也回忆起了什么，接着我的问话回答道："老师，我知道错了。若不控制自己的情绪和行为，有可能会给同学造成更大的伤害，这不是我们想要的结果。"

"你是说如果不会控制自己的情绪和行为，会给同学带来伤害，这个并不是你们一开始闹着玩想要的结果，是吗？"我把他的话表述了一遍。

"嗯。"他点点头。

是的，其实孩子之间的打架一开始并不是真的要打架，大多数情况下都是在玩耍中没有控制好行为的尺度导致的。我在班上曾给学生们讲过如何学会控制自己的情绪，如今，他们学会了正确处理自己的情绪，学会了控制自己的行为，同时，也学会了正确处理同学间的矛盾，这对他们的一生将起着积极的影响，真好！

三、唤醒奇迹

面对失去自信心和求知欲的学生，我会在日常生活中通过积极关注"不经意间"地对他们实施唤醒，我把这种方法命名为"唤醒奇迹"。

案例：

小苏是一个是单亲家庭的孩子，她非常的自卑和怯懦，常常不交作业，经常哭鼻子，还动不动就与同学闹矛盾，每每问及，她一开口便说："我爸妈离婚了，没有人管我。"班上有同学因此而取笑她是个没人疼的孩子……一般情况下，谁都不愿意主动说自己是单亲家庭的孩子，担心由此给自己带来异样的目光，而她，却一次又一次地哭着说自己的爸妈离婚了。这孩子的内心到底多么痛苦啊，她这是鼓足了勇气在向我呐喊求助啊！还好，我看见了她的无助，看见了她在挣扎，在我一次次告诉她"孩子，这不是你的错"却丝毫不见效果时，我决定在班上把这个事讲开。我知道，班上还有几个单亲家庭的孩子，他们内心也一定在备受煎熬。我在班上对全班学生说："孩子们，我知道班上有同学取笑小苏同学，说她是个没人疼爱的孩子。现在，我可以明确地告诉大家，小苏的爸妈都在惠州，而且他们都非常爱小苏，只不过他们不在一起生活而已。我们生活的这个世界，有很多孩子的爸爸妈妈都是分开生活的，这不是他们的错，他们都是值得被爱的孩子。"接着，我给孩子们讲了美国前任总统奥巴马的故事，也讲了我自己的经历，我也是一个在单亲家庭长大的孩子。当我讲到我自己的时候，我发现小苏的眼睛里泛起了光芒，仿佛找到了力量的源泉。经过一个学期的唤醒，小苏变得非常阳光、自信，成绩也从第一学期的六十多分进步到九十多分，更重要的是学习态度变得积极主动了，对生活充满了热情。我还让她在班上分享了她的学霸秘籍。在班上举行的一次记忆游戏比赛中，小苏还获得了冠军，多好的孩子！谢谢小苏，是你让我见证了唤醒的奇迹。

多给孩子一些积极的关注，孩子会给你带来无限的惊喜，同时也给孩子自己注入满满的自信。我相信，孩子心中美好的"天使"会在我们的"不经意"中被唤醒，最终激发出内心无穷的力量。在一个个的唤醒案例中，我知道，我唤醒的不仅仅是一个孩子的灵魂，还有可能是一个家庭的命运。这，正是教师这一神圣职业赋予我的使命！

让课间文化如鲜花般绽放

惠州市南坛小学实验学校　游鲜红

"听那丁零零的下课铃声送来十分钟，来吧，来吧，来吧，大家都来轻松轻松，让我们那疲劳的眼睛看一看蓝天，让紧张的大脑吹进清风。哦，你好，你好十分钟！哦，欢迎，欢迎十分钟！那下课铃声送来十分钟，来吧，大家都来轻松轻松……"这是一首动听的歌曲《课间十分钟》，它告诉我们课间十分钟，如昙花绽放般很短暂，却又很美好！这么好的课间我们应该如何度过呢？孩子们每学期有多少课间时间？课间时间，孩子们都做什么去了？这期间孩子喜欢做什么？怎样过课间更有意义？该如何拥有属于我们的课间文化呢……现在让我们暂时抛开这些问题，一起梳理一下以下问题。

一、我们现在的课间现状

1. 认识偏颇，重视不够

在调查走访中发现，教师们普遍认为课间就是学生活动、放松，教师休息、备课的时间。

2. 过度关注学生安全

许多班主任老师对于学生的课间都做了特别关注，即关注学生如何在这十分钟内不会出现安全问题，而不是关注学生如何在这十分钟内更好地活动，放松身心。为了防止学生在课间出现一些安全问题，有的班主任采用多布置作业或看书的方法。这种做法虽然能增长学生的知识，减少学生身体发生伤害的概率，但是，我们会发现学生在上课期间总是无精打采，很难一下子从书中、作业中解脱出来，精神难以集中。

3. 课间活动单调乏味，缺乏吸引力和新颖性

有课间活动的学校，课间活动也多以传统游戏为主，如踢毽子、跳橡皮筋、跳绳等。随着年龄的增长，课间活动的内容和方式也有变化：低年级的学生课间活动比较积极，热情也较高，但还是以追逐打闹为主；中高年级的学生课间活动的积极性和热情有所下降，课间进行活动的学生人数较少，有一部分学生则以下棋、猜谜语等智力游戏为主，课间活动缺乏集体性和真正的文化元素。

二、我们要开启课间文化的绽放模式

李振村说："课间也是课堂，课间也是课程，课间也是生活，要让课间成为孩子成长的重要时空。"首先，课间文化是校园文化的重要组成部分，是课堂生活的延续，是学生的第二课堂。其次，课间文化是一本无形的教科书，具有德育、智育、体育、美育的综合功能，是素质教育的另一阵地，是宝贵的教育资源。最后，课间文化是一门艺术。学生是这门艺术的创造者和表演者，更是受益者；课间活动则为他们提供了展示艺术的舞台。

为了发挥课间文化的作用，让课间文化如昙花般绽放，我们可以这样行动。

1. 发挥制度的有效性

我们要建立健全各项制度，给予课间活动以强有力的制度保障。

第一，把课间活动纳入学校的常规管理体系，对其加强规范化的管理。

第二，我们把课间活动作为考核学生发展的一项重要指标，并建立相关的考评制度，从根本上有效地避免课间活动的盲目性和随意性，使课间活动不因教师的随意拖堂和布置大量的作业而名存实亡。

第三，建立相关的监督机制，德育处组织执勤教师和学生对各班的课间组织情况进行检查监督，避免制度流于形式。

2. 发挥领导的导向作用

第一，引领课间文化建设的正确方向。

第二，引领整个学校课间向着轻松愉快的文化氛围方向发展，使学校管理不仅是控制、协调，更是开发和促进，把学校管理推向新境界，即把学校建设成教师和学生发展的基地。

3. 发挥教师的主导作用

在课间文化的开发与挖掘方面，教师应是课间文化的关注者和先行开发者。各科教师协作参与，先期开发，寻找学科知识与课间文化的结合点，将学科的有关内容转化为充满情趣的课间活动形式，使学生在教师的引领下，通过互动与情感的交流，创生出鲜活而有现实意义的课间文化作品。第一，可以组织"课间活动创意设计大赛"。激发各学科教师不断开发校园文化的热情，不断培养教师开发课间文化的意识，不断提高教师开发课间文化的能力。第二，可以组织"校园童谣创作大赛"。我们经常会听到小孩子在课间跳皮筋时这样念：小猪今年16岁，参加澳门卡拉OK。穿的什么鞋？高跟鞋；穿的什么裤？牛仔裤，跳起舞来扭屁股。或在跳绳游戏中有这样一段伴词：春姑娘来了，春和景明，春光明媚；夏姐姐来了，骄阳似火，夏日炎炎；秋婆婆来了，秋高气爽，天高云淡；冬爷爷来了，冰天雪地，大雪纷飞。这些课间文化多由学生自发生成，常根据影视故事、电视广告等改编而成，其中包含着舞蹈律动的韵味，折射着追星族的时尚，体现着儿童的规则意识、公平意识和团队精神。从这些歌谣中我们可看出，当前的课间文化，还缺乏教师的参与与引领，缺乏学科的渗透，呈现良莠不齐的现象，有的甚至缺乏品位而显得低级。但是，如果有教师的引领，通过互动与情感的交流，就可以创生出鲜活而有现实意义的课间文化作品。如下面的这则歌谣：今天去春游，我们小手拉小手，来到小河边，捧起小蝌蚪。别掉泪，小蝌蚪，我想和你交朋友！妈妈妈妈在哪里，别怕别怕，请沿小河往下流……

4. 发挥学生的主体作用

学生作为课间活动的主体，应成为课间文化真正的创造者和推广者。小学生都是极富想象力和创造力的小发明家，所以我们要在科学性、思想性、教育性的原则上因势利导，支持、鼓励小学生充分发挥想象力和创造力，改编或原创真正适合他们的、积极健康的课间文化。可以从以下方面切入：

第一是画。可以利用课间组织学生画一画美丽的校园，进行校园或校园一角最佳设计方案大赛。

第二是写。可以为校园做各种标签，写广告语，写雕塑介绍词，赋予它新的历史意义。

第三是认。带领学生走进学校的小花园，走到校园每一个角落，认识花草虫鱼，让他们不仅会欣赏校园的美丽，还能从美丽的花花草草中萌生探索的兴趣。

第四是看。网络作为第四媒体进入校园，对传统教育提出挑战，更给传统教育插上腾飞的翅膀。因此，课间以及午间，学校的网络教室会对学生开放，让学生去冲浪，去进行电子阅览，让学生从小小的显示器中看到一个新的大世界。

第五是演。戏剧家曹禺说："演课本剧，可以启发学生潜在的智力，使学生对听课、读书产生兴趣，从而引起学生想读其他文学作品的兴趣。"所以教师不妨利用课间，组织学生进行课本剧的排练和表演。这样不仅能吸引学生参与此项活动，更能吸引大批的观众，转移学生的注意力，使学生身心得到放松。

第六是跳。跳橡皮筋是课间活动的传统项目，一直广受欢迎。教师可以有意识地指导学生自编童谣，边跳边唱。这样不仅可以增强学生体质，活跃校园气氛，还可以减少课间学生因恶作剧而潜伏的不安全因素。

5. 师生同参与，建立和谐师生关系

教师参与学生的课间活动，在放松自己身心的同时还可以拉近与学生的距离，进一步融洽师生关系，更有利于教学工作的开展。原先杂乱无序的校园课间活动也会因有了教师的参与和组织而更加富有人文气息，同时也减少了学生随意玩耍带来的安全隐患，对学生的心理健康发展乃至其他各方面的协调发展都有极大的促进作用。同时，也让学生明白"文明其精神，野蛮其体魄"的理念。

总之，课间文化建设的研究与实践，是对有效教育资源的充分利用，既丰富了学生的学习生活和素质教育的内容，又深层挖掘了素质教育的题材，整合了学科内容。所以说加强校园课间文化建设是一个系统工程，也是一个不断推进、不断改进、长期积累的过程。愿课间文化每天都如昙花般绽放，散发出沁人心脾的香味。

幸福家园式班级文化建设

北师大惠州附属小学　柯　静

家长工作忙，对孩子成长关注不够，给予的多半是物质上的满足；儿童渴望亲情；学校不仅是学习成长的学园，也是实现梦想的乐园，更是健康生活的精神家园；班级里的同学就是兄弟姐妹，大家一起相亲相爱，一起长大。

——写在前面的话

班级的幸福指数高低对班级的发展起着至关重要的作用。那么，如何提升班级幸福指数，增强班级凝聚力便是班主任值得深入思考的问题。我是以共建幸福家园来进行班级文化建设的。

一、概念界定及理论支持

1. 题目及概念界定

"新教育实验"的倡导人朱永新教授就提倡"过一种幸福而完整的生活"。班级是学生学习生活的第二个家，是学生成长的学园，是学生实现梦想的乐园，是学生健康生活的精神家园，更是一个幸福磁场：教师、学生、家长紧密地联系在一起。

2. 理论支持

苏霍姆林斯基在《给教师的一百条建议》中强调："在教学大纲和教科书中，规定了给予学生各种知识，但却没有给予学生最重要的东西，这就是幸福。"理想的教育是培养真正的人，让每一个从自己手里培养出来的人都能幸福地度过一生。这就是教育应当追求的恒久性、终极性价值。

二、我们是这样做的

（一）幸福家园形成期

明确愿景与理念——创建家一般的活力。学生的大部分时间在学校度过，而在校时又主要在班级中度过，班级成为学生成长过程中的一个重要组成部分。绝大部分学生的家庭条件很优越，但家长工作忙，有时确实无暇顾及孩子成长。因此，我引导学生把班级当作自己的第二个家，努力营造幸福家园式班级管理氛围，使学生在亲情中接受爱，体验爱，从而学会关爱他人，热爱班级，健康成长。

建立一种以幸福为核心的大家庭。班级里的所有成员应该劲往一处使，心往一处想，共同推动班级建设。班级里的每一个学生都是家里的主人，我们的班级愿景、班级各项制度以及《我们的约定》全部由学生自己拟定。我将全班三十多名学生编排成八个小组，每个小组设立组长一名，全权分管小组学习和生活。同时分设纪律组长一名、卫生组长一名、安全组长一名，各司其职。班级里人人都有岗位，人人都要负责好自己的工作，同时也接受其他同学的管理和帮助。每个小组在组长的带领下创立个性化组名，如"阳关团队""种子团队""蚂蚁团队"等等。每个小组有各自的小组目标，包括近期目标和远大理想。个人也有学期目标，如新学期新计划等。

班级共建的核心愿景是：学园、乐园、家园——幸福的小园子，相亲相爱，互帮互助，一起长大。

（二）幸福家园共建期

丰富机制与活动——营造家一般的愉悦感。

1. 营造具有家一般的人文环境

西方有句谚语：土地是不会骗人的。我是班主任，我也是班级的"农夫"，在班级这块土地上勤勤恳恳工作，并相信"一块土地，不用鲜花去占领，那么便会被杂草吞没"。

一个富有人文气息的班级环境，对学生能起到耳濡目染的熏陶作用，所以，创设丰富、活泼、积极向上的班级环境对班级建设很重要。班级环境的布置不是毫无生命的物品摆设，而是一种独特的"说话"方式，向学生传递班级文化的丰富信息，对班级凝聚力的形成很有帮助。从外部环境开始，教室要如家一般的窗明几净，课桌整洁、地面洁净。班级物品摆放整齐。教室布置要不求精美，但求干净、舒适，使人愉悦。在班级教室内的布置上，我组织学生精心设计和布置，让教室的墙壁"说话"，成为学生展示的平台，让有限的空间成为无限的教育资源，如练字台、习作园、英语角、班级公开栏、"你是蜂儿我是花"班级图书角、植物台、黑板两侧的利用等等，丰富学生生活，营造家的活力。

同时，我还鼓励家长们也参与到班级物质文化建设中来，有的家长带来了净化空气的绿色植物，有的带来了盆栽，有的带来了小鱼缸……我们的班级就是我们的家，这家或许不是很美观，不是很精致，但是充满了浓浓的亲情，大家齐心协力，尽自己的力量装扮自己的家，多好！

2. 构建亲情般的生本管理

生本教育思想呼唤我们营造民主、平等、宽容的班级管理。因此，我们的班级首先确立了"班级是学生的"管理理念，让每个学生意识到自己才是班级的主人翁而不是班主任给予的。班级内设立各种岗位，最大限度释放每个人的潜能。班干部在管理过程中要让同学感觉是来自亲人的关爱，因此，我要求他们采取亲情般的工作方式，真诚帮助同学。

例如，刚开始小组合作学习进行评价的时候，总会有小组长反映该组的某位组员表现不好，害得他们组的分数被扣，影响组内团结进取；也有组员投诉组长不像个组长的样子，只会拿手中的权力说事；甚至有的组员反映在家里爸爸妈妈也不会这么唠叨他们，受不了组长的唠叨……组员想换组，组长也想让某位不支持自己的组员离开……

这着实让我头痛了一阵子。

于是，我们筹划了幸福家园式的评价制度，评价范围广，评价方法细，包括：上课是否举手回答问题，回答问题的声音是不是响亮；下课有没有疯跑；作业有没有按时交，作业的评分是不是优秀；列队是不是快、静、齐；除了语、数、英老师的课堂外，在其他术科老师的课堂表现如何；在饭堂就餐习惯是否良好；在宿舍是不是安静休息；等等。这些都在评价范围内。此表由各小组长来评价，小组长每周要接受班长的培训、班主任的指导。另外，每位组长还要评选出组内最支持工作的组员和最有进步的组员，这两位组员不仅可以加分，周末的作业还可以有选择性地书写。同时，组长之间也有竞争，比哪个小组精神面貌好，好人好事多。小组长可以通过投票选出。优秀小组长不仅作业可以减半，还可以作为每学期学校"阳光学子"评选的重要标准。

实践了半个学期，小组之间在良性竞争的同时，小组内也团结和谐了很多，再也不要求老师换座位了。组内同学都有着这样或那样的优点，都能为小组内加分增光。小组长的权力得到了保障，工作起来也得心应手。

管好家庭靠家庭里的每个成员，在班级管理过程中，学生参与越多，他们的责任感就越强，自我管理能力就会越高，班级精神面貌也会越来越好。

3. 营造和谐的班级人文氛围

心理学家研究表明：良好的人际环境能使人心旷神怡，滋生一种积极向上的动力。

首先，师生关系最能影响班级气氛。作为班主任更要善于和学生沟通，真诚地关爱每一位学生。根据高年段学生年龄特点，我在班级开辟了"悄悄话"信箱，特别布置了吾日三省吾身的"晚省"作业，通过谈话和文字的交流与学生进行心灵的沟通。通过心与心的沟通，很多学生有了很大的转变，不再以自我为中心，更多想到的是奉献自己的爱心，从而提升幸福指数。

影响高年级学生幸福指数的还有同学之间的友爱关系。班级学生之间的不愉悦直接影响班级的凝聚力。根据学生的性格特点，我鼓励学生之间成为好朋友。

与父母的关系——抱着一颗感恩的心，班级特别开辟了感念师恩、"爸爸妈妈，谢谢您"活动板块。对于特殊学生，如单亲家庭的孩子和父母无暇照顾的孩子，我常常以慈母的心去关怀他们。

如班里有位不起眼的孩子在"晚省"本上写道："今天我的手被划破了一个小口子，流了几滴血，泽浩陪我去医务室包扎。在医务室门口我看到了柯老师，我不由得把手放到了背后。没想到柯老师坚持要看我的手，我只好伸出来。柯老师看到我的手破了，紧张得问我疼不疼，还鼓励我不要害怕。她牵着我找医生包扎好，还嘱咐我不要碰水，我心里感到很温暖，柯老师的手那么温暖……"

我读完这篇"晚省"后，泪水已模糊了双眼。对这个不经意的画面我的记忆已经有些模糊了，但是这个孩子写得这么动人，让我的心里也感到很温暖。

4. 组织丰富多彩的活动，体验家一般的亲情

以小组团队的形式组织学生参与小型多样的活动，让学生充分体验家一般的亲情。如在同学生日时送上真诚的祝福；每周五下午举办读书会；开展小组沙龙讨论活动；召开多次班会课，主题有《我该如何奉献自己》《夸夸我的老师》《夸夸我的同学》《夸夸我的父母》等。

每学期至少开展一次以班级为单位的有意义的主题教育活动，使学生感受到班级是一个有理想、有凝聚力的大家庭。如秋高气爽的时节，我们班全体师生和家长一同走进碧海湾农庄开展班亲会活动。不少家长表示这样的活动不仅锻炼了身心，还使班级这个大家庭更加团结和谐了，心与心更紧密了。

班级家委会还成立"幸福家园"爱心基金会，全权由班委会主任何先生管理，由组织委员姜女士监管。爱心基金第一笔资金来自碧海湾农庄的老板刘先生。刘先生也是班级里一名普通的家长，全班学生来到他的农庄骑单车、吃烧烤、包饺子……他和太太忙得不亦乐乎，但是坚持分文不收活动经费。他说班级里的孩子就像自己的孩子一样！

这位家长的爱心感动了很多家长，于是，幸福家园爱心基金成立了。我们用这些资金给孩子们买课外书、买字帖、买奖品，甚至奉献爱心……

（三）幸福家园分享期

1. 分享幸福，珍藏美好记忆

一个学期过得很快，幸福的日子总舍不得散落，需要连成串。在班级散学典礼当天，我们班举行了班级颁奖大会暨联欢会。此次大会由各小组长轮流主持，各小组分别上台表演。同时，颁奖大会上不仅有学生奖，还有优秀家长奖、优秀家长提名奖、最关心我们的教师奖等，每一位获奖者都是幸福的！

原来，一份幸福可以分享成很多幸福，班级其乐融融，幸福指数高，班级凝聚力自然就强。

2. 坚持下来的效果

（1）科任教师对班级评价客观，满意度较高。具体体现在木铎杯大赛上，多位科任教师选择我们班孩子同台演绎。（也许不是因为优秀和出色，而是那一份对老师的尊重和爱护。）

（2）小组凝聚力强。学生对班级的归属感强，对学校的依恋浓厚，能自觉维护班级荣誉，幸福指数较高。

（3）家长放心，同心协力办好班刊《我们的小园子》，顺利结集印制。幸福家园爱心基金会已成立，以关爱每一位孩子幸福成长为责任，家校之间多了更多的理解和相互的支持。

（4）班级进步快。"幸福成长路"班队会活动分别荣获市级一等奖和省级三等奖。学生欧阳宇轩的幸福观访谈刊登于《东江时报》。

（5）家校互动与沟通的良好发展。

三、反思

幸福不等同于感官上的快乐，幸福家园的建设要避免单纯的小幸福，更要避免空洞的大幸福，家园式也不是家长式的管理，而是营造亲情般的班级氛围，是以生为本的良好氛围下创建的自主管理模式。在今后的班级文化建设中我要逐渐形成更加科学、更加清晰和具有可持续发展的模式和策略，让幸福家园成为学生童年时代成长的摇篮，让学生拥有健康的人格和平和、阳光的心态。

最后，感谢我的学生们，是他们让我更加认清了班主任的责任，享受到了身为班主任的幸福，我们爱我们的幸福家园。

4

第四篇

班级活动

让校园里生长学生的想法

——浅谈"南实八节"对学生想象力的培养

惠州市实验中学附属学校　陈友廷

　　近年来，发展学生的核心素养，尤其是发展学生的想象力，越来越受到学校的重视。作为核心素养的关键点——想象力，其重要性是不言而喻的，但真正让想象力培养可以落地生根的实招却不多见。想象是创造的火种，如何帮助学生擦出这个创造的火花成了我们无从下手的难题。事实上，提高学生的想象力涉及学生培养的方方面面，实践证明，借助校设节日活动发展学生的想象力是一种有效的切入方式。

　　为了发展学生的核心素养，南坛小学实验学校一直致力于推行全新的校园生活方式。以"南实八节"，即三月游戏节、四月诵读节、五月音乐节、六月嬉水节、九月科技节、十月美术节、十一月体育节、十二月英语节系列活动为载体，积极开展丰富多彩的校设节日活动，让活动紧贴学生生活，不失为一种培养学生想象力的有效途径。

一、营造节日氛围——为学生培育生长想法的土壤

　　只有在欢愉舒畅的自由氛围中，学生才能够、才敢于去尽情想象。美国创造力研究专家托兰斯认为，创造力的发挥必须在自由而安全的气氛中才能进行。所谓"自由"就是减少对学生行为和思维的限制，给其表现自我的机会；"安全"就是对学生的奇思妙想不做批评和挑剔，使其毫无顾忌，获得创造的安全感，敢于表达自己的见解。为了营造节日氛围，给学生一个自由而安全的氛围，学校规定只要是学校设定为节日的日子，教师一般情况下不允许批评学

生。一开始，学校为了保障活动的秩序，组建了纪律纠察队，对学生所有的活动纪律进行检查，对不按规定行事的学生进行随时纠正，甚至通报批评。经过实践我们发现这样做会破坏节日的氛围，于是果断取消了这项措施。可以说，为了营造过节氛围，为了培育学生生长想法的"土壤"，我们可谓是不遗余力。

二、不断创新节日内容——帮助学生催生想法的嫩芽

小学生具有旺盛的精力、广泛的兴趣、强烈的好奇心和丰富的想象力，为了给学生提供想象的基础，我们不断尝试着创新"南实八节"的节日内容，帮助学生催生想法的嫩芽。

体育节，我们为学生编设了多姿多彩的体育游戏竞赛，如花样跳绳、袋鼠跳、滚轮胎、妙趣横生的"摸石过河"游戏、拔河以及篮球比赛等项目。

六月的嬉水节是学生们最喜欢的节日。在学校游泳池里，学生们接二连三进入水中，手搭着肩，在水中开起了火车。学生们的游泳花样可以自由选择，有蝶泳的，有蛙泳的，还有仰泳的。孩子们在游泳池里笑啊，叫啊，喊啊，享受畅游的乐趣。

九月的科技节是培养学生创新意识和实践能力的一项有意义的活动。在活动中，我们营造了浓厚的学科学、爱科学、用科学的氛围。读科普读物、观看科普片、画科幻画、开展社会调查、撰写科技小论文、设计操作机器人、"变废为宝"制作环保袋等活动，让学生萌生无穷创意。

十月的美术节，内容丰富，形式多样，美术作品异彩纷呈。以2015年美术节为例，活动包括一二年级的"梦想刮画"、三四年级的"手工黏土"、五六年级的"礼盒包装"以及各班级的"童心·童梦"集体创作活动。活动中，学生都以高涨的热情投入艺术创作，在色彩与造型里面穿梭遨游，创造出想象力非凡的童趣画以及千姿百态的立体作品。活动结束之时，许多学生感慨地说："老师，真希望每天都是美术节啊！"活动结束后，也有家长反馈说，美术节活动形式很新颖，既满足了孩子们的天性，普及了生活的艺术，又进行了文化的传播。美术节通过多种形式对学生们进行了美的熏陶，使他们对美有了更多的向往。学生们有了美的展现，对美就多了一份执着，并在追求美的过程中，培养了想象力、增强了创造力。

三、搭建展示平台——让学生收获想法的果实

一直以来，我们的孩子之所以没有自己的想法，除了因为缺乏生长想法的土壤，更重要的是自己的想法在校园里得不到倾听，得不到重视。可不可以让自己的想法变为现实，对他们来说至为关键。在"南实八节"中，我们一直致力于为学生搭建一个展示的平台，让他们收获想法的果实，从而获得在校园里生长想法的不竭动力。

四月的诵读节，我们以四读（教师研读、学生趣读、师生同读、亲子共读）为主要形式，开展"品味书香，提高自我"的读书活动，鼓励学生读好书。2016年的诵读节更是增设了新颖的形式，如师生共享推荐的好书、学生创作故事和书签、举办图书跳蚤市场等。以跳蚤市场为例，我们放手让学生自己制作宣传海报，于是各种创意广告层出不穷："我们的书是"甜"的""好书有韵味，等待你我他""买！买！买！送！送！送！""我们卖的不是书，是智慧""一本书，一份爱心，一个梦想"……一个个创意口号让我们见识了学生是多么富有想象力和创造力。在创编故事中，我们鼓励学生展开合理想象和联想，推测可能产生的种种结局，让故事体现学生发挥想象能力的过程。

五月的音乐节，我们以海选的形式让学生展示自己的才艺。光是入围决赛的节目就达52个之多，有多姿多彩的舞蹈，有各种唱法的歌曲，有相声，有武术表演，等等。我们为孩子提供了一个展示自身才能的绚丽大舞台。

十二月的英语节，英语歌谣、英语歌剧、卡通电影配音、说唱英语……精彩节目轮番上演，给台下观众带来了一场难忘的英语视听盛宴。孩子们有机会在老师和小伙伴面前自信地用所学英语来表达心中的所思所想，用自己喜欢的形式展示英语口语的魅力。可以说，我们给了学生一方舞台，学生还给了我们无限的精彩。

作为核心素养的关键点，想象力从来不是独立于校园生活经验之外的，而是根植于学生丰富的生活尤其是校园生活之中，"南实八节"紧贴学生生活，在一个个具体的活动中不断催生学生想象力，并把一个个"想法"变得具体可感，让学生收获想象力的成果，可以说是一种培养学生想象力的有效途

径。当然，要想培养出学生卓越的想象力，需要一个长期不懈、循序渐进的过程，仍然需要我们不断变革，不断创新。

参考文献

［1］莫雷.心理学［M］.广州：广东高等教育出版社，2000.

［2］王雁.普通心理学［M］.北京：人民教育出版社，2002.

［3］张明.小学生心理健康教育［M］.北京：中国轻工业出版社，2008.

做真实的教育

——核心素养下小学低年级班级活动的实践探究

惠州市东湖双语学校　曾翠映

有经验的教师都知道，小学分为低中高三个年段：一、二年级是行为习惯养成的关键期；三、四年级应该注重学生的交往能力培养；五、六年级则应该侧重心理健康教育。我从事班主任工作有十余年了，所带班级以中低年级居多，所以我跟低年段的学生相处的时间特别多，感受也特别多，尤其是行为习惯的养成教育。

一、对儿童品德的形成与发展起重要作用的四大影响源

我们知道，对儿童品德的形成与发展起重要作用的一般有四大影响源：①家庭教育与影响；②学校教育与影响；③同伴、同学影响；④社会文化影响。

在成长的过程中，孩子们会习得什么能做、什么不能做、什么只有在什么场合下才能做等一系列社会习俗和规则，社会的文明与价值观就在这一过程中渐渐渗透孩子的内心，让他们蜕变成一个有一定社会责任感的人。社会化的过程无法在实验室完成，也无法凭借想象加以实现，社会化的过程离不开人与人之间的交往。事实上，凡是出现这样或那样问题的孩子，大多表现为社交技能的不足。

淘气是孩子的天性，但解放天性的前提应该是不打扰他人。现在社会上出现很多令家长和老师头疼的熊孩子，这是因为在他们行为养成关键期，家长没有进行有效的引导。中国人民大学教育学院副院长李立国认为，孩子既是

一个自然人，也是一个社会人，家长从小就需要在社会公德方面给他们引导和教育，学校、家庭和社会应该形成教育孩子的合力。我认为，学校每学年分配给我的一个班级，仅仅是一个单位。但是到了我的手里，它就是一个鲜活的班集体，是学生、教师以及家长一起成长的共同体。

二、《中国学生发展核心素养》之真实的教育

著名教育专家李烈曾说过这样一个观点："我不建议家长、老师帮孩子挡住所有的困难和挫折……"这句话，我读了很多遍！我觉得李教授说得很有道理。

人都是在犯错误中长大的。每个人身上都有疤——疤就是成长的记号。当我们为孩子挡住了所有的困难、挫折，也就挡住了孩子生命的多彩体验，挡住了孩子的未来成就。成长就是这样，关注过度、包办过多，就剥夺了孩子的主体体验权利，这就是爱的错位。孩子的健康发展必须以自我发展能力为基础，而自我发展能力必须在真实的学习生活中培养，让孩子面对真实，体验真实，拥抱真实。

真实的教育，很多时候就是教师要直面孩子在实际生活中的教育问题。因为家长经常会跟我反馈孩子在家的一些不良表现，比如，早晨起床拖拖拉拉，导致上学迟到；房间凌乱，不会整理，常常找不到自己需要的物品；吃饭挑食；等等。在这一过程中，我发现家长的关注过度、包办代替弱化了孩子的动手能力，剥夺了孩子主体体验权利。所以，我很多时候是这样想的：我要想点办法，促进这些"熊孩子"学会思考、学会自理、学会交往。

为此，我把班级管理定位为：最有力量的教育一定是真实的教育，最有力量的教育一定是孩子们喜闻乐见的一些小活动。因为，活动与德育是相辅相成的。行为心理学和教育心理学的原理告诉我们：听过忘记了，看过记不住，做过就理解了。所以，在日常工作中，我常常在年级和班级中举行小活动，希望这些小活动能以小见大发挥它的德育效应。在学习解读《中国学生发展核心素养》过程中，我发现这本书为我指明了开展系列活动的方向。（见图4-1）

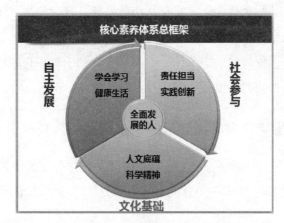

图4-1　核心素养体系总框架

学生核心素养分为文化基础、自主发展、社会参与三个方面，综合表现为人文底蕴、科学精神、学会学习、健康生活、实践创新、责任担当六大块。

三、活动、体验、感悟、提升

在认真解读了《中国学生发展核心素养》六个板块后，我翻阅了很多教育教学杂志，又结合班级德育教育实际情况，组织了一系列的班级活动。在活动中学生、家长以及教师的收获都是颇丰的。下面，我就具体谈谈我的一些做法。

（一）文化底蕴

在文化底蕴方面我们开展了以下活动。

1. 做彬彬有礼的好少年

一年级刚入学的孩子特别适合抓礼仪教育。我耐心地教着孩子们"好好说话，好好做事"，从课堂礼仪慢慢延伸到问好礼仪、仪表礼仪，然后是坐姿、站姿、蹲姿等。我们还教孩子们电话礼仪、餐桌礼仪，教他们节假日在家中来客人的时候学会如何待人接物，并在老师上门家访时展示自己的待客礼仪。升入二年级，我邀请儿童礼仪讲师在每周五的免费兴趣班中为孩子们上专业的礼仪课程，还在年级中开展一系列礼仪活动。经过长时间的礼仪熏陶，效果超出了我的想象。走进二年级随处可见彬彬有礼的好少年，耳边响起的是一声声稚嫩的问好声，孩子们得体的言行举止成为校园里一道亮丽的风景线。

站 姿   蹲 姿

2.整齐的队列在体育课、升国旗、做早操等活动中比比皆是

优雅礼仪展示

3.齐诵国学经典

每周三早读课，二年级的走道里就响起了琅琅的诵读声。

经典背诵检查

（二）科学精神领域

爱科学，学科学，孩子们跟着台湾力瀚科学老师一起做实验。

乐在其中

（三）学会学习

我注重教室图书角的创建，让孩子们课间都融入浓浓的读书氛围中。课堂上，结合部编新课改的目标，我将课堂设计得更巧妙，让学生在学习的同时进行小组讨论，在创新合作中实现自我发展。

课余生活乐趣多

（四）健康生活

孩子们在学习的同时，不能缺失健康的、全面的精神食粮。在学校，在家里，我会结合班级特点及实际情况组织有意义的活动。比如，在日记课中结合孩子的喜好设计有趣的活动课，让孩子在活动中快乐学习，感悟学习，提升自我。

（五）实践创新

实践无疑是孩子学习的最直接、最有效的方式。孩子在一系列的活动中成长，在实践中发掘自己的潜能。我根据我们班孩子的年龄特点，组织他们在操场上实践，在户外进行亲子活动。

亲子户外活动

（六）责任担当

分享一些我的具体做法。刚开学一个月，我们班孩子出现了一大堆琐碎的问题。比如体育课不会系鞋带，在操场上常常被鞋带绊倒；入队仪式后不会系红领巾，我一次一次帮着系；值日生放学后打扫卫生不理想；等等。当孩子们出现这些问题的时候，我常常想，我是不是该做些什么了？

于是，我从最简单的做起。生活技能无疑是孩子们必须掌握的能力之一。从起床后的叠被子、穿衣服、刷牙洗漱到扫地、拖地，照顾家里的弟弟妹妹，与父母一起买菜做饭等，我让所有的活动都有计划、有准备、有帮扶地开展起来。

看，这是少先队入队仪式。我们请来了所有的家长见证孩子们成为少先队员的光荣时刻。这是我们班张淑美的奶奶，由于张淑美的家长常年不在惠州，她平时跟爷爷奶奶生活，这么重要的时刻也是奶奶来参加的。看着奶奶认真系红领巾的样子，我们特别感动，班会课上，我把这位奶奶的照片给全班孩子看，让大家感受这神圣的一刻，孩子们都特别感动，立志一周内学会自己佩戴红领巾，争做一名合格的少先队员。

我发现很多孩子体育课穿了运动鞋，由于不会系鞋带而导致绊倒摔跤，于是我一步一步教孩子们系鞋带，还专门发了个小视频让孩子们在家里练习。微信群里已经学会系鞋带的名单越来越多，孩子们也特别有成就感。

一年级入队仪式

让孩子们照料花草也是一种责任担当的体现。我在网上购买了向日葵、魔法豆的种子分发给每个孩子，让他们回家种养，在教室里也种下了种子。"我与植物共成长"的活动就开始了。孩子们播下种子，盼着它生根发芽，天天给它浇水晒太阳，还写下了观察日记，甚至放暑假的时候，我们班微信群里大家还乐滋滋地讨论着谁家向日葵快开花了，谁家魔法豆长到天花板上了。慢慢地，孩子们对活动越来越喜欢，动手能力也强了。

开展这些活动，家庭是孩子们最好的练手场所，家长们给予了很大的支持和帮助，使班级系列活动顺利开展，精彩呈现。活动中孩子们快乐开心，家长感觉轻松了，亲子关系更融洽了。孩子和家长都很喜欢这类活动，班风班貌也悄然发生变化，凝聚力强了，班级工作顺畅了，呈现一种积极向上的气氛，向着多元智慧班级迈进。全员育人、全程育人、全方位育人。事实证明，好的活动可以带来体验，带来感悟，最后升华为孩子的生活技能。我坚信，一直做下去，孩子们一定能有所收获，有所成长，我也将会不断提升自己。

有一种教育叫生活

——行知教育在小学班会课的综合实践研究

惠州市南坛小学实验学校　欧　翡

　　主题班会，是指围绕某一主题召开的班级会议，它是一种常见的班会类型。主题班会具有主题鲜明、目标明确，形式多样、生动活泼，结构紧凑、务实高效的特点，同时具有培养能力、锻炼意志、增长知识，强化学生政治思想、进行道德品质教育的作用。主题班会的作用不容小觑，它对转化学生思想和形成良好班风有意想不到的效果。然而，目前小学班会仍然存在很多需要改进的地方。首先，在主题的选定方面脱离实际，教育的内容与学情不相符；其次，班会目标超过小学生当前接收的能力；最后，班会单纯追求形式上的创新，没有贴合小学生日常的生活。基于上述三点，我们可以认识到，目前小学主题班会与生活实际存在脱节的现象，未能紧密地与生活联系起来，学生的综合能力得不到发展和提高。

一、主题班会与实践相结合

　　杭州市行知小学校长楼叶通认为："陶行知先生的生活教育产生于中华人民共和国成立前，生活资源相对匮乏，人们的生活教育是生存的生活教育。行知教育建立在已进入小康社会的杭州生活水平基础上，将是生活的教育。这种生活教育，是普通个体觉醒的教育，也是个体生活教育得到主张和实践的教育。"陶行知先生"生活即教育"的生活德育观，充分说明了实践的重要意义。当今的小学主题班会不能囿于传统的思想教育，而是要打破学校的围墙，让学生走进社会，真正地贴近生活，积极参加社会实践活动。如，在以中国传统节日为主题的主题班会中，组织学生一起做与传统节日相关的食物，使学生更深刻地体会到传统节日的意义。在植树节，组织学生一起种树，使学生真正认识到植树的重要性。这种班会不仅能加深学生的实践体验，还能使学生感悟实践的更深层次的意义。在主题班会中开展实践活动，让学生在参与实践活动的过程中得到教育的启发，对学生的全面发展具有非常重要的意义。

课例一：

"晴暖冬至"主题活动

这次活动，帮助孩子们了解中华民族传统节日冬至的由来，培养学生的合作精神，使学生领略传统文化的无穷魅力。本次活动形式多样，有朗诵、歌唱、动手包饺子等。整个活动中，教师和学生一起讲述冬至的由来和传说，一起分享关于冬至的习俗，如冬至吃饺子、狗肉和馄饨等，还和家长一起包饺子、搓汤圆，今年，我们在一起过了个快乐冬至。

活动结束，学生畅谈自己的愿望。

亲子包饺子活动

二、尊重学生的主体地位

当下新的教育理念主张，教育需要从学生们所熟悉的事件、人物和环境着手，尽量避免强制性地灌输和外在训导，并着眼于学生亲身体验，使学生在特定的情境中潜移默化地接受和形成良好的行为习惯和品德操守；要强化实践活动环节的设计，弱化教条式的知识点，加大实践参与部分占据的比例，注重以人为本的教育理念，尊重学生的心理和情感体验，体现学生的主体性。

教师过度干涉包办，学生缺乏主动性是小学班会一大短板。"一手包办"和"过度预设"使学生成为没有思想的"木偶"。很多班主任计划了整整一个学年的活动主题，精心设计每个环节，这种周详的安排可谓是用心良苦。正是这种看似完美的计划，让学生失去了自主管理、自我教育的权利，对学生主体性教育也不复存在。陶行知的生活德育理论主张学生自治，主张尊重学生主体地位。因此，我们要给予学生足够的空间，让其积极自主设计实施主题班会；要抛砖引玉，引导学生主动思考；要赏识学生，用多把标尺评价学生；要把握好恰当的时机，关注学生的思想动向。在班会课中要教会学生自我反思，以达到增强时效的教育目的。

课例二：

母亲节主题活动

"妈妈十月怀胎有多辛苦？"本次活动一开始我由问题导入，引导孩子去思考问题。接着我拿出准备好的几个10斤重的沙袋，让学生体验妈妈怀孕的艰辛。随后我在幻灯片里播放了一段妈妈是如何生下宝宝的科教视频。刚才还大笑的孩子们都默不作声了，纷纷流下感动的泪水。活动结束后，每个孩子都给妈妈送上了一朵美丽的康乃馨。

活动结束了，有的孩子写下了自己的感受："背着沉重的沙袋，从课室前门走到后门，累得我满头大汗。""第一次知道，妈妈把我生下来这么艰辛。""我心里一直在想，幸好我是个男的，不然真的不知道会怎么样。""我要开心快乐地过好每一天，让妈妈脸上始终有快乐的微笑。"有的写下对妈妈的爱："此时此刻，我就想说一句，妈妈，我爱你！我相信，以后无论我遇到什么挫折和磨难，我都会像您生下我时那样勇敢、坚强。"有的打算给妈妈准备一份精心制作的礼物，

我的心里话

还有的写下自己的成长宣言，给妈妈送上祝福："我长大后要当一名医生，治好妈妈的病，让妈妈不再受病痛折磨。"

妈妈，您辛苦了！

三、主题班会与社会相联系

陶行知认为社会生活场所就是教育场所，他一直强调"社会即学校""学校里的教育太枯燥了，得把社会里的生活搬一些进来，才有意思"，随之而来的便是"学校社会化""教育生活化""学校即社会""教育即生活"四个口号。

他打了一个生动的比喻："这好比笼子里囚着几只小鸟，养鸟者顾念鸟儿寂寞，搬一两枝树枝进笼，以便鸟儿跳得好玩，或者再捉几只生物来给鸟儿作陪伴。小鸟是比较的舒服了。然而鸟笼还是鸟笼，绝不是鸟的世界。所可怪的是养鸟者偏偏爱说鸟笼是鸟的世界，而对于真正的鸟世界的树林反而一概抹煞，不加承认。假使笼里的鸟，习惯成自然，也随声附和地说，这笼便是我的世界，又假使笼外的鸟都鄙弃树林，而美慕笼中生活，甚至以不得其门而入为憾，那么，这些鸟才算是和人一样的荒唐了。"在主题班会中，我们联系实际，采取模拟生活场景的方式开展活动，让学生"身临其境"，与社会紧密联系起来，从而达到教育的目的，如"警钟在这里长鸣"模拟法庭辩论班会。通过让学生模仿社会中存在的一些场景，将学生的教育与社会相联系，对今后学生融入社会有很大帮助。

课例三：

模拟法庭活动

1. 学生分别扮演审判长、审判员、陪审员、书记员、公诉员等角色。

2. 根据剧本，各小组模拟了电动车交通肇事、未成年人偷窃、学生打闹造成的伤害事故等典型的案件庭审过程。各组练习了三十多分钟后，一号法庭开庭了。接下来是开庭准备、举证质证、法庭辩论、合议宣判……

3. 活动过程真实还原了庭审现场，完整有序。没有参与模拟展示的其他学生则化身旁听员，接受了一次系统的法制教育。

活动后记：

第一次扮演审判长的学生激动地说："太紧张了，太荣幸了！当我握着法槌的那一刻，我觉得神圣无比。"参与此次活动的学生纷纷表示受益良多。"今天的模拟法庭活动令我终生难忘。在学校里，我们一定要做一个遵纪守法的好学生；在校外，我们也要争当知法、守法和护法的好公民。"这是一位学生写下的感想。

我是小法官

总之，主题班会是中小学进行德育的重要阵地。随着时代的发展，主题班会的形式也多种多样，但是更多的主题班会都是借鉴前人的经验来组织的，没有形成系统。通过学习陶行知的生活德育理论，我们今后开展主题班会更有针对性和目的性。运用正确的生活德育理论改进主题班会中的不足，不仅对小学开展德育工作有重大的意义，同时对教育的其他方面也会产生深厚的影响，我们应该将主题班会发展成更适合学生自主发展和全面发展的一个广阔的舞台。

读读学生这本"书"

惠州市中洲实验小学　冯玉梅

　　苏霍姆林斯基曾指出："读书，读书，再读书，——教师的教育素养的这个方面正是取决于此。要把读书当作第一精神需要，当作饥饿者的食物。要有读书的兴趣，要博览群书，要能在书本面前坐下来，深入思考。"教师读书的重要性不言而喻，手捧一卷，沉浸其中，与各种思想进行智慧的对话，是一件多么惬意的事啊！

　　托尔斯泰说："书是智慧的钥匙。"在寻找智慧的同时，我发现，其实人人皆可为书，生活当中只要处处留心，你就能从中获取智慧。去年，我有幸聆听了广东第二师范学院李季教授开展的《德育的心理学原理》讲座。李教授建议广大教师要"读书悟道、阅读明理"，不仅要阅读有字之书，更要学会阅读身边的无字书——人。我们的人生有限，恐怕穷尽一生也难以把书本全部都阅尽，但如果善于向身边的人多讨教，多交流，多观察身边人的言行举止，"听君一席话，胜读十年书"的意境便会在不经意间来临。

　　作为一线教师，我们平日工作的重心就是学生的成长。我们与学生的接触最多，可在工作中，我发现，大多数教师只是关注课堂四十分钟，课后就与学生疏离，对学生的思想变化漠视，一旦有事发生，也多以批评教育为主，孩子们左耳听右耳冒，根本无法解决实际问题。这种现象时常发生，就我的理解而言，就是教师没有深入读懂学生这本"书"，不知学生的思想变化，不了解学生的喜乐爱好，没把握学生的性格特点，所以在处理事情时抓不住根源。有经验的教师，常常会和学生多聊天，多交流，以朋友的身份沟通而非以师长的身份压制。我发现与学生聊得来的教师更善于处理班中发生的事件，特别是遇到突发事件时，他们往往更容易找到解决问题的捷径。我想，细究其原因，这就是有经验的教师细读了学生这本"书"的结果吧。教师通过平日里的细心观察和深入了解，对学生的情况比较熟悉，甚至对他们的家庭氛围、个人喜恶、脾气秉性等都有一定的了解与认识。学生这本"书"，善于阅读的教师已读通悟透了，所以当学生发生矛盾时，教师就能更有针对性地找准下手点，灵活变通地采取应对手段。

　　记得前几年与我一起工作的小王老师是一个喜爱阅读的人。当时她与我一样，家中孩子还小，需要多花费时间照顾，可她下班后却不是第一时间赶回家里，而是会在学校多留一会儿，或静静地读书，或与还没回家的学生聊天，或与值日生一起打扫教室，她的学生也特别爱围在她身边向她倾诉，我们都笑她是"学校专业户"。可是慢慢我发现，她班上的学生发生事情后，她从不会像我一样一听到出事就气得够呛，折腾半天还不能解决问题，反而是很从容地处理事情，基本上一听到是哪个学生发生的事情，她都能大概猜出起因，解决起来也是得心应手，不仅学生们很乐于接受她的教育，心服口服，家长们对她的工作也称赞有加。对于她班中的学生，她总是能讲出很多他们学习之外的事：张同学课外学书法有几年了；李同学妈妈最近住院了；王同学包书皮很在行；赵同学性子很急；周同学读书不行却很爱看历史书籍……学生的点点滴滴在她那里汇成的海洋总是比我的更加浩瀚，这让我很是羡慕。现在细思起来，我终于明白了，原来，她早已悟出了阅读无字书的道理，把学生这本"书"细细地读、慢慢地悟，早已深入其中，有所收获了。而我却仍然停留在管理学生的层面，没有像她一样静下心来，细读学生。不知不觉间，她成了我的工作指南。工作中，我也常向她请教，学着她每天给自己一点儿静下心来读书的时间，有字书里畅游，无字书中交心。

　　工作中有无字之书，生活中更是少不了。还记得很小的时候，听姐姐捧着她那条宝蓝色的长裙一脸梦幻地回想她初恋情景的时候，我就发现每个人的经历都有所不同，如果能记录下来结集成册，一定很有意思。随着年龄的不断增长，我身边认识的人不断增多，所了解的故事也是五花八门：市场上天天笑着卖菜的大姐，无论你买不买她的菜，都不忘向你问候一声，聊聊家常，那是花多少钱也买不来的洒脱；办公室里深情回忆过往的同事，把自己的精彩故事用心与大家分享，除了享受大家的惊羡，更多的是重温一遍美好的情感；旅游途中偶遇的导游，会一边骑着自行车一边高唱好听的山歌，跟着她，青山绿水仿佛都更加迷人；勤恳创业却也不忘享受人生的小老板朋友，二十出头却早已悟透人生，大手大脚地花钱，却也在不为人知的时候拼命洒汗，他的拼搏精神尤其令我赞叹……身边的人，他们人人都是一部书，都让我品味到人生的多彩，在读这些书的时候，我的人生仿佛也多了更多的内涵。在不经意间静静地品味他人精彩故事的同时，我也从中汲取自己人生航行的动力，为自己的人生之路找准方向。

在阅读了这些无字书之后，我开始反思从教以来工作的方式方法，之所以做事比较急躁、遇事急于追求结果却少看原因，可能是没有深入地看学生这本"书"。我们大人的故事精彩万分，孩子们的也一样，他们来自不同的家庭，有着不同的身世背景，更是我们朝夕相处的人，是我们工作的全部要点，怎么我却把这本书忽略了呢？记得我接的六（1）班中有个小李同学，全校闻名，我还未开始授课，教过他的同事们就一个劲儿地给我打预防针。结果不出所料，刚一上课他就扰乱课堂，不写作业，说粗口，无组织无纪律，我气极了，天天跟他着急上火。可一次不经意的闲聊，从其他学生口中我知道了他母亲在他很小的时候就离家了，父亲无固定职业，三天两头不在家，对他更是粗放型养育，从小他就一个人照顾自己，时不时还会饿肚子。小李的生长环境中缺少长辈的管教与关爱，做事极端粗暴的根源就是他比其他同学更加渴望关爱，更加需要安全感。以往的老师对他更多的是批评与指责，所以，他更对学校和老师产生了抵触心理。了解了他的情况后，我转变了工作方法；中午发现他没饭吃的时候，假装偶遇让他陪我一起吃饺子；有时放学跟他一起聊着天回家；劳动中多给他表现的机会；他的字写好了，我就在班中大力表扬……我知道小李这本"书"中更多的是孤独、失落与渴求，所以，一般他做了出格的事，我不会太严厉地批评他，只是多对他进行引导与叮嘱，因为我知道他已经在努力了。到毕业时，虽然他的成绩没什么太大的进步，但看着他不再怨恨学校、不再讨厌老师，还会回校来看我们，我觉得，这就已经让我很欣慰了。就是小李这本"书"，让我对学生有了更多的体谅与包容，让我更懂得要带着细腻与关怀，试着去走入学生的内心，试着去以和批评教育有所不同的方式来管理班级、组织工作。这点滴的改变，也让我在教师专业化的道路上前进了一步。

今年我又送走一个毕业班，五年级时转来的小陈性情乖戾，他的爸爸打电话来请我管教管教他，说他在家已经无法无天了，有时连爸爸他也敢打。就是这样一个孩子，引起了我的注意，下定决心要去读一读这本从未看过的"书"。我在课堂上多关注他，发现他做事比较有条理，爱表现，希望得到大家的认同。于是，把个子高高的他调在第一排，每次发作业本、发试卷、去办公室拿书本等，我都要请他帮忙。有时我会故意少拿一本书或一组练习本，请他去帮忙取，给他一个表现的机会。很快，他就成了我的得力助手了，只要我有事，班中同学就找小陈，因为他对我的工作最了解。有了这份默契作为铺垫，我和他沟通的机会增多了，发现他并不是想象中的那么暴躁，有时还很细心，只是因为家长一直忙于生意，没时间照顾他，所以，做事有些不计后果，任意妄为。但他很讲道理，只要跟他把道理讲清，他能很快认识到错误并改正。有时他与同学打架了，我一个眼神望过去，就知道是他先做错了还是另外的学生先做错了。我不用说话，点点头，拍拍肩膀，他们就主动坦白了。也是因为我对小陈这本"书"的细读，使得我对只关注挣钱却不关心孩子心理需要的家长更多了一份担忧。我在家长会上与家长们交流怎样让孩子打开心扉，怎样读懂孩子的内心需求，怎样平衡金钱与孩子的关系……于是，更多孩子在家庭中发生的故事又因为小陈这本"书"拓展开来。家长们把自己与孩子的故事告诉了我，让我的工作更加有针对性地开展。也正是这样一本接一本地阅读着学生，让我在从教的道路上更加坚定了信心，相信遇到的困难只是我的垫脚石，只会让我站得更高，望得更远。

苏霍姆林斯基说："一些优秀教师的教育技巧的提高，正是由于他们持之以恒地读书。"学生这本"书"，年年有新意，册册有不同，是我们当教师的最应该用心去读的书，我想，工作要开展得顺利，有字书要读，用以提高自己的理论修养，无字书更应用心去读，当我们不断地进行自我更新的时候，工作自然会越来越得法。

我的同盟军

——借力任课教师，做个专业的新班主任

惠州市中洲实验小学　冯玉梅

班主任工作是一项专业性、实践性、艺术性很强的工作，具有情境性、复杂性性和不可预见性。班主任工作情境非常复杂，班级管理的对象是充满个性差异的活生生的人，班主任要对班级实施有效的管理，不仅需要自身有人格的魅力，以心育心，以德育德，以人格育人格，更需要丰富的实践智慧和专业能力。在激烈变革的现实生活中，面对纷至沓来的各种新的情境、新的问题与新的挑战，每个班主任都要持续不断地做出种种专业行动的判断和决策。班主任做决策是一个极其复杂的过程，为了对学生的终身发展负责，为了尽可能将问题的负面影响控制到最小，我们遇事绝不能凭一时冲动随意处置，也不能仅凭以往的经验简单处理。这要求我们透过复杂的问题和现象，学会"专业化地思考和决策"。（教育专家周卫语）

如果把班级比作一支球队，那么班主任便是主教练，任课教师是教练，家长是亲友团，学生是球员，而学校则是俱乐部。作为主教练的班主任，必须全局在胸，通盘考虑，与学生、任课教师、家长、学校一起构筑教育的统一战线，多维度、立体式地凝成教育合力，让教育产生整体效应。与班主任每天一起工作的同事，则是直接关系班主任个人的工作成效和工作的幸福指数，更需要班主任们加以重视。一个具有专业意识的新班主任，一定要认识到对学生施加教育影响的因素是多方面的，一定要协调好校内、校外的多种教育因素，向校内外的各种力量巧妙借力，为建设班级服务，为学生的成长服务。

一、班主任与任课教师紧密合作是工作的必要手段

（一）班主任加强与任课教师的沟通是《中小学班主任工作规定》的要求

如果每一个新任班主任事事都要亲力亲为，那么等到他们的经验与智慧成熟时，差不多也到了该退休的时候了。青年班主任要使自己在较短的时间内成长为优秀班主任，就需要在听中学，在读中学，在看中学，在做中学，既需要实践的磨炼，又需要案例的积累，但最快捷的办法，就是向身边人借力，做一个用心向周围同事取经的有心人，借助教育的合力，打造班级的良好风貌。

一个班要搞好，班主任是非常关键的，但仅仅靠班主任显然是不够的，必须整合教师团队的力量和智慧。《中小学班主任工作规定》中明确指出，班主任是中小学日常思想道德教育和学生管理工作的主要实施者，是中小学生健康成长的引领者，班主任要努力成为中小学生的人生导师。《中小学班主任工作规定》的第十二条更是告诫班主任们要经常与任课教师和其他教职员工沟通，主动与学生家长、学生所在社区联系，努力形成教育合力。

教师担任班主任期间应将班主任工作作为主业。班主任是一个班级的核心和灵魂，是教师队伍中的中坚力量，是影响学生人生发展的重要他人。可以毫不夸张地说，一个优秀的班主任必定能带出一个好的班级，一个好的班级必定要有一个优秀的班主任，而一个积极健康的班集体，是每一个学生健康发展的必要环境。

在班级中，班主任是管理者和教育者，但班主任不是唯一的教育者，也不是唯一的管理者。在任课教师开展课堂教育活动时，任课教师是班级的直接教育者和管理者，当班级生活向家庭延伸时，家长对班级生活会产生影响，而学生在他们的共同生活中也会受到影响。另外，学生所生活的社区环境和一些偶像也会对学生产生影响。班主任必须学会协调班级中各种教育力量。

《中小学班主任工作规定》明确指出，选聘班主任应当突出考查其与学生、学生家长及其他任课教师沟通的能力。可见，班主任在协调本班任课教师的教育和沟通学校与家庭、社会教育之间的联系时，起着重要作用。教师劳动看似是个体劳动的形式，但某一个教师的能力是十分有限的，任课教师、德

育教师、心理教师等相互配合、共同影响，才能取得良好的效果。从这个意义上说，教师劳动的成果不只是个体劳动，教师的个体劳动还包含在集体劳动之中，教师劳动的成果是个体劳动和集体劳动相结合的产物。另外，从终身教育的视角来看，教师劳动的成果是学校、家庭、社会相互协作的结果。班主任不是班级的唯一教育力量，除班主任以外，还有任课教师、班级的学生以及学校领导和有关部门的教师等。把这些教育力量整合起来，协调一致地对每个学生产生影响，这是班主任的基本职责。

各科任课教师是班级教育中的重要力量，优秀班集体的建设离不开他们的密切配合。而在现实中，或因班主任习惯于单打独斗，或因为一些任课教师育人意识的淡薄，任课教师往往容易成为班级工作的旁观者。虽然小学生学习的课程不太多，但是在我国九年义务教育课程安排中也涉及一系列科目，各门课程还是要由不同的教师分任的，各任课教师都会成为班级中影响学生发展的力量。班级管理者应当主动邀请任课教师共同进行班级管理，与任课教师结成亲密的教育联盟。

例1：数学老师发现的好苗子

五年级了，班上小禹同学的成绩还一直处于七八十分的水平，作业不认真做，常常丢三落四，妈妈总是承担着为他送饭盒、送作业等一些烦琐的工作。我知道是孩子一贯认为妈妈可以无限包容他，不管什么东西忘了，妈妈总会及时为他送来，所以有恃无恐。孩子责任心得不到加强，能干的妈妈包办了孩子应干的事，让孩子无法成长。多次与家长沟通后，成效仍不显著。接班有一年时间了，提起小禹，我仍是对他摇头以对，印象一直不太好。但有一段时间，我们班的数学老师总是在我面前夸他，说小禹脑子好用，接受新知识特别快，做题的正确率高。小禹因为近视，在数学课上经常被老师安排到讲台旁的秘书位听课。过了一段时间后，他因数学课上专注听课，成绩大大提升，几次测验都是九十多分，成绩直线上升到班级前列，他的自信心也得到了提升，学习和做事的态度也发生了极大的转变。数学老师的多次夸奖，让我这个班主任也慢慢地转变了对他的看法，在语文课上关注他的目光多了，脑海里数学老师对他的评价也更加根深蒂固了——小禹是个头脑聪明的孩子！观念一变，对他的态度和说话的语气也变了，平时对他笑容多了，发现他语文成绩也迅速提升了，也不见妈妈再跟着他的指挥总往学校跑了！这孩子，因为数学老师的赞赏与指导，整个人都发生了极大的转变，他把学习当成了自己的事，能在学习当中体味到快乐，并与老师的关系发生着良性的转变。数学老师的独具慧眼，让我这个班主任的工作也特别顺利。当我调离原校后，小禹的妈妈还常给我发信息，感谢我对小禹的教育，但我内心知道，我这个班主任对小禹观念的转变，完全来自数学老师，我那位独具慧眼的搭档！

例2：美术老师的表扬改变了孩子的态度

再讲一个任课教师帮助我管理的事。小毛同学是我们班的调皮大王，但凡调皮捣蛋的事中，不是他做的，也大多跟他脱不开干系。有这样一个活泼过度的孩子，家长也是怕了我这个班主任的电话，总是在见面时向我不停地说抱歉，我内心里对小毛也是挑剔多过赞赏。有一次在上美术课时，我从教室旁走过，发现小毛同学在黑板上画了一个非常大、非常漂亮的书包，年轻漂亮的美术老师一脸赞赏之情。下课后一问才知道，大胆的小毛是全班第一个勇敢到黑板上画书包的学生，并且画得还非常不错，得到了美术老师和同学们的大力赞赏。我赶忙给他拍了张照片，发给他的爸爸，大力表扬他。小毛的自信感爆棚，再和我见面时，就少了"老鼠见到猫"的胆怯感，能打开心扉，多聊天了；犯错时也能直面错误，与我开诚布公地就事论事了。他的爸爸也因为老师能关注孩子的优点，没有因为他调皮而对他疏于管教和关心而更加认同我的班主任工作。平时最让我头疼的调皮孩子，因为美术老师的一次表扬，而让我的家校联动工作更好开展了。

这样的例子，相信各位教师以后可能都会碰到，只要做个有心人，多团结身边的任课教师，巧借他们的力量，会让你的班主任工作开展得更加顺利。

（二）班主任与任课教师紧密合作是班主任专业化成长的迫切需要

北京教育科学研究院基础教育研究所王晓春老师说，班主任工作主要是三大块——班风建设、班级日常管理和问题学生诊疗。在班级日常管理当中，班主任耗费的精力最多，感觉有多少精力，也不足以应付联翩而至的学校检查评比和纷至沓来的班级琐事。班主任如果不能以专业的角度和认知去工作，那么将会极大地降低管理效率，会感觉自己只是在简单和重复劳作，缺乏新鲜感，缺乏成就感，很快就会对工作充满倦怠、焦虑、疲惫和无奈。《为什么你拼命努力，还是生活在底层？》中有一段话："所以，清洁工早出晚归，快递员马不停蹄，服务生疲倦不堪，中小学教师劳心劳力，农民工几乎在玩命……但是，他们中的大多数，一生都与贫贱为伍，少有人能逆袭成功。"为何会如此，我想，就是班主任的专业性没有体现，太容易被取代。因为不专业，技术含量低，能轻易被替代，所以，你无法以专业性和稀缺性在社会上立足。作为一个年轻的班主任，如果能早日规划好自己的发展路径，一定能迅速成长为一个有自己专业特色、很难被轻易替代的专家型班主任。苏格拉底说："未经省察的人生是不值得过的。"毕淑敏也在《在不安的世界里，给自己安全感》这本书中，告诉我们："人生是没有意义的，这不错，但是——我们每一个人要为自己确立一个意义！"希望大家能做自觉省察的班主任，努力拓展自己的思想带宽，提升自我的稀缺价值，在为师、为班主任的道路上给自己创造更多的安全感。

1. 合作学习

班主任工作作为一个专业性岗位，要求班主任树立专业发展观念，制订切合班级工作和本人的发展实际、可行性强的专业发展规划，并严格执行、坚持不懈，努力把握一切能促进自身专业成长与发展的机会。从优秀班主任的成长经历看，注重学习、反思和研究是班主任实现专业成长的必由之路。

合作是班主任实现专业化成长、达到互利双赢的有效方法。班主任之间、班主任与任课教师之间的合作就是一条新的路径，这一路径或策略推崇班主任在与同事的合作互动与对话过程中共同发展。合作是两个以上的活动主体平等地、直接地互动交流，他们之间有共同的工作目标，有大致相似的困惑或问题，有许多共同语言。这种合作形式是自主的、自由的，相互之间既可以通过互通各自班集体工作的情况和遇到的问题、困惑，交流解决问题的方法，还可以通过互相观摩，交换意见，或针对某个实践或理论问题，相互探讨、切磋。可见，合作学习是获得帮助的有效途径。班主任如果善于寻求专业支持，就可以大大缩短专业成长的时间，并为自己开拓出更宽广的视野和发展空间。

2. 集体反思

如果能与同事进行经常性、实质性的磋商，坦诚暴露问题，共享反思，班主任之间便能相互促进、共同提高。一个真正有效的反思集体，应该在整个教育进程中不断地发现问题，不断探索性地解决问题。因此，班主任应主动地开放自己的教育过程，以获得过程性评价。过程性评价的价值远大于根据某一标准做的总结性评价。

二、班主任与任课教师沟通的方法

（一）多沟通，统一教育思想

马卡连柯说："哪里教师没有结合成一个统一的整体，哪里就不可能有统一的教育过程。"班主任与任课教师两者之间应彼此相依，相辅相成。对新班主任而言，充分重视任课教师的力量，把他们当成同盟军，甚至主动示弱，以退求进，无疑是明智之举。可通过科任教师全面了解学生信息，因为各任课教师会从不同角度评价学生，这些评价综合起来相对客观真实，远胜班主任一人的评价；从各任课教师处获取信息更及时，若有不良苗头，便可及早处理，治之于未发；积极请教任课教师，他们会感觉到被重视，更会多多支持、帮助和指导自己。

在接班之初，为赢得这支生力军的支援，可采用以下策略：

（1）提供信息。新学期刚开始，就给各任课教师一个班级学生信息总体介绍表，内含学生名单、临时班干部和课代表的组成人选、班级微信群二维码、本班学生通讯录、班级课程表等，让任课教师尽快熟悉本班的基本情况。

（2）制作学生座位表，贴于讲台，便于任课教师短时间内熟悉学生。

（3）及时告知班级规则。班级制定公约或是新制定了一些规则和措施，应及时告诉任课教师，以统一认识，协调一致。同时，要及时向任课教师通报学生近期思想状况与家庭情况，或是班级发生的重大事情，让他们对班级有更多的了解，以便更有针对性地实施教育教学。

（4）积极推销任课教师。在尊重事实的基础上宣传任课教师的优点、特长、敬业精神、教育成果，积极促成任课教师与学生之间美好感情的生成。

（5）邀请参与活动。每次主题班会、运动会、联欢会、外出郊游、外出参观、文艺汇演、庆祝活动，尽量邀请任课教师一起参加。这样可以活跃身心，增进师生感情。有时，还可借助这些集体活动，发挥任课教师的特长和知识优势；有时，在这些活动中，还能化解任课教师与学生之间的矛盾。

（6）为任课教师培养好得力的课代表队伍。保证课代表人选有工作能力、工作热情，能助任课教师一臂之力。

（7）营造氛围。除了清理讲台、擦净黑板，以给任课教师良好的授课环境外，班主任还需要精心组织学生做好课前准备，为任课教师创设愉悦的授课氛围。

（8）让学生记住任课教师的名字。要求学生以"×老师"为称呼语，而不是称以"数学老师""英语老师"这样机械的称呼。

虽然这只是细节，却能体现学生对教师的尊重，使教师有一种被重视的感觉。

（开学后第一期板报，我就把本班的任课教师照片打印出来，让孩子们熟悉老师，也让老师有种归属感，从内心更早认同这个班。）

（二）真诚欣赏，并把自己的欣赏变成学生的欣赏

一个班主任无论是从价值、能力还是教育认知等方面都不应该把自己抬高。教育对象的复杂、孩子对成长的需求以及时代对教育的需要，甚至未来对教育的期待等，都决定了在一定阈限中成长起来的教师不可能达到教育的全部要求，无论你个人多么努力、多么敬业，与教育的需要相比，都是微不足道的。

在刚走上工作岗位的前几年，我很荣幸地遇到了好多位十分有经验的同事，其中一位与我搭班的数学老师在一次家长会上给我上了一堂十分生动的课。在家长会上，她首先把我这个班主任狠狠地夸奖了一番，说我如何用心地教学生，如何在教学上努力进取，在一旁的我听到都有点心虚了。事后她对我说，在家长面前，我们任课教师之间首先要互相肯定、互相提携，这样才有助于在家长面前树立威信，才能更好地开展工作。这个场景，十多年后的今天我仍历历在目。是的，如果连我们教师之间都不能真心地互相赞赏，那家长们又怎能知道我们加班加点地在批改作业，又怎能知道哪位同事腰痛颈痛仍坚守岗位，又怎能知道我们在孩子们身上耗费了多少的心血呢？所以，发自内心地对搭档们加以赞赏，并把这种赞赏告知你的学生、学生的家长，让家校合力教育真正地达到目的，这是我们必须要做的。有些教师每天对孩子极其负责，作业做得不好的孩子一定会叫到办公室当面指正；有些教师特别会与孩子们相处，在班级中深得民心；有些教师专业能力强，课上得十分精彩，是孩子们心中的英雄……这些与我们朝夕相处的任课教师，其实正是新老师、特别是新班主任最先要肯定认同的师傅，能学到同事们工作的方法，巧借力，多用心，相信新班主任很快能成为独当一面的高手。一个生活幸福的教师，其心中一定不会只有自我，而应该有某种温暖的光亮与力量可以慷慨地和别人分享。成长是幸福的，收获是幸福的，但比幸福更幸福的事，却是分享幸福，传播幸福，而班主任无疑就是这样的天使。

在2018年暑期举行的惠城区中小学班主任专业能力大赛（小学组）情境答辩环节有这样一道题，班主任接到家长投诉，数学老师在课堂上打了孩子，请老师给家长一个解释：老师是可以打孩子的吗？孩子做错了什么？老师怎么能用这样的方式对待孩子？面对这样一连串的家长追责，班主任该怎样开展工作？抽到这题的教师许多都说要第一时间把这个问题反映给主管领导，要找学生和数学老师调查事情的经过再向家长解释，其中有几位教师的回答让我们几位评委特别赞赏，这几位教师都无一例外地首先就向家长表明了态度：我们班中出现问题，班主任一定会认真对待；对于教学中的搭档，马上就向家长说明其工作认真、教学一丝不苟等优良作风，如说数学老师是位很尽职尽责的老师，教学严谨，有可能是方式不够正确，但一定是为了孩子能更认真地学习才心情急躁的，具体打的情况如何，请容家长给时间让自己调查，但不要太激动。班主任老师的安抚工作做到位后，再和数学老师统一战线，就能很快地减少家长的激动情绪，接下来的处理就水到渠成了。而有些教师的回答则是，打学生是一件很严肃的事，要马上告知校领导，这样一来，还有哪位任课教师会再跟你同心同德地管理班级呢？工作当中必然会出现很多类似的问题，只要我们班主任能智慧地、巧妙地与任课教师共同合作，你所带的班一定会越来越好。得道多助，失道寡助。向任课教师寻求助力的过程中，自己多用些心，用专业的知识来辅助自己的工作，相信，你很快能在工作上得心应手。

最后，向老师们推荐几本书，《做一个老练的新班主任》《做最好的班主任》《做一个专业的班主任》《我这样做班主任》。这些书都十分有益于新班主任更快地适应工作，愿各位教师都能在新的岗位上早日发光！

"做文明就餐的好孩子"主题队会方案

惠州市南坛小学实验学校　徐景霞

【主题设定】

学生对于文明就餐的体会还不是很深刻,在学校食堂用餐时常有大声喧哗、打闹、浪费粮食等现象。通过这次班会活动,旨在让学生认识到不文明就餐的行为及其危害,让学生体会到文明就餐的重要性;培养小学生文明用餐的良好习惯,养成勤俭节约的优良传统。

【活动过程】

(出旗,各小队集合,整队,报数。中队长宣布队会开始。)

小记者:大家好,我是NSTV的特派小记者李可馨。据可靠情报,我市一些学校出现了不文明就餐的情况。今天来一次暗访,让我们一起来看看学生们的就餐情况。(小记者的话音刚落就差点被一个要冲进饭堂的学生给撞倒。小记者捡起被撞飞的眼镜,惊魂未定地走进饭堂。)(学生表演不文明就餐行为《食堂小闹剧》。)

主持人:同学们看了刚才小品中的这些不文明就餐行为后,有什么感受?(生自由说)

主持人:我们如何做到文明用餐呢?它的答案就藏在这些金蛋里。我们请校长砸开这第一个金蛋,寻找答案!(取出纸条,上写"饭前要洗手")。

主持人:俗话说,祸从口出,病从口入。做到文明用餐就要在就餐时讲究卫生,请看歌舞表演《洗手歌》。

主持人:下面有请科学"小博士"程妍语教给大家正确的洗手方法。(示范科学的六步洗手法)

第一步：掌心相对，手指并拢，相互揉搓，洗净手掌。

第二步：手心对手背，手指交叉，沿指缝相互搓擦，洗净手背；交换进行。

第三步：掌心相对，双手交叉，沿指缝相互揉搓，洗净指缝。

第四步：弯曲各手指关节，双手轻合成空拳，指背在对侧掌心旋转搓揉，洗净指背。

第五步：一手握住另一手大拇指，旋转搓揉洗净大拇指；交换进行。

第六步：将一手五指指尖并拢在另一手的掌心处，搓揉洗净指尖；交换进行。

以上每一步骤不少于十秒，最后用清水冲净肥皂（洗手液）。

主持人：那文明用餐还应该怎么做呢？我们来砸第二个金蛋。

（取出纸条，上写"就餐坐姿要正确，要正确使用碗筷汤勺"。）请看表演《淘淘就餐记》。

学生自由发言：同学就餐时坐姿不文雅；碗筷汤勺乱放；餐桌不干净。

主持人：文明就餐，我们还应该做到什么呢？现在请砸第三个金蛋。（取出纸条，上写"节约粮食"。）一粥一饭当思来之不易，半丝半缕恒念物力维艰。勤俭节约也是我们文明用餐的重要部分。请欣赏"三句半"表演：《节约粮食人人爱》。

主持人：吃多少打多少，节约粮食人人爱。小小餐桌承载文明礼仪。

我们除了要做到节约粮食，还应该做到什么呢？请砸最后一个金蛋。（取出纸条，上写"就餐要懂礼节"。）即使饥肠辘辘，也要风度翩翩。用餐时注意文明礼仪，也是体现我们文明素养的时候。现在有请同学们给大家带来《文明就餐歌谣》。

主持人：学习了关于文明就餐的知识后，现在将进入最激烈的环节——《文明就餐知识竞赛》。你们准备好了吗？

主持人：饭堂的阿姨已经准备好了可口的饭菜，现在我们一起去饭堂补充点能量吧。（学生排着整齐的队伍打饭，文明就餐。）

小记者上场，进行回访。

小记者：（戴着一副残缺的眼镜）上次暗访不文明就餐行为，印象深刻，看我这被撞残疾了的眼镜就知道我的心有多痛了！今天必须做个回访。（小记者走进饭堂，却发现了让他很意外的场景。）看到同学们井然有序，排队就餐，小记者为同学们跷起大拇指。

主持人：一日三餐，如何营造一个文明、有序、温馨的就餐环境，不仅关系着每一个人的生活，而且直接体现了学校师生的整体形象。应从细节做起，营造一个更加温馨洁净的就餐环境。为此，我们倡议大家文明就餐，从我做起，从小事做起。

中队辅导员讲话：孩子们，通过这次"做文明就餐的好孩子"主题队会的开展，让我们自觉养成文明就餐的好习惯，从我做起，从小事做起，争当文明南实人。

队会结束仪式：中队长宣布三（6）中队"做文明就餐的好孩子"主题队会到此结束。

（退旗。）

【活动反思】

近来，学校食堂用餐中常有大声喧哗、打闹、浪费粮食等现象。为了让学生认识到不文明就餐的行为及其危害，体会到文明就餐的重要性，通过文明的用餐行动展现学生高尚的文明素养，教育和引导学生养成文明用餐的良好习惯，我们三（6）班开展了以"做文明就餐的好孩子"为主题的队会观摩课。

本次主题队会活动主题紧扣我校实际情况，严抓学生用餐习惯，通过队会课的形式促使孩子们养成良好的用餐习惯和用餐礼仪。由于本节队会课是室外课，空间较大，又没有生动活泼的音频资料可用，授课内容很容易单调呆板；而授课对象又是三年级的小学生，很容易产生突发状况和不可控因素。因此，这些对于教师和学生来说都是不小的挑战。从接到任务开始，我就开始查找资料、观察就餐时的学生，设计流程、购买道具、策划和排练节目，但数日过后，我的心中还是没有把握。在活动开始之前，我的内心充满了忐忑与不安。但一节课下来，学生们却给了我很多的惊喜，让我感受颇深。现对本节课做出以下总结。

1. 设计新颖

本次队会课有两条交叉线索。一条是小记者的两次暗访活动。通过小记者的前后两次暗访，看到文明就餐前与文明就餐后的对比，认识到文明就餐的重要性。另一条是吃饭前、吃饭时、吃饭后需要注意的文明行为。

2. 内容丰富，关注细节

本节课主要通过"饭前要洗手""就餐坐姿要正确，要正确使用碗筷汤勺""节约粮食""就餐要懂礼节""文明就餐知识竞赛"几个环节展开。环节流畅，内容充实，从细节处对学生进行教育。

3. 形式多样，活泼有趣

本次队会课的形式有"情景剧""三句半""歌舞""知识竞赛"等，并穿插"砸金蛋"游戏，通过砸金蛋引出下一环节的内容，生动有趣，深受听课教师的赞扬。

4. 积极参与，争做文明用餐好孩子

学生们积极参与，勇于发言，互相讨论，深入理解，知道了该怎样做个文明用餐的好孩子。本次活动，使孩子们感受到了文明用餐的重要性，有利于他们养成文明用餐的好习惯。

这节课不仅向学生们讲解了文明用餐的要求和习惯，还引导学生从一点一滴做起，与文明握手，与陋习告别，将文明、节俭进行到底，吃出文明与修养。在课堂中，学生们通过观察这些不文明就餐的行为，反思自己行为，从而使自己的行为更规范。在本节课后，学生们的不文明就餐行为得到了纠正，越来越多的学生能做到文明有序进餐了。

校长砸金蛋

出队旗

文明就餐歌谣表演

小品表演：《淘淘就餐记》

《营养知识知多少》提问环节

"三句半"表演

被逗乐的大观众

徐希工作室"微班会"系列

惠州市第十一小学方直分校 徐 希

集体的力量

【班会背景】

十小学校体育节结束，于周一升旗时颁发个人及集体各奖项，我班体育成绩再创新高。

【设计理念】

颁发奖项完毕后，班上的学生对班级第一次获得体育节集体奖表现出前所未有的惊喜和开心，因此我借机进行了一次微班会教育，希望培养他们的集体荣誉感，增强班级凝聚力，强化学生积极为集体增光的意识。

【主题设定】

集体的力量。

【班会过程】

师：首先祝贺大家在本次体育节获得有史以来最好的成绩——年级总分第二名，虽然不是第一名，但这是我们付出努力后获得的成果，也是很值得高兴和祝贺的！大家知道在这次比赛中，谁的付出比较多？都来谈一谈你们的感受吧。（孩子们纷纷举手畅谈）

生1：我觉得班级篮球队付出多，女子篮球获得第二名，男子篮球获得第一名，他们对班级积分贡献可大了。

生2：我觉得罗凯元的付出很多，他既参加了篮球比赛，又参加了立定跳远等其他比赛，而且每项比赛都获得较好的成绩。

（孩子们听了，自发为罗凯元鼓掌感谢他的付出。）

生3：其实我觉得每个运动员都有付出，虽然有些拿奖了，有些没拿奖，但是我们比赛重在参与。我觉得只要他参加了，就值得肯定他的付出。

师：这个同学说得真好。没错，这次比赛我们班级拿奖了，为班级贡献了积分的同学值得表扬，但那些虽然没拿奖可是积极参加比赛的同学也同样值得我们尊敬，值得我们骄傲。他们为我们展示了什么是体育精神，也鼓励了其他同学积极对待比赛，所以他们在这次胜利中也有付出，也值得肯定！

生4：我是这次参加比赛的运动员，但我想说这次成绩不仅有运动员的努力，还有后勤员的努力，他们及时通知我们集合、参加比赛，帮我们拿好衣服和水，让我们没有后顾之忧地参加比赛，所以我觉得后勤员也有付出。

生5：对对，我还觉得没有参加后勤但做啦啦队的同学也有付出，他们为我们加油鼓劲，让我们更有信心和动力参加比赛。

师：是的，很高兴大家不仅看到了运动员的付出，还看到了其他人的付出。我们班级的荣誉离不开班级里每一个人的付出和努力，只有团结的集体才会在各方面取得好成绩。"不积跬步，无以至千里；不积小流，无以成江海。"每个人都为这个集体尽一份力，我们的班级才能真正凝聚成一个温暖的大家庭。希望大家要记住这点，一起把我们的班级建设得更美好！

梦想都去哪儿了

【班会背景】

语文课上，我在"日积月累"环节讲到周恩来的名句"为中华之崛起而读书"时，顺口问学生"你们的梦想是什么？"学生们的答案五花八门。其中，有个学生回答"环卫工"，立马引起了同学们的哂笑，有个学生故意大声说："低级的职业，赚不了钱的。"我震惊了，一个三年级的孩子，对职业的要求竟然是用钱来论！钱少活累就是低贱？

【设计理念】

通过主题微班会引导学生确立正确的梦想，引领学生的价值观和人生观健康发展，用健康向上的美好心灵去实现创新进取的人生。

【主题设定】

梦想都去哪儿了？

【准备活动】

梦想百宝箱。（里面有全班学生的梦想纸条。被抽到名字的学生要说出自己的梦想）

【班会过程】

师：最初的梦想是最最可爱的，或许有些天马行空难以实现，却无法阻止它破土发芽的欲望。同学们，请走进梦想展示台，听一听许同学讲讲他的梦想——我的环保科技梦。

听完许同学的梦想，同学们都若有所思，不再是今早那副嘲笑的嘴脸，特别是那位高声嚷着"低级职业，赚不了钱"的孩子，深深低下了头。

师适时总结：梦想没有高低贵贱之分，平凡的梦想也能做出伟大的举动。

师：在这个梦想百宝箱里，有我们全班同学的梦想，我们抽到谁的梦想，谁就大声把他的梦想告诉大家，好不好？

被抽到的学生纷纷说出自己的梦想，这次，没有一位同学再去批判他人的梦想，每一个梦想都是那么的美妙！

你了解他吗？

【班会背景】

"老师，小文不去上体育课，自己在课室里哭了！"一个学生匆匆跑进办公室向我报告。我有些诧异：这个孩子平常虽然跟其他孩子有些不一样，但性格还是很活泼开朗的，怎么哭了？走进课室，我询问小文，小文一边抽泣一边说："他们都说我上课不认真影响了大家，我也不想这样，我还是不要上学了！"得知是班上好几个孩子恶意嘲笑小文后，我觉得这件事得严肃处理，得让全班孩子学习怎么与小文相处了。

【设计理念】

六年级的学生处在一个心理发展的重要时期，这个年龄段的孩子，有了一定的自主意识，大多以自我为中心，只看到自己的优点，从不觉得身上会存在什么不足，他们常常指责别人的缺点。长此下去，不但会给他们自身造成伤害，且不利于拥有健康的人格。基于此原因，我进行了本次微班会，旨在使每个学生学会寻找他人的优点，欣赏他人；使学生学会如何与特殊的同学共处，团结合作。

【主题设定】

你了解他吗？

【准备活动】

收集有关注意力障碍的相关资料。

【班会过程】

（在大屏幕展示关于注意力障碍的相关资料。）

师：请学生说一说感想。（有些学生表示能理解患有多动症的孩子小动作多，不能安静坐着，在座位上扭来扭去，甚至擅自离开座位到处乱跑的行为；有些学生对此表示同情。）

师：相信有些同学已经明白为什么老师要趁小文不在给大家看这些资料了。是的，小文是一个特殊的孩子，他在课堂上经常做小动作，但他不是为了单纯好玩。我和他谈过，他自己也想认真上课，但是因为身体原因，他实在控制不了。现在我们了解了他这些行为背后的原因，我们对他的行为要表示理解，并给予帮助。

学生们表示赞同。

师：我们都知道有句俗语是这么说的："金无足赤，人无完人。"可要和人友好相处，就不能光盯着别人的不足，要多发现他的优点，要学会互相欣赏。大家以后要和小文友好相处，可不能盯着他的不足，要发现他的优点，只有这样，才能与他相处愉快。

生1：我发现小文画画很厉害，每次黑板报上他的画都画得很精美，真让我佩服。

生2：小文手很灵巧，他会折纸，会做各种手工，纸飞机、纸玫瑰花都做得很好。

生3：我还发现小文其实很有礼貌，每次都和老师、同学主动打招呼。

············

师：是呀，小文身上有这么多优点，可有些同学只看到了他的不足，嘲笑他，导致他有厌学的情绪，我们要学会欣赏他人，这也是自己学习、进步、提高的过程，你尊重、理解别人，就会得到别人的友情，你就会觉得快乐。

有些学生神情有些不安，随后有学生主动站起来说："老师，对不起，我们错了，下课后我们会向小文道歉的，而且以后他上课时我们也会帮助、提醒他的。"

师：这些同学主动承认了错误，老师替你们感到高兴，知错能改善莫大焉。我们以后在和他人相处时，一定要学会主动去了解他人，不能随便嘲笑他人，要学会与人友好相处。能被人欣赏是一种快乐、幸福。小文若能找到自信，会更加努力。相信小文在大家的帮助下会越来越棒的！

这次微班会过后，同学们都不再嘲笑小文上课的不恰当行为，还会善意提醒他认真听课。在大家的帮助下，小文在课堂上的小动作减少了，课后与同学们的相处也融洽了许多。

活动点评：

什么叫微班会？微班会就是由明确的教育目标、相对完整的程序、鲜明的主题、精干的内容所构成的主题班会。它以"近""小""亲""实"为原则，靠近学生，从班级生活中获取资源，实施主题教育。所谓"近"，就是贴近学生的心理，贴近学生的生活，让德育教育受众乐于接受，并能认同主题的价值。所谓"小"，就是时间短，便于开展。"亲"，微班会都是借以贴近学生生活学习的事例来开展；"实"，通过微班会，参与者都能得到实实在在的收获。

微班会拓展了课间10分钟的教育功能，提高了教育实效，充分发挥时间短、主题灵活、教育及时等特点，拉近师生间的距离。微班会课最大的价值不但在能充分解放教师的劳动力和尽情发挥学生的个性，而且在教育中能充分彰显学生的主体作用，能巧妙地让教师主导作用润物细无声，从而推进主题班会课的创新，同时又为班级管理、德育教育提供一个研究平台。

一条在朋友圈发起的助学，一幕温暖人心的场景

惠州市第十一小学方直分校　徐　希

　　在贵州工作时，我坚持近十年捐资助学，跋山涉水，利用周末时间走访过许许多多的贫困学童家庭。离开贵州8年了，以为在贵州见过的景象已经不会再重现。可是今天我又看到了这样让人心痛的景象：不负责任的父母，破败的家，无辜的孩子。他的成绩或许真的很差，可是你看到墙上的画了吗？他的憧憬或许就藏在那一只只小动物中。多少个夜晚，在脏兮兮却给他温暖的床头，他的眼在画图时一定是最亮的星星。

我的生活怎么办？　　　　　　　破败的家

　　去这个孩子家时，家里黑乎乎的，也没火炉，就他一人在家，饭也没吃，太可怜了。没有问孩子的爸爸去了哪里，因为不问也能猜得到，孩子一个人在家的日子绝不会是一天两天，没吃晚饭的时候也不会是一次两次。

　　脏兮兮的床，墙上画着小鸟，枕头边已经看不清颜色的公仔……多少个夜晚，他是在画完画后抱着公仔入睡的？能给他的温暖，公仔或许多过他的爸爸。

贵州的冬天很冷，我得马上行动。如果你家刚好有像他这般大男孩子的厚衣服，给他寄去吧。有这个年龄段男孩子的玩具，也给他寄点吧。不要寄钱，钱解决不了他现在的问题。他现在最需要的是照顾和陪伴，而这恰恰也是我们无能为力的。一件衣服，让他不至于寒冷；一个玩具，让他的童年还保留那么些童真……我们能做的，似乎仅此而已。如果你恰好有合适的，请寄往：贵州省赫章县妈姑矿区社区小学三（2）班，谢路军。

隔空的爱心接力力量无穷大！还记得这个孩子吗？我们在朋友圈的一点呼吁，已经让他感受到了有人关心的温暖。你看，他开始改变了！今天他整理屋子了，他说他要整理出干净的地方来放我们给他寄去的衣物。贵州的冬天很冷，衣物、鞋袜、玩具、棉被、床品……这个年龄的孩子所需要的，你刚好有的，可以给他寄去吗？我们愿意继续爱心接力。

微信里的爱心接力

好消息传来！今天放学，班主任带孩子去自己家里洗了澡，给他穿上了不知名好心人寄去的羽绒服，还给他做了顿香喷喷的晚餐。一些朋友托我转钱给孩子的老师，让老师帮忙买孩子需要的用品……我不知道寄包裹去的您和你们都是谁，但我知道，孩子在这个冬季会倍感温暖！由内而外地温暖！好人是有福报的，谢谢！

幸福而温暖

今晚，班主任和科任教师去给谢路军同学把床换上厚厚的新棉絮，还铺上了新床单，还帮他把大家寄去的衣物也折叠整理好了。朋友发来的是视频。视频里，听到老师对谢同学说："你要学会整理衣物噢，要自己经常洗干净。""看，有这么多人关心你呢。"还听到老师边给谢同学折叠衣物，边说："足够你穿了，连夏天的都有了。"听出是一男一女两位老师。铺床、折衣物，一边念叨几句……多像一家三

好好学习，天天向上

口的日常交流啊。今晚，谢同学定能做个美美的梦。我替他向朋友圈里所有的好心人致谢！

还记得一年前那个在墙角为自己画满了伙伴，寒冷的冬天缩在烂棉絮里无人来疼的孩子吗？

终于有个家了，有了温暖的火炉，有了新妈妈。有了饭蒸熟时的水雾腾腾，有了爸爸炒肉丝的香味缭绕。

谢谢朋友圈好心的朋友，过去的一年里，你们买的衣服，寄的棉被，汇过去的钱，还有很多的图书……温暖着他。

家，还是那间破旧的小屋，但是有温暖了。朋友们可以放心了。

感恩父母，与爱同行

惠州市南坛小学鼎峰分校　彭燕媚

一、彭燕媚名班主任工作室

【活动背景】

现在的一些孩子认为父母在生活中为自己付出是理所当然的，通过此次活动，孩子们可以感受父母之爱，并学会感恩父母。

【活动目的】

引导学生懂得怎样对待生活，珍惜现在拥有的幸福时光，学会感恩，用实际行动回报家人、社会。

【活动过程】

（一）感念亲恩

1.学生观看泰国的一段感人的广告《说不出的爱》。故事讲述一位女儿对聋哑父亲的不满与厌倦，却在最后懂得父亲说不出的深深的爱。

2.学生观看自己父母照片和自己小时候的照片（刚出生、学走路、深夜看病、被接送上学等等）。

（二）体验感恩

游戏1：做父母的拐杖。（家长蒙住双眼，孩子搀扶父母越过层层障碍，让孩子体会父母陪伴自己长大的艰辛。）

游戏2：寻找父母的手。（蒙住孩子的双眼，让孩子挨个摸父母们的手，从中找出父母的手，体会父母为我们辛苦劳作的手。）

（三）如何感恩

1. 学生谈谈自己对父母的感恩之情

学生发自内心地讲如何感恩父母，教师总结。

2. 感恩他人、社会

教师启示：现实生活中，我们该感恩的只是自己的父母吗？（学生讨论。）

教师总结：还有亲人、朋友、同学、老师、社会等等。我们所拥有的一切，所处的环境，都是父母、亲人、朋友、同学、老师、学校、社会等共同努力创造的。也许你会说这并不是我想要的，但没有大家共同的付出，就不会有你现在舒适的生活。所以，我们要感恩，感恩父母，感恩社会，感恩你所拥有的一切！

（四）主题升华

教师：让我们一起大声唱出我们的爱。

（学生表演手语《感恩的心》。）

【活动反思】

孩子们哭得稀里哗啦，我想这节课的效果达到了，接下来还会有相关的系列小活动，不足的是场地有点小，只能邀请二十五位家长参与，涉及面不够广。

家长与孩子欣赏孩子们小时候的照片

游戏中，孩子找到妈妈的手，妈妈
激动地抚摸孩子的脸颊

我和小树一起长大

惠州市南坛小学鼎峰分校　彭燕媚

【活动背景】

现代科技的飞速发展，使我们的家园正遭受着污染，做好环境保护工作需要从小抓起，从思想认识抓起。当下少年儿童是21世纪的主力军，而如今的小学生，环保意识差，环保知识缺乏。针对以上问题，我们要加强学生的环保意识，以班会的形式让学生充分学习，激发他们爱护环境的热情。

【活动目的】

我们以"植树造林，防止乱砍滥伐，防止破坏生态平衡，防止污染水土资源"为主题，让学生明白：保护人类共同的家园——地球已经刻不容缓，要从小树立环境保护意识，争当绿色小卫士，以此呼唤明天的绿色。

【活动过程】

（一）导入

师：你们喜欢春天吗？你最喜欢春天的什么景色？（生自由发言。）

师：春姑娘把这些美丽的景色都送给了我们，我们一起看看！（PPT播放春天的图片。）

春天的景色这么美，如果没有了小树，春天会是什么样？（生发言）今天的班会主题就和小树有关。

（二）认识树木的价值

师：栽种一棵小树多么不易！大家说说树木对我们有什么用？（生发言；教师边出示PPT，边讲解。）

师：树木是我们地球的小卫士，可是近年来，人们只顾蛮横地征服自然，蛮横地向自然界索取，使得地球再也无法忍受，不得不敲响惩罚的警钟。于是自然灾害不断袭来，如可怕的沙尘暴、干旱的土地、洪水、泥石流……看完了之后，你们有什么想说的吗？（生发言。）

师：地球的危机，就是人类自身的危机，如果我们不重视保护地球、保护环境，那么地球将给予人类更严厉的惩罚。请听诗朗诵《绿色的小树》。

（三）我和小树同成长

树木作用巨大，应该怎么样保护树木呢？你有什么好法子？请小组讨论。

地球需要树，今天，我们一起来种一棵小树，给小树填上枝叶，让它和我们一起在这个美丽的世界共同成长。（拿出准备好的叶子，请学生依次上台，根据自己的想法给小树贴上叶子。）

让我们行动起来，从现在开始，决不随意践踏、伤害一草一木；让我们行动起来，保护森林，保护环境；让我们和小树一起成长，让我们的地球永远美丽。

【活动反思】

通过这次班会课，孩子们充分认识了植树造林、保护环境的重要性，产生了对小树的热爱之情。

不足之处：环节设置较少，内容不够丰富、充实，整节课的用时不到40分钟，时间把握上没有做好充分准备。

学生给小树贴树叶

完成的小树贴在教室

缅怀革命先烈，弘扬奉献精神

惠州市南坛小学实验学校　高 晋

4月的惠州，草长莺飞，我们五（2）班在学校的组织下前往丰山烈士陵园参加了以"继承民族优良传统，弘扬英雄奉献精神"为主题的清明节扫墓及爱国主义教育活动。

全体默哀

每年的清明节前夕，我们学校都要组织学生扫墓并开展爱国主义教育活动，旨在进一步加强学生的爱国主义教育，发扬中华民族传统美德。通过回顾历史，了解革命先烈的英雄事迹，激发学生们的青春热情和爱国主义情感，引导大家树立正确的世界观、人生观和价值观，牢固树立民族责任心和社会责任感。本次活动包括参观烈士陵园的烈士事迹展览、默哀、学生代表发言、墓前献花、瞻仰烈士纪念碑等内容。

在活动中，学生们在学校领导的带领下向革命烈士敬献了花圈，怀着悲痛的心情为革命烈士致哀。教师代表、学生代表分别发言，重温入队誓词，为革命烈士敬献小白花、瞻仰烈士纪念碑。整个活动在肃穆激昂的气氛中落下了帷幕。

瞻仰烈士纪念碑

学生代表发言

献上亲手做的小白花

　　此次活动，使学生们接受了一次革命性的洗礼，上了一堂深刻的革命传统教育和爱国主义教育实践课。活动结束后，学生们纷纷表示要继承革命先烈的遗志，珍惜来之不易的今天，勤奋学习，将来为祖国美好的明天贡献自己的一分力量。

　　吴子越：

　　今天，我们来到了丰山烈士陵园缅怀先烈。一路上，车子飞快地驶过，而我却在静静地想着那些英雄事迹。目视着纪念碑，我的心潮无比澎湃，那些烈士，牺牲了自己的生命，为我们创造了美好的今天，所以，我一定要好好地学习，用我的生命、力量和才智，把祖国建设得更加富强！在献花的时候，大家都安静了，没有人吵闹，都在静静怀念着那些为祖国而英勇献身的英雄们。

　　黄劲松：

　　今天，我们去了丰山烈士陵园扫墓，这次扫墓让我深受感动。丰山烈士陵园，给我一种庄严肃穆的感觉。到了丰山公园里的英雄纪念碑，大家都严肃起来，敬仰烈士。是啊！如果没有这些烈士的牺牲，怎么可能有我们今天的美好的生活呢？

张嘉慧：

今天，学校组织扫墓。我们坐着校车来到了烈士陵园。我的心情又激动又紧张，因为这是我第一次扫墓。献花时我心想：他们是多么伟大，没有他们，我们怎么会有这样美好的生活。我也要向烈士学习！

黄思怡：

当我站在烈士纪念碑前默哀时，我心中难以平静。我仿佛看到了烈士们为了人民的利益，不惜牺牲自己的性命，推翻旧社会，换来新中国的诞生，使我们这些后人过上了幸福的生活。虽然他们失去了生命，但他们的精神会一直传递下去。今天来纪念烈士，使我更加懂得幸福来之不易，幸福是要经过努力和奋斗得来的。烈士们的名字将永远刻在历史的丰碑上，我们以你们为榜样。我相信有了烈士的铺垫和我们的努力，我们的祖国将会越来越强大。

"好习惯伴我行"主题活动方案

惠州市东湖双语学校　曾翠映

一、指导思想

为了进一步贯彻落实东湖双语学校校风校训精神，切实推进校园精神文明建设，提高学生的文明素养，特结合学生思想实际及德育工作现状和特点，拟订本方案。

二、活动目标

利用四月份的时间，针对年级的环境卫生、文明礼仪等行为习惯对学生进行好习惯的养成教育，以培养具有东湖双语气质的学生，树立良好班风、校风。

三、活动内容

（1）班级通过问卷调查，确定班级学生还存在哪些不好的习惯，需要怎样做才能改掉这些不好的习惯，养成好习惯。

（2）本年级4月5日至7日班主任商讨年级所需要改进的习惯（课间游戏、课堂专注力、坐姿、书写习惯、卫生习惯）。4月12日开展班级讨论，了解学生有哪些好习惯，还需要培养哪些好习惯，制定"好习惯伴我行"条例。

生活习惯的养成图片

（3）各班自行组织"好习惯伴我行"实践活动。

待人接物礼仪习惯照片

（4）每班设置好习惯监督员，每天安排两名学生，全班轮流值日。

站姿好习惯照片

（5）反馈总结，语文老师组织学生写一篇关于"好习惯伴我行"的日记，班主任可进行总结。

（6）4月19日班会课学生进行自我反思，列出自己的好习惯与需要改进的习惯。通过民主评议，评选"好习惯之星"。

四、活动安排

第一阶段：宣传发动。（4月5日—7日）

第二阶段：组织实施。（4月10日—21日）

第三阶段：反馈总结。（4月22日）

五、活动总结

孩子们在好习惯养成活动后，改变真的很大。此活动主要是学校和家庭合力开展，以常规训练为主线，促进孩子在文明、礼仪、纪律、卫生、动手能力等方面的提高及养成。开展此活动前，首先让孩子们理解活动的目的和意义，通过系列的、有效的组织，孩子们逐步养成在生活自理、学习习惯、文明礼仪、团结友爱等方面的好习惯，并学会感恩他人。我们将继续开展这项活动，让好习惯伴随孩子们左右。

5

第五篇

安全教育

法在左，安全在右

惠州市实验中学附属学校　陈友廷

学校管理，安全重于泰山。但在实际工作中，教师还是会碰到一些比较棘手的家校矛盾。

一、产生矛盾的原因是什么？

产生家校矛盾的原因有以下几种。

1. 启蒙教育的缺失

家长的言传身教对孩子的成长起决定作用。有些家长担心孩子在学校吃亏，于是就给孩子灌输暴力思维，告诉孩子用拳头去解决与同龄孩子之间的争端。还有的家长刻意让孩子学武术，培养孩子的尚武情节。孩子在学校欺负别人，家长反而洋洋得意。这些行为和观念早已偏离了育人的正轨，不知不觉中把孩子教坏了。

2. 学校和社会的功利教育

在应试教育的冲击下，升学率主导了一切。很多城市为了升学率，为了所谓的状元，不停进行教育布局调整，不断地将教育推向产业化；有的学校为了升学率，在招生环节不择手段。在这种功利教育的背景下，德育教育能不缺失吗？

3. 个别媒体的报道有失偏颇

其实教师群体的基数是非常大的，以2015年为例，全国教师总数已经突破1500万人，换句话说，每100个人里面就有一个人是教师。这样庞大的群体，其中有一些有辱师德的不良分子也算正常。但如今的媒体，尤其是一些自媒体，为了博眼球、赚吆喝，一次次地把教师推到风口浪尖，不断地放大影响，甚至无底线地歪曲事实，把个别现象描述成普遍现象，不断往教师身上泼脏水。整个社会不知不觉已经被培养出了仇师心理。

二、教育安全事故离我们并不遥远

作为一名教师，当我们看到这些辱师、打师、弑师事件，我们不禁从心底生出悲愤，更多的时候，我们觉得这不过是新闻上的特例，与自己似乎很遥远，其实不然。许多安全事件一旦发生，处理不当的话非常容易造成伤害事件的发生。

三、面对严峻现实，我们该如何应对？

学校是人流密集场所，学生尤其是小学生往往调皮好动，尽管每个学校都会开展各种形式的安全教育，但伤害事件有时真的不可避免。作为教师，面对伤害事故我们应该怎样应对呢？

1. 了解并熟知相关法律法规

首先我们必须了解并熟知相关法律法规，至少做到不违法。以下法律法规我们应当了解或熟知：

（1）《中华人民共和国宪法》。

（2）《中华人民共和国民法通则》。

（3）教育类法规：《中华人民共和国教育法》《中华人民共和国教师法》《中华人民共和国义务教育法》。

（4）其他法律：《中华人民共和国未成年人保护法》《中华人民共和国预防未成年人犯罪法》《中华人民共和国刑法》《中华人民共和国侵权责任法》等。

（5）《学生伤害事故处理办法》。

2. 深刻理解《学生伤害事故处理办法》

因下列情形之一造成的学生伤害事故，学校应当依法承担相应的责任：

（一）学校的校舍、场地、其他公共设施，以及学校提供给学生使用的学具、教育教学和生活设施、设备不符合国家规定的标准，或者有明显不安全因素的；

（二）学校的安全保卫、消防、设施设备管理等安全管理制度有明显疏漏，或者管理混乱，存在重大安全隐患，而未及时采取措施的；

（三）学校向学生提供的药品、食品、饮用水等不符合国家或者行业的有关标准、要求的；

（四）学校组织学生参加教育教学活动或者校外活动，未对学生进行相应的安全教育，并未在可预见的范围内采取必要的安全措施的；

（五）学校知道教师或者其他工作人员患有不适宜担任教育教学工作的疾病，但未采取必要措施的；

（六）学校违反有关规定，组织或者安排未成年学生从事不宜未成年人参加的劳动、体育运动或者其他活动的；

（七）学生有特异体质或者特定疾病，不宜参加某种教育教学活动，学校知道或者应当知道，但未予以必要的注意的；

（八）学生在校期间突发疾病或者受到伤害，学校发现，但未根据实际情况及时采取相应措施，导致不良后果加重的；

（九）学校教师或者其他工作人员体罚或者变相体罚学生，或者在履行职责过程中违反工作要求、操作规程、职业道德或者其他有关规定的；

（十）学校教师或者其他工作人员在负有组织、管理未成年学生的职责期间，发现学生行为具有危险性，但未进行必要的管理、告诫或者制止的；

（十一）对未成年学生擅自离校等与学生人身安全直接相关的信息，学校发现或者知道，但未及时告知未成年学生的监护人，导致未成年学生因脱离监护人的保护而发生伤害的；

（十二）学校有未依法履行职责的其他情形的。

3. 了解学生安全事故的法律责任

学生安全事故的法律责任主要有三种：

（1）行政责任：撤职、降职、开除等。

（2）民事责任：医疗费、误工费等各种赔偿。

（3）刑事责任：死刑、无期徒刑、有期徒刑、拘役等。

四、教育安全事故背后有何共性？

每个孩子都是家长的心头肉，孩子一旦受到伤害，家长往往感到心疼，有时甚至会失去理智，所以防止孩子受到伤害显得尤为重要。对发生的恶性案例进行梳理之后我们发现，有三类是最容易激化家校矛盾、师生矛盾的，分别是意外受伤、体罚和校园欺凌。

（一）意外受伤应对流程

1. 现场紧急处置

（1）校内处理程序

① 将受伤学生送往医院救治。

② 立即向学校领导汇报。

③ 安抚其他学生。

（2）校外处理程序

① 第一时间通知家长。

② 打电话用言语抚慰家长情绪。

③ 告知家长所送医院名称、地址。

校内校外处理程序应该同时进行。

2. 调查取证

学校在学生安全事故中应遵循过错责任原则，但即使学校无责，也有可能因为对事故的处理和救治不及时，而承担过错责任。根据《学生伤害事故处理办法》的要求，在发生事故后，学校应当尽最大的努力对受伤害学生进行救治。如果因为救治不及时、救治措施不当等原因导致学生伤势加重的，学校应当承担相应的过错责任。

现实中，发生安全事故后随之而来的就是关于学生赔偿的法律纠纷。所以，一旦发生安全事故，教师应当学会收集有利证据，避免承担不必要的责任。人们通常说："打官司就是打证据。"法院判案的依据是本案证据所能证明的事实。所以调查取证显得尤为重要。诉讼法将证据分为书证、物证、视听资料、证人证言、当事人陈述、鉴定结论、勘验笔录七种。调查取证要注意及时、合法、严谨，有条件的可聘请律师协助收集证据。此外，还须注意的是重大事件发生后教师和学生谈话应该有第三方在场。

3. 情理解决

所谓情理解决指的是一方面要按照既定的程序处理，做到不违规；另一方面，又要倾注人文关怀，化解家长的不满。

（1）以理做事

①讲究处理方法，程序得当。

②若追究责任，学校与教师要有理可依。

（2）以情做事

伤害事故一旦发生，教师如果能多站在家长的角度考虑，进行人道主义关怀，那么也能为事故的处理起到事半功倍的作用。

①积极安抚受伤学生。

②家长对待事故判断会更客观冷静。

③家长会更能理解老师，体谅老师。

4. 事故预防措施

事故发生了就是发生了，但如何避免下一次发生呢？这就要求我们总结经验教训，达到举一反三的效果。

（二）体罚

体罚是红线，许多教师并不明白，体罚的后果有多么严重。体罚侵犯了学生的人格尊严、健康权、身体权，违反《中华人民共和国宪法》《中华人民共和国教育法》《中华人民共和国教师法》《中华人民共和国义务教育法》《中华人民共和国未成年人保护法》《中华人民共和国民法通则》的相关规定。

体罚的表现形式有：教学中对学生罚站、罚抄、罚跪、扯头发、打手心、打嘴巴、拧耳朵、打耳光等；放学后留学生长时间做作业、面壁等；在某时间内限制了学生的人身自由。

苏联著名教育家马卡连柯说过："打骂和过分的严厉只能让儿童说谎，变成怯懦的人，同时养成儿童的残忍性。"所以，体罚既违法又达不到教育效果，作为人民教师，必须坚决杜绝体罚。

（三）校园欺凌

近年来，校园欺凌备受关注，作为中国第一部反映校园欺凌的电影《悲伤逆流成河》更是格外引人关注。校园欺凌一般是指发生于少年儿童与同龄人之间的暴力行为，或发生于学校内部，或发生于学校外部，形式上分为非犯罪的和犯罪的。非犯罪的有威胁、辱骂，以大欺小，以强凌弱等；犯罪的有抢劫、绑架、强迫吸毒等。

作为班主任，我们最重要的是关注两个问题："谁欺凌"和"欺凌谁"谁会是欺凌的主体呢？一般来说，非正式集体、家长有暴力倾向的孩子特别需要关注。在欺凌对象的选择上，那些单亲、离婚家庭、内向、成绩差、成绩格外好的孩子是重点关注对象。总的来说，校园欺凌一旦发生，往往已经造成严重后果，所以，做到早发现早预防才是最有效的。

五、我们应该关注哪些安全隐患？

班主任所要关注的安全隐患有很多，可谓千头万绪，重点应该抓好以下几方面：

（1）必须不打折扣地做好考勤登记。考勤登记好，才能及时发现学生的意外伤害。

（2）每个年级段的孩子都有相应的特点，不同年龄段的安全教育应该有所侧重。如低年级应该更注重学生自我保护的教育，而对高年级学生要更注重同伴关系、情绪管理等教育，不应眉毛胡子一把手，搞千篇一律的安全教育。

（3）做好特殊活动的特别安全教育（如运动会、社会实践、大型集会等）。大型集会稍不注意就会造成群死群伤，所以必须绷紧安全这根弦。

（4）重点关注课间十分钟。许多伤害事故就发生在课间，与其一味禁止孩子玩耍，不如对他们进行积极正面的引导，培养他们玩安全系数高的有益游戏，达到放松身心的目的。

（5）关注自习课安排。自习课上教师往往安排班干部进行管理，对于班干部的授权管理班主任应当慎重，杜绝班干部恐吓、体罚同学的现象发生。

（6）随时关注学生的隐患文具、玩具。不少商家为了追逐利益，完全失去了底线，会向学生兜售一些危险的玩具、有毒的文具。班主任应当在平时加强排查，多加留意。

（7）不要忘记家长志愿者的安全。现在不少学校会借助家长的力量参与到学校的管理当中来，例如帮助搞卫生、维持秩序等，但有些家长安全意识不强，所以也一定要关注他们的安全。

六、安全教育需要注意什么？

安全教育内容很多，作为班主任应当做到两点：一是全覆盖；二是多样化。全覆盖指的是内容要全，包括食品安全教育、交通安全教育、防溺水安全教育、消防安全教育等。多样化指形式上不要拘泥于说教，应当灵活运用多种形式，如设立安全监督员、普及安全常识、举行安全知识抢答比赛、进行案例分析、观看安全视频、学唱安全歌等。

七、结语

今天，教师面临的教育处境多样复杂，面对家校的一些矛盾，教师们不要焦虑，请拿出你的专业性，依法依规，认真思考，多方沟通，这才是最正确的应对方法。

模仿"国家保卫战"，出状况了

惠州市富民小学　刘晓华

一、问题情境描述

那天，我班的学生正在操场快乐地上着体育课，而我，也正激情昂扬地在（3）班上着英语课。突然，我班一个学生余锦伦在教室门口大叫："刘老师，你快点去校医室，校医叫你。"我一听，皱起了眉头，而我皱眉是因为被最喜欢小题大做的余锦伦打乱了我的课堂。我迅速转动脑筋：我离开了，（3）班的学生怎么办呢？现在学校实施责任制，我上这个班的课，他们的安全归我负责。于是我让余锦伦下去转告，说我一会儿下去，因为我想安排下。正安排着，余锦伦又来喊："快点啊，梁嘉伟眼睛没了，校医说她不会治，叫你尽快下去。""什么？有这么严重吗？"我马上边跑边通知（3）班的班主任。

一到校医室，我看到梁嘉伟的眼睛肿了，眼球都充血了。校医简单地给我讲了下，说担心伤及眼球，要赶紧送医院。这时，我心跳加速，马上给朱校长电话，汇报情况，请求动用校车。接着我立刻联系梁嘉伟家长。梁嘉伟的家长要求我们直奔眼科住院部，说她有个朋友在那里。说真的，听到这个消息，我心里稍微安定了一点，起码家长有个朋友，这样，肯定会第一时间医治。

我和朱校长一起在住院部等待。不一会儿，梁嘉伟家长和她的朋友到了，医生检查后告诉我们，眼球里有细小杂质、眼球表面被磨破……此时我毫无头绪，不知如何处理好。我和朱校长就这样一直陪着孩子做小手术，看着孩子疼得大喊，我的眼泪也打着转，我都这样难受，何况家长？

嘉伟的眼睛处理后，住院了。家长这时才问起事故的缘由，并说："有什么深仇大恨要这样扔石头啊，肯定是故意的。"可我却一句也答不上，只知道他们当时是在上体育课。朱校长说学校正在调查，一定会给家长一个满意的答复，现在应先以医治孩子为主。

通过学校视频和调查，原来嘉伟和余锦伦等四人在模仿电脑游戏的"国家保卫战"，互相扔石头，而这石头也不是有针对性地扔。第二天，我又去住院部看嘉伟。考虑到家长的情绪，我带着调查的口吻问嘉伟："我们了解到，你们那时是在玩'国家保卫战'对吗？你们分成两组，互相扔小石头保护自己的国家，是这样吗？"家长听明白了，说："你们怎么可以玩这么危险的游戏。"当天，我联系了其他三位家长，并请求他们一同去看望孩子。当晚，我就组织了家长去嘉伟家问候，嘉伟的家长见到我们处理这么及时和妥当，当场也说了，这是孩子间玩耍的意外，只要不是故意就行，只是学校怎么会有小石头以及体育课的老师管理也太松散了。我当场答应，一定把她宝贵的意见反馈给学校。

二、情境分析

（1）安全两字我们经常挂在嘴边，要求学生不许追逐打闹等，但是，我们忽略了一点就是孩子的模仿性。现在孩子经常上网，什么三国杀啦，PSP啦，这些网络游戏学生不但会着迷，还会带到现实生活中，这是平时我们安全教育的一个忽略。如果平时了解孩子们玩些什么游戏，并进行引导，同时，还应把学生平时玩游戏时会出现的事故告诉他们，提醒他们注意，事故应该是可以避免的。

（2）对危险环境或物品要进行排查。学校是学生待的时间最长的地方。什么地方存在危险，什么物品或摆设存在危险，一定要提醒学生注意，并清除危险物。因为学校在修建后操场，所以有工地遗落的沙子或石头，可我们并没有重视这个活动场所，导致了这次事故的发生。

（3）班主任要配合体育老师做好安全教育工作，甚至规定好学生自由活动的范围。

三、相关事实资料与理论

《学生伤害事故处理办法》解读

第一章　总则

一、学生伤害事故的含义

学生伤害事故是指在学校实施的教育教学活动或者学校组织的校外活动中，以及在学校负有管理责任的校舍、场地、其他教育教学设施、生活设施内发生的，造成在校学生人身损害后果的事故。

…………

四、学校的职责

1. 进行安全教育和自护自救教育；

2. 按照规定建立健全安全制度，采取相应的管理措施，预防和消除教育教学环境中存在的安全隐患；

3. 事故发生时，及时救助。

…………

第三章　事故处理程序

1. 学校对事故的即时处理程序

a. 发生学生伤害事故，学校应当及时救助受伤害学生，保护现场，保全证据；

b. 应当及时告知未成年学生的监护人；

c. 有条件的，应当采取紧急救援等方式救助。

四、形成行动方案

（1）时刻了解学生经常玩耍的游戏，提醒学生游戏中存在安全问题。

（2）深入开展网络游戏教育，并在家长会时做有关的主题。

（3）做好家长工作，及时妥当地处理事故。

（4）事无大小，多让学生参与安全讨论。

五、效果

经过这次事故，我的安全教育更切入学生的生活实际。课间经常在班级和孩子们在一起，随时了解他们玩的游戏。有时也探问式了解学生关注的电视或网络游戏等，并先行了解，思考其中存在的安全隐患，及时给学生进行安全教育。

向校园欺凌说"不"

惠州市第十一小学方直分校　徐　希

【教学目标】

1. 让学生认识校园欺凌产生的原因，认清校园欺凌带来的负面影响。

2. 通过恰当的引导和暗示教会学生察觉自己的攻击意识，并合理控制与调整。

3. 掌握应对校园欺凌的正确方法，从而提高防欺凌能力，进而学会保护自己。

【教学重点】

了解校园欺凌的实质和危害，掌握正确应对校园欺凌的方法和策略。

【教学过程】

前一阵有一部由郭敬明小说改编的电影《悲伤逆流成河》，一上映就引起了热议。今天我给大家带来了其中的一些片段。（播放视频《悲伤逆流成河》）

（一）视频引入

师：今天要讨论一个稍显沉重却又必须面对的话题——如何向校园欺凌说"不"！今天的活动将从以下六个环节进行：看一部短片；听一首歌；写一段往事；做一番讨论；诵一段经典；赠一个祝福。你知道有哪些行为属于校园欺凌吗？

校园欺凌有三种形式：

（1）语言暴力，如给同学起侮辱性外号，造谣污蔑同学，对同学造成精神上的侵害，等等，都属于语言暴力。

（2）力量暴力。在校园内有打架斗殴、抢东西、强索钱财、毁坏物品等一系列对学生身体及精神会造成某种严重程度侵害的行为。

（3）心理暴力，如伙同别人、孤立同学、侮辱他人人格等行为，这些都是心理暴力行为。

让我们来看几个真实的案例：

案例一：

10月12日，山东济宁微山县十八中学一女生遭到一群女生的群殴，视频中受害女生被辱骂，扇脸并逼迫下跪！相隔短短几天，又流出一段视频。

案例二：

10月16日，一名男孩被打。

案例三：

校园欺凌在全球都有发生，10月5日泰国校园发生一起校园欺凌事件。这名被欺凌的女孩患有自闭症，此次事件更让她病症加重，直到现在还需要心理医生治疗。联合国教科文组织发文：泰国欺凌事件在全世界敲响校园暴力和凌霸的警钟！！

全球每年有2.46亿学生在校园欺凌中苦苦挣扎，32.5%的学生遭遇过校园欺凌，30%的人选择沉默，59%的人旁观欺凌却未阻止。

让我们再来听一听曾经受到过校园欺凌的，已经长大成人的他们是怎么说的，他们是不是因为时间的流逝，而忘记了那段被欺凌的岁月呢？

（播放案例四：对曾遭受过校园欺凌的人进行的访谈。）

倘若知道对方受伤害了，施暴者是否只是风轻云淡地来一句："不就是开玩笑吗，至于吗？"是的，伤害没有发生在你身上，你永远不知道有多疼。

你对同学开过这样的玩笑吗？——给同学起外号、嘲笑同学、孤立同学……

（二）写一段往事、听一首歌

今天，就让我们把曾经发生在自己身上，或是自己看到过的校园欺凌行为写在这张纸上，然后把它卷成小卷，放进漂流瓶。（发小纸条，让学生们写下发生在自己身上，或是自己看到的校园欺凌。）

让我们在歌声中静静地回想，我是施暴者吗？我是旁观者吗？我曾经是受害者吗？（播放歌曲。）

（三）做一番讨论：讨论预防欺凌的办法

师：我们如何来预防校园欺凌呢？如何保护自己及身边的同学呢？就从刚才收上的纸条中，随便拿出几张进行探讨吧。（念纸条）这个问题，想听听同学们都有什么好办法。

师：遇到校园欺凌，寻求老师和学校帮助是最好的办法。那些校园施暴者，就算是未成年人，也得为自己的行为承担责任，付出代价。

我们来看一个真实的案例：

2015年5月，中国女留学生在美遭同学校园欺凌，三名主犯（中国人）被判处6～13年的监禁，之后三人将被驱逐出境。美国洛杉矶的高等法院宣判时，三名中国留学生极力遮住面孔，哭到全身抽搐。美国在刑法上对实施暴力欺凌的犯罪主体判刑很重。美国法律将打人、吐口水、推搡，甚至精神贬低行为都定性为霸凌，如后果严重并且有前科，即便未满18岁，也可当作成年人刑事案件审理。

中国现在对于校园欺凌现象也越来越重视，正在逐渐立法，惩戒欺凌者。遵纪守法，应从我们青少年做起，否则，将会受到法律的惩罚。

再来看一个发生在我国的案例：

2017年2月，北京五名女生在校内无故殴打、辱骂两名同学，造成其中一人精神抑郁，至今无法正常生活学习。五名女生分别获刑一年及11个月。法官认为虽是未成年人，但随意殴打他人致伤，已构成寻衅滋事罪，依法应予惩处。

旁观者是否也都很冷漠呢？（播放视频）这样看来，预防校园欺凌，"三个依靠"不可少。（出示PPT"三个依靠"：依靠学校、依靠群众、依靠智慧。）

师：勿以善小而不为，勿以恶小而为之。让我们和这些与欺凌有关的往事就此告别吧！心若花木，向阳而生。祝你们心中充满阳光，祝你们生活在光亮的世界。谢谢大家！

【活动后记】

联合国教科文组织发布全球校园欺凌现状的最新报告显示，全球每年有2.46亿儿童遭遇校园欺凌。以上的事件并不罕见，中国32.5%的中小学生遭遇过欺凌。在初中校园暴力中，各类欺凌的发生率为：言语欺凌49.6%、社交欺凌37.7%、身体欺凌19.1%、网络欺凌14.5%。受到欺凌后30%的孩子会选择保持沉默，受欺凌孩子的身体和心理健康也都会受到侵害。为所有学生创造有安全感的、具有包容性和支持性的学习环境，是全社会都应该重视和解决的问题。

针对频发的校园欺凌事件，近日，广东省十三部门联合印发了关于《加强中小学欺凌综合治理方案的实施办法（试行）》，对校园欺凌的分类、预防、治理等问题做出了明确规定。

笔者认为，对校园欺凌的极端行为和极端事件做出惩戒非常必要。一方面在于惩戒和教育施暴者；另一方面也是为其他学生提供一个安全的校园环境，保障他们的受教育权。应提高公权力介入严重校园欺凌案件的可能性，为应对恶性校园欺凌案件提供一种有效的惩戒和教育方案。

寄希望于刑事处罚或严厉处罚是不够的，未成年人的心智具有很强的可塑性，我们需要让学生养成底线意识，告诉他们哪些行为是同学、老师、学校和社会不能接受的以及这些行为可能产生的后果。基于未成年人的特殊性，校园欺凌行为的预防应该从更长远着手，推行规则教育。多年来，与知识教育相比，我们的规则教育严重缺失。规则意识正是在不断矫正错误的过程中被强化的，没有批评和惩戒的教育不是完整的教育。

所以，我设计了本堂班会课。在设计本堂班会时，我最希望达到的效果是在听课的孩子心里埋下"善"的种子，让他们从自身开始，抵制校园欺凌。此次班会课通过一个个直观的案例，触动学生，引发讨论，完成效果较好。

我还希望学生能学到对于校园欺凌的处理办法，比如同学间发生矛盾时，作为当事人，应该如何解决？矛盾一时难以解开时，如何有效扼制校园欺凌的发生？一旦发生校园欺凌事件，如何应对？

这三个问题，分别是从学生间出现矛盾时、校园欺凌发生前、校园欺凌发生中这三个不同阶段提出的，能够让学生思考在不同情况下如何处理矛盾，并尽可能地避免校园暴力的发生，若一旦发生校园欺凌，也能够及时采取措施避免伤害。最后师生共同总结出避免校园欺凌的方法。由于讨论时间过少，这个环节的完成效果不是很理想。

预防校园欺凌，需要全面的解决方案，长路漫漫，期待能早日出台更加完善的法律、法规。

《交通安全知识》主题班会设计

惠州市南坛小学实验学校　刘惠玲

一、导入

〔背景PPT：红绿灯口。演员一手拿酒瓶，喝了酒开车，撞到一小学生（演员2）。〕

T：同学们，刚刚发生了什么事？

S：有人喝酒开车撞人了。

T：哦？酒驾这么严重？那我要到现场去看看。这位司机大哥，您竟然酒驾？请您今天和我们一起学习交通知识吧。

二、观看违反交规的视频，一起讨论当中的违规行为

T：刚刚现场发生了一起由醉驾导致的交通事故。其实生活中很多交通事故的最大诱因就是人们违反交通安全规则。现在我们来看一段视频。

T：大家看到哪些违规行为？请举手说说。

S：行人乱穿马路，闯红灯被撞。

S：摩托车、小车闯黄灯，乱变道。

S：酒驾，醉驾。

T：违反交通规则会引发不同程度的交通事故，因此我们的道路交通安全需要规则，无规矩不成方圆。

三、学习交通标识并以抢答形式考查学生的掌握情况

T：今天大家一起来学习一些路面常见的交通标识。

四、学生描述家到学校的路线图，并谈谈路上要注意什么

T：上这节课前，同学们都绘制了自己家到学校的路线图，老师请几位同学上台讲讲上学路上要注意什么。

（学生介绍。）

T：你从她的介绍中学到了什么？（各抒己见。）

T：我们来一起总结一下走路、坐车要注意什么。

五、引入校园"交规"

T：走进校园后同学们也要时刻牢记学校的一些"交规"。但在学校里我们偶尔也会见到一些不良的违规行为，如……

六、观看惠州交警执法手势操

T：通过学习，大家都学有所获，"轻松环节"我们一起来学习交警的执法手势操。

七、结束语

T：感谢同学们带来的动感交通安全操。交通安全要牢记，文明出行莫大意！

活动点评：

这堂班会课，首先用视频导入交通事故，这个引入从理论上给孩子们普及了一些感性的交通安全知识。第二环节的学习重点是指导学生认识一些常见的交通标识，并采用问答、抢答、漫画等多种形式，让学生反复认知，加深对这一知识点的学习。案例剖析环节也很精彩，所选用的违章事件触目惊心，学生有感而发，教育意义大，体现了本次活动主题素材的挖掘深度。本课的最大亮点是教师还有的放矢地指导孩子们联系生活实际，设计了一张自己上学的交

通安全图。学生通过讲解，把自己对交通规则、交通标识及采用不同上学方式要注意的事项等内容活学活用，重新巩固了一遍。这一环节的设计，体现了由浅入深，化难为易的教学特点。最后，师生在《小苹果交通手势操》的表演中结束本次学习活动。纵观全课，一气呵成，内容多样，生动有趣，贴近孩子的生活……谢谢惠玲老师的精心准备，为与会者呈现了一堂精彩的、寓教于乐的主题班会课，点赞！

学习交通安全标识

"距离的美与危"

——儿童防性侵教育讲座

惠州市中洲实验小学　冯玉梅

热身游戏　　　　　　　　　　　现场互动

"距离美"我牢记

2017年11月23日下午，四年级的165名学生共同在电教室听取了由元点公益组织及黄塘社区、惠城区家庭教育协会共同举办的"苗圃计划"儿童防性侵教育讲座，由元点公益组织的栾晓婷老师主讲。

讲座一开始，公益组织的工作人员先和学生们进行了热身小游戏，孩子们反应积极，按要求分组，整个场面热闹而有序。活动第二项，主讲老师栾老师和大家详细讲解了自己身体的重要部位，通过活动及课件呈现男孩女孩的红灯区，并通过活动、视频以及一些报道告诉学生，在社会上、在校园里，都有一些"大灰狼"，他们心怀不轨，往往会带我们去做坏事，因此我们要及早预防，然后让学生想一想和说一说该如何预防性侵。学生思维活跃，思考问题比较全面，一下子找到许多防性侵的办法，说明学生在平时的电视或报道中，已经知道了一些防性侵的知识。

教师以贴近学生的语言授课，孩子们听得都很认真，讲得内容也很新奇。孩子们既学到了保护自己的本领，又真切地明白了在成长的过程中有家长、有老师在身边陪伴着自己是多么重要，大家收获很大。

这次活动让我很有感触。孩子的成长不只在知识层面，学校更有义务教育孩子如何步入社会，如何面对纷杂的社会环境，给孩子们成长路上最坚实的指导。伴随成长的步伐，学生需要学习的内容越来越多，学校除了自身的知识储备，更可以向社会取经，多渠道为孩子寻找成长的支持。像这次的元点公益组织的活动，就让我们受益匪浅。

我个人觉得，防性侵，我们不应该止于一两节课，应该有许多思辨的东西在里边，例如关于正确对待早恋的问题、青春期男孩女孩的问题。还有就是我们会不会在孩子的心中种下这样的种子：校园里处处要防性侵、防老师、防校长，男孩和女孩就应该势不两立，等等。这次讲座，为我们工作室打开了另一扇窗，思考学校与家长、社会三合教育的开展，更需要社会的力量来协助。

6

家校沟通

第六篇

家校沟通心连心，班级建设更精彩

北师大惠州附属小学　柯　静

　　记得在一本书上看过这样一句话，一位教师能带几个班，教多少名学生，是取决于能和多少位学生的家长正常良好的沟通。多次回味，觉得甚有道理。在日常的教育教学工作中，我们不得不认识到，有了家长背后支持的力量，我们的工作会更加顺心。借助家长的手，拉近家长的心，有家长的理解和鼓励，我们才会以更加阳光的心态面对学生，建设好班级。

一、班主任与家长交流的途径

　　班主任与家长交流，方法途径很多，我就结合自己平时的做法，先谈谈与家长沟通的一些途径。

　　（1）借助《学生成长手册》，与家长进行书面交流。

　　（2）召开家长期盼的家长会，但会前要充分准备，做调查。

　　（3）书信往来。

　　（4）电话短信联系，校讯通联系。

　　（5）利用周五和周日进行面谈、交流。

　　（6）为家长写博客文章。因为住宿生一周才能回家一次，孩子在校的精彩家长看不到，我可以把精彩镜头记录下来放在网上让家长欣赏。

　　（7）同学之间相互欣赏。开展夸夸我的好同学，夸夸我的好老师等系列活动。

　　（8）让家长参与班级活动。让孩子把班级的精彩项目告诉家长，分享快乐，如将"护蛋"活动投稿到《东江时报》。

二、班主任与家长沟通的策略与方法

班主任与家长沟通的策略与方法也是多样的，具体如下：

（1）树立个人形象，获取家长信任。

（2）让家长了解真相，真诚交流；让家长充满希望。

（3）遇到问题其实也是面临契机，展示能力和智慧。

班主任最头疼的是班级出问题，安全事故、同学矛盾、丢失东西，诸如此类的问题让人烦心。当然，换个思维考虑，越是遇到问题，家长越会考量教师的智慧、能力。因此，我们越是遇到问题，越要冷静。越是头疼的问题，如果处理妥当，家长更能佩服你，信任你，进而支持你的所有工作。

（4）创设机会、平台，让家长展示自己。如家长讲坛活动请家长上台分享自己的家教经验等。新的学期，为了调动每个家长积极参与班级文化建设，我特地设计了一个家长参与调查表。通过调查，发现绝大部分家长在时间允许的情况下，是非常乐意参与班级文化建设的，都愿意出谋划策，献策献力。

（5）要有一个智慧背囊。在每一次与家长交流时不经意地送给他一个好方法，使他最头疼的问题迎刃而解，这样，家长每次与老师接触都会感到有收获，每次遇到头疼的教育问题就会想到向老师请教，那样，我们就成了吸铁石，家长就真正愿意与我们交往了。

（6）发挥晕轮效应。夸其他老师、夸学校来提升自己背后群体的形象，实际上是给家长一个好感觉：这所学校真好，这所学校的老师真好，那么，估计你这个老师也不错。

多年的班主任工作使我逐渐认识到，没有家长的支持，就不能称之为一个完整的班级。和家长沟通交流的过程，也是我逐渐成长的过程。当然，不是全部家长都能理解和支持老师，这就需要班主任讲求艺术了。

下面举几个我在具体工作中所遇到的实例。

1. 对待还不是太信任你的家长

长了一张娃娃脸，家长可能不是很信任你。我就遇到过这样的家长，跟老师说话都是高高在上的感觉："柯老师，你看上去没教几年书吧？你以前是不是教幼儿园的？"我只是乐呵呵地笑了笑，尽量转移话题——说孩子。我坚信"为了孩子"是家校教育的共同目的，也是教师争取家长信任、理解的切合点。慢慢地，她来学校看到我脸上也会挂着微笑了。

2. 对待理念有冲突的家长

文化理念发生冲突时，要存小异，求大同，慢慢渗透和改变，千万不要着急辩论，即使你辩论赢了，他也不会服气的。部分家长对教师的要求越来越高，他们只记得"教不严，师之惰"，却忘记了"养不教，父之过"。我们暂且不管家长的素质，在整个社会对教师口诛笔伐的浪潮一浪高一浪的时代，有几个牛气冲天的家长也属于正常现象，不要自怨自艾地伤身，还是要多想想解决问题的方法。

比如，在我们班有认为作业少，非常追求分数的家长；也有认为作业多了，应该让孩子多些时间下楼玩泥巴的家长。对此我首先得坚定我的立场，如认为作业少的，我有针对性地给孩子单独加点作业，还在书信里这样跟家长说："做完作业应该读课外书。人生在世，要紧的是健康、充实和快乐。作为老师，我追求高分，但是比分数更重要的我时刻不敢忘记，正直、健康、善良、面对困难的勇气。"教育从来不是万能的，在今天，我们唯一能做和应当做到的，就是为他们多播撒些饱满的种子。犹如我们让孩子写作业并不是目的，孩子能养成写作业的习惯、学习的自觉性比他考满分还重要呢。

3. 对待过分溺爱孩子的家长

对过分溺爱孩子的家长，在和家长交流时，首先要肯定学生的长处，对学生的良好表现予以真挚的赞赏和表扬，然后再指出学生的不足，同时恳切地指出溺爱对孩子的危害，耐心热情地帮助并说服家长采取正确的方式教育子女，让他们在一点一滴、不知不觉中慢慢接受并逐步改变对孩子溺爱的行为。如我们班的小胖子，以前每天书包里都能摸出一些小零食，而她妈妈又跟生活老师说不要给孩子多吃饭。为此，我们达成协议：利用大课间的时间跑四圈，书包里不能再装零食了，但是饭还是要吃饱。世界上的竞争是残酷的，未来的道路是坎坷的，再怎么去呵护孩子，我们也还是得让孩子走向属于他们的未来。

4. 树立家长的信心及感恩的心

去年，班里来了一位从知名度很高的一所公立学校转来的学生。刚来时，孩子的父母见到我就有些不自在，一个劲地说："老师，我小孩很调皮，学习又不好，真的是辛苦你了。"站在一旁的孩子也是瞪着一双大眼睛，很无辜地看着我。我摸摸他的头，问道："怎么一说就全是缺点呢？没有一点优点吗？"孩子点点头。经过了解，我才得知，孩子的父母是因为惧怕跟之前的班主任沟通而转学。孩子的父母说，害怕接到班主任的电话，更害怕与班主任见面。同为师者，我觉得家长有些夸张，转而问这个孩子，哪知孩子说："是啊，老师不喜欢我，同学也不喜欢我，我也不想再读下去了！"突然间，我有些同情之前的那位班主任老师，因为他再怎样不好，也是付出过辛劳的，却没有得到家长的一点感恩。

5. 让家长实实在在地感受到孩子的苗壮成长

我们结合一些特殊的日子，包括爸爸妈妈的生日，对学生进行感恩教育。百善孝为先，如我班上的孩子在去年的一节班会展示课《幸福成长路》上，深情地表达了对爸爸妈妈的感恩之情，并能将感恩的心带回家。爸爸妈妈生病了，会倒上一杯水；爸爸妈妈的生日，会送一张小卡片。

最后，谈谈与家长交流的几个注意点：

（1）把自己当作家长的朋友，甚至换位思考"假如我是孩子……假如是我的孩子……"。

（2）在和特殊的家长交流前要做好充分的准备。

（3）静下来认真倾听家长的意见。

（4）表扬为主，适时提出建议。因为人们都认为自己的孩子是最好的，家长有这种心理也是人之常情。

（5）与家长心平气和地沟通。

总之，不论是教师还是家长，当我们意识到大家有着共同的目标和信念时，交流、沟通的具体方式其实并不是最主要的，因为我们所做的一切都是以爱为前提的。对老师来说，让家长和孩子感受到我们发自内心的真诚的爱与善意，是关键，我们的合作也会更加愉快，在这样一个温馨的前提下，班级文化建设一定会很精彩！

"家长进课堂"，育人全方位

惠州市第十一小学　毛江玲

对于一个一年级新生班级来说，如何让家长尽快了解学校办学理念和教师育人工作？如何发挥家长的职业优势或个人特长为班级服务？如何让家长在育人过程中主动发挥更大作用？为提高教师家长沟通的有效性，打造班级全员全过程全方位育人的格局，培养学生的德、智、体、美全面发展的综合素质，我班将在第一学年开展"家长进课堂"活动。

"百闻不如一见，不见不如一行。"本学期我尝试让家长走进校园，走进课堂，走到教师和学生的身边，自愿参与到我们的教育教学中来，或在家协助孩子课程学习或锻炼身体，或给学生讲绘本故事，或给学生介绍生活知识，或协助老师进行日常管理，或协助班级各项活动的开展……

一、活动规划

1. 九月主题：魅力阅读

（1）预期目标：幼儿进阶为小学生，让孩子趁着新鲜劲儿爱上学习，爱上知识，这是家校共同的愿望。在家长的协助下开展有魅力的阅读活动，能让孩子感受知识的乐趣，养成阅读的习惯，让家长看到孩子升入一年级后的成长和进步。

（2）活动效果：当月人均读书8.6本，带动家庭人均购书2.4本，学生去图书馆的次数

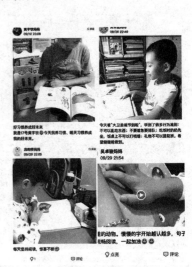

"魅力阅读"截图

为人均1.2次。班级成立了图书角，孩子们可以分享好的图书；另外，还设置了专门的阅读课。班级阅读氛围浓厚了。

2. 十月主题：强身健体

（1）预期目标：小学的学习任务和作息时间较幼儿园相对紧张，为让学生了解身体生理常识，懂得爱惜身体，练就学生良好的体魄，顺势为小学生体能测试打基础，为学校体育节培养选拔人才，本月利用医生家长的职业优势，邀请其为学生讲授身体生理常识，并在家长的协助下开展"欢乐跳绳"打卡活动。

（2）活动效果：跳绳打卡有51人参与，打卡记录为788次，人均坚持跳绳15.4天。跳绳测试成绩达标49人，优秀27人。在学校体育节跳绳项目中，男女生前六名，我班男生有4人，女生有2人，跳绳成绩在年级遥遥领先。家长反应孩子坚持锻炼，体质有提升。"欢乐跳绳"打卡记录的留言里涌动着家长满满的爱心。两位医生家长讲授身体生理常识后，促进了家长对孩子在这方面知识的普及，家长表示带领孩子通过看书或查资料来解答学生身体常识的疑问。

家长记录孩子的"欢乐跳绳"情况

课堂互动

专业眼科医生吴浩瑜妈妈讲授的主题是：爱护我们的眼睛；体检科医生黄卓健妈妈讲授的主题是：人体的奥秘。

3. 十一月主题：分享快乐

（1）预期目标：小学生活进入第三个月，学生间的一些小摩擦、小矛盾日益增多，家校之间、家长和家长之间在处理这些问题的过程中容易陷入相互指责的僵局。如何开阔学生心胸，让学生试着去理解对方，和小伙伴分享快乐？如何提倡家长的理解包容，让家长多看到学校及教师为学生做的工作，少发出指责和埋怨？邀请家长走进课堂，和全班孩子分享绘本故事，并参与教师日常班级管理工作，在学生欢喜，家长乐意的氛围中，让学生学到理解和分享，使家长感受到教师工作的辛劳。

（2）活动效果：开学初到十一月底，来校和孩子为班级讲解绘本故事的家长有8人次，多位家长带来小礼品和学生分享。粗略统计，协助班级大扫除、为学生分发早餐、协助孩子体检、排练学生节目等各项班级管理事务，家长志愿参与的不下百人。学生和学生之间，家长和家长之间互相合作，相互理解，乐于分享的气氛越来越浓。家长对学校工作理解更多了，支持更多了，很多家长还为班级建设出谋划策，为班级建设付出时间、精力、金钱，使班级凝聚力大大增强。

家长进课堂讲绘本故事　　　　　家长参与班级管理工作

4. 十二月主题：勤能补拙

（1）预期目标：为学生期末考试做心理建设，营造勤奋好学，刻苦钻研的学风。邀请家长进课堂讲述自己学习、工作、创业中如何接受挑战，取得成功的故事，感染并推动学生在学业上，在生活中勇于克服困难。邀请家长参与班级节目排练。

（2）活动效果良好。

二、家长反响

每次活动都能收到家长较好的反馈。如"美丽阅读""欢乐跳绳""日有所诵"等打卡活动结束后，孩子在坚持中进步，家长纷纷表示看到了孩子坚持的力量，甚至被孩子感动，表示要向自己的孩子学习，并希望打卡活动继续。家长没有抱怨活动带来的工作量，而是发自内心地喜爱并支持。家长走进校园，走进课堂，走到教师和学生的身边后，通过实实在在参与教育教学活动，看到了班级建设的成果，看到了教师工作的敬业。

三、活动反思

教师对活动的规划可以更全面、更系统，着眼孩子现阶段，更要着眼孩子小学生涯的各个年龄段。有了更清晰的规划，家长就更能明确活动的意义和价值，就会有更多的家长参与进来。

除了运用家长的力量，活动还能否借助其他的力量？如班级有不少孩子的哥哥姐姐或邻居好友在其他年级就读，是否可以和这些孩子的班级结对子，以大带小，从而既可以将活动的效应辐射到其他年级，又可以进一步深化班级活动在孩子家庭中的影响。

活动中，教师的宣传发动、过程跟进、总结评价一直都在持续。各项活动，挤占了教师不少的时间。家委会成员、家长代表在其中做了一些工作。但能否更多地借助家委会的力量，教师只做活动的策划者、把关者、决策者？将活动的具体实施全权交给家委会处理，这样才能解放教师。

每次活动举行都收到了绝大部分家长的良性反馈，但活动中有没有隐藏一些不足？家长有没有合适的渠道反馈给教师？这些问题都是教师要思索的。

"走进经典，你我同行"亲子读书会系列活动

惠州市德威学校　张晓兰

一、活动目的

通过走进社区，参与"走进经典，你我同行"亲子读书会活动，拉近家校距离，增进沟通，发挥教育资源利用的最大化，从而构建和谐的家校共同体。

二、活动方式

在传统的家校开放模式（上课+家长会）的基础上进行改革。以学生的诵读、竞赛，家长和教师的点评、采访，家长交流为主要形式，每次活动时间在60分钟左右。

三、相关活动

活动一：推荐好书

（1）诗歌或游戏导入。

（2）与语文学科结合的活动（自选3~5个学生喜闻乐见的活动）。

（3）推荐好书（为学生和家长在购买图书时起到一定的导向作用）。

（4）学生进行好书阅读分享（培养学生的表达能力和写作能力）。

活动二：给父母的信

（1）主持人导入：在我们的成长中，父母给予了我们无限的关心和爱，我们要用书信的方式向亲爱的爸爸妈妈和爷爷奶奶表达心中的谢意。

（2）请个别学生上台念，随机采访家长发言。

（3）学生在自己家长面前念书信内容，和家长交流、拥抱。

（4）学生进行书信展示（通过给家长一封信，学会情感表达，学习他人的写作长处）。

（5）书信展示（通过展示活动营造社区和谐融洽的氛围）。

活动三：诵读经典

节选《道德经》《笠翁对韵》《论语》等经典段落，另外，每次学一首诗。

活动四：校园生活展示

学生可表演朗诵、歌舞、器乐、小品、相声、魔术等节目，也可亲子同台表演。

四、活动感悟

我们的读书口号是："在读书中感悟人生，在读书中学会思考，在读书中快乐成长。"开展亲子读书活动以来，我们不断总结读书的经验，积累了许多亲子共读的方法。

一是固定读书时间。我们把每周五晚上七点半至八点半作为亲子阅读的固定时间，此刻，全家人一起漫步在书中，享受读书的快乐。

二是选择读书姿势。我们采取了依偎的亲子方式。在舒适的环境中，让孩子依偎着家长，家长用手揽着孩子，不时摸摸孩子的头，拍拍孩子的小脸蛋，营造具有浓郁亲情的读书氛围。

三是注意读书的语调。在为孩子读书时，要用平和的语调，注意富有表情地朗读，放慢阅读节奏。

四是做好导读准备。根据孩子的读书水平，将全书划为精读、选读、略读等不同区域，重点为孩子阅读书中的精华内容。因为阅读时间不长，还要注意编排，阅读时不妨找一个留有悬念的地方停下来，吊足孩子的胃口，增加读书的趣味性。

"行万里路，读万卷书。"读书就是和智者对话，读书是心灵的旅行。我们在亲子阅读中从被动读书慢慢转变为主动读书，亲子阅读正在成为家长与学校沟通的桥梁。以后我们会不断改进方式方法，进一步激发孩子们读书、求索和创造的热情，使孩子们与书为友，与书为伴，在读书中健康快乐地成长。

"亲子共读"活动带来了以下几点体会：

一是顺应孩子的心理特点，选好孩子爱看的第一批书，使孩子对书产生好感。孩子爱不爱看书，与父母的培养技巧很有关系。在孩子阅读的初期，父母一定要对提供给孩子的书刊进行精心挑选，尽量给孩子提供一些印刷美观漂亮、内容丰富有趣、情节发展符合儿童想象和思维特点的图画书，如动物画册等。

二是不应对孩子的阅读过程管得太死。好奇、好动、缺乏耐心和持久力是孩子普遍的心理特点，他们喜欢的阅读方式是一会儿翻翻这本，一会儿翻翻那本。对此，家长不必过多地去管它。通常，在这一阶段，只要孩子愿意把一本书拿在手上津津有味地翻看，家长就应该感到心满意足了。因为，这类表现完全符合孩子的早期阅读心理，是孩子阅读求知的第一步，也是阅读求知的重要标志。

三是亲子共读，为孩子树立良好的阅读榜样。在家里，父母应尽可能多地和孩子一起看书，做孩子的阅读榜样。同时，还可经常与孩子在一起交流读书的方法和心得，鼓励孩子把书中的故事情节或具体内容复述出来，把自己的看法和观点讲出来，然后大家一起分析、讨论。如果经常这样做，孩子的阅读兴趣就会变得更加浓厚，同时孩子的阅读水平也将逐步提高。

亲子共读一本书

家长工作二三事

惠州市第十一小学　毛江玲

　　2014年11月，在金山湖体育馆，我有幸参加了"全国中小学班主任有效德育与一等奖主题班会课观摩研讨会"，近距离感受了诸多名师大家的风采。其中一位极富个性的名师——王文英老师的讲述深深地打动了我，特别是她与家长携手教育孩子的故事。王文英的教育如此奏效，离不开家长对学生的影响和教育；王文英对教育的无限激情，离不开家长对她的支持和激励。反思自己近十年的家长工作，我深深地认同王文英老师的观点："只有和家长密切沟通好了，才能更好地将我们的教育延续和深化！"

　　如何做好家长工作呢？我总结了如下家长工作的二三事。

第一件事：家长会

　　首先，是调整心态。年轻班主任最不喜欢家长会的原因——怯场。年轻班主任说："面对学生我能侃侃而谈，但是面对比我大十几二十岁的成年人，我总感觉不太自信。"我认为大可不必。哪怕家长是社会精英，也是其他行业的精英。即使个别家长从事的也是教育工作，对孩子的教育也不一定有老师那么客观。而且参加家长会的家长，都是怀揣着一颗对孩子的关切之心来的，看到家长会上老师敬业的态度和为孩子做的工作，哪怕看出了你的青涩，大部分家长也还是会支持你的。

　　其次，是确定内容。我认为主要是两项：汇报展示和交流沟通。

　　汇报展示：主要是照片和视频呈现。它能宣传学校，展示你为班级做的工作，宣扬班级正能量，鼓舞家长信心。遇到班级普遍存在、需要家长协助的问题，我也是用图说话。比如一年级学生普遍存在不注意整洁的问题，这跟学生在家的卫生习惯有关，于是我放了一张班级教室不卫生的照片引发家长的思考。针对孩子无法集中注意力做完一张试卷，我又找来一张照片，告诉家长问题的严重程度，并指导家长对孩子进行注意力的训练。

交流沟通：从来没有哪一种工作方式，比家长会更能在短时间让那么多家长了解你的教育思想，了解你的教育方法，进而接受你的教育观念，最后尽最大力量支持你的工作了。所以，我会在家长会上说"我很珍惜这个机会"。在家长会上，你可以从容地阐述你的教育理念，你的教育方法，对家长提出你的希望。家长只有接受了你的理念方法，才会跟着你做，成为你的教育帮手。本学期我在家长会上，用短短半个小时的时间就将我的教育想法迅速地传达给在场的每一位家长。

最后，是运用技巧。第一点，防止家长会变批判会。在褒扬好学生，批评坏现象时，一定要注意方式方法，不要开完会有些家长得意扬扬，有些家长"孩子犯错，家长挨训"。第二点，掌控方向。家长会需要家长表态时，最好提前准备。家长会完全可以找一些支持老师的铁杆家长沟通，把这次家长会的目的、步骤、要解决的问题，一点不漏地告诉他们，明确告诉他们希望他们如何做，什么时候发表他们的意见，什么时候站出来带头表态，并一一安排好。家长们看到教师诚恳地请求帮助，大多会义不容辞地答应。第三点，对于个别的特殊家长，提前问问他对家长会有什么好建议，要谦虚地说，请他站在家长角度提提建议。教师如此诚恳，即使有问题，也已经提前沟通了，不会在家长会这么重要的场合坏事了。第四点，搬来救兵。如果你不善言谈，你可以请善表达的任课教师帮忙。比如任课教师就可以说班主任尽心尽力做了哪些工作，学生是如何懂事的。你的教育方法有什么效果，你不好自吹自擂，你可以请家长来说，说说他运用了你的教育方法，孩子是如何进步的。第五点，创新形式。可以让家长介绍经验，可以让家长之间互相交流，还可以让学生参与家长会的准备工作。

第二件事：校讯通、QQ群、微信群

校讯通是为了解放教师，方便家长的，但不能用校讯通代替家访、面谈、电话交谈等传统做法。校讯通只有文字，家长看不到老师的表情，感受不到老师关心的语气。传统做法就没有这种情况。建议少一些"严禁""必须"等字样，多

一些"建议""希望"等温情一点的文字。很多教师在使用校讯通时不太注意拟稿，想起什么，输入电脑，粗读一遍，鼠标一点就发出去了。很多时候，校讯通里有错别字，语句不通顺，措辞不恰当，语义重复等很多问题。学校工作多，班主任操心的事多，不能想起一件事就发一条校讯通。很多校讯通，文字很长，要读完才知道老师想说什么，建议校讯通简单明了。如在校讯通前加上主题，这样家长也好翻看查询。

除了校讯通，在信息时代，很多班级早就用上了QQ群、微信群。我一直认为这是把双刃剑，利用好，是你的帮手；利用不好，会走向负面——家长和家长在群里吵架；有的家长和教师因为群结下了梁子；有的群是家长们悄悄吐槽教师的地方，成了家长在背后发泄对教师不满的工具；有的群里家长半夜还在咨询老师，无形中增加了老师的工作量。聪明的教师有办法，在建立群的时候就跟家长们约法三章：有的教师说，不建议大家在上面交流，只需要看教师的通知和留言就好，因为文字的沟通可能带来误解；有的教师说，如果家长对学校教师工作有建议，这么重要的事情一定要用电话或当面交谈这样郑重的方式，不要在班级群里讨论；有的教师聪明地搬来救兵，让比较有影响力的家长站出来，在群里维护"正义"，站在维护班级建设的高度来引导舆论走向。

第三件事：家访

家访是最古老、最传统的家校沟通的形式。很多有经验的教师都说，只有亲自到学生家里走一走，才能真正地了解孩子的生活环境和学习环境。记得上一次家访，我先去的是一个小男孩的家。穿过一些小巷，走进学生家门，我一下子心软了。不大的屋子里，左右两边都放了一张床，床的中间就是一张不大的书桌。妈妈说，他就在这里写作业，同时这也是他读初中的姐姐写作业的地方。两个孩子是怎么在一张书桌上写作业的？但是除了这个地方，家里确实没有合适的位置再摆另一张书桌了。这就是这个小男孩的学习环境。然后我去了另一个女孩子的家。她家的房子很昏暗，里面蚊子很多。她妈妈说，下学期可能会把孩子送回老家，因为三个孩子的负担不轻。看到学生的生活条件，我反复地告诉自己：我的学生就是生活在这样的环境中。我明白了不能用想当然的标准要求学生，要求家长，只有真正走进学生家里，才能触摸到学生心灵，才能站在学生家长的角度反思教师的教育。

怎么才能让家访更有效呢？家访需要提前备课，准备充分，家访才能取得比较满意的效果。我想分享六点心得体会。第一，心中有数。有明确的目的和恰当的期望值。认真细致思考：此次家访的目的是什么？如何达到目的？此次家访成功期望值是多大？第二，时间的选择和控制。提前预约，在家长方便的时候去家访，不要耽误家长的生活工作，大约15～30分钟为宜。第三，综合学生在校情况。班主任要对学生在校表现、各科的学习、兴趣爱好、优缺点了如指掌，信手拈来，比如说优缺点时候，有具体的事例，家长一听就知道你平时在关注孩子，学生也会暗暗感动。第四，把握家访内容。有两点很重要，一是与家长的谈话，了解家长的素质、责任心、对孩子的期望值。一个孩子能培养到什么程度，看看家长就心里有数了。二是了解学生在家的学习条件，至少要有专门的桌椅做作业，要检查灯光是否合适，如果这些条件没有达到，要督促家长给孩子创造一个学习的环境，体现教师的关怀和专业指导。第五，准备家访记录本，将学生的一些情况简明扼要地写下来。你的认真严谨，被学生被家长看在眼里，记在心里，对他们也是一种教育。你可以用一些你自己看得懂的符号来记下来。比如，孩子的出生年月，小时候成长环境，是否独生子女，排行第几，兄弟姐妹多大（有经验的教师都知道，这对孩子是有影响的）等信息。还有学习环境，父母的素质、责任心，家庭经济情况，等等，可按自己的印象记在本子上。这些都是了解学生的第一手好材料。第六，注意事项。注意服装得体，注意安全。出于保护自己的需要，女教师最好不要单独家访。

在写下以上文字的时候，我脑海里浮现了很多和家长交流的片段。因为学校位于老城区，学生的家隐藏在小街小巷里，家长们担心老师家访找不着路，都带着孩子步行来学校迎接；有的家长早早准备好水果和茶水，尽其所能热情招待老师；有的家长用家长会学到的教育策略，去帮助孩子，并写邮件跟老师反馈；有的家长利用自己的资源，走进校园给学生讲课，给孩子别样的职业体验……家长带给了我太多的感动，这种感动时刻鼓舞着我，激励着我教好书，带好班。只要继续用心、用情、用智慧做好家长工作，我们的学生和家长一定会给我们带来无穷的动力，我们也能像王文英老师那样成为受学生爱戴，被家长喜欢的幸福教师！

作业，so easy

惠州市南坛小学实验学校　高　晋

　　小郭，这个孩子，在我刚拿到四年级二班的花名册时，就知道了他。圆圆的脑袋，大大的双眼总是咕噜咕噜地不停转动，特别是那张小嘴，总是不停地表达着什么！他很活泼，很聪明，很有号召力，我想：这个孩子，我喜欢！

　　可是好景不长，和他一起学习、生活了一段时间后，却让我特别头痛。因为他太喜欢讲话了，以至于老师在台上大声讲课，他在台下小声讲话……课堂根本无法正常进行！下课更是调皮捣蛋到了极点：扯女生头发，藏起同桌的文具或是课本，或是随地扔垃圾，等等，同学投诉不断！更重要的是他的学习习惯特别差，如作业乱写乱画，上课常常接老师话，学习用品乱放，一上课就拼命地找课本和文具。最突出的是因为怕吃苦，怕动脑，所以作业总是不能保质保量地完成。

　　刚开始我并没有引起重视，认为这些是孩子偶尔才发生的现象。可是后来，各科老师都向我反映，这孩子课堂写作业速度极其慢，很多时候其他孩子都完成了，他才起头；每次考试都是他时间不够；家庭作业几乎一周有四次不能按要求完成，总是缺斤少两，要不就只是做一半。老师们为了让小郭补头一天的家庭作业，只好占用了他的课余时间，故而他成了办公室的常客，不是被数学老师找过来补作业，就是被英语老师请过去背单词……而且每次让小郭到办公室补作业，他做是做完了，但是写作业的过程确实让人恼怒极了——总是写写停停，不时做小动作，摆弄一下旁边的小玩具，或是坐着发会儿呆；老师提醒他，他才继续写，如果老师出去了，那他就开始"大闹天宫"了。

　　孩子的表现引起了我的注意，开始我只是进行了简单的说教，说学习一定要认真对待，要珍惜时间，不要拖拉之类的话。可是一周以后，情况照旧。我把他叫到办公室，严厉地批评了一顿。可是情况并无太大的好转。当时，我也意识到了情况的严重性，因此到小郭家进行了一次家访，认真地做了一次深入的了解。

当时我让他的妈妈描述孩子在家写作业的情况。她是这样说的："高老师，小郭爸爸在工地工作，一年到头在家的时间几乎没有。我一个人带着小郭在惠州生活，而我的工作又很特殊，每天小郭放学回家，我就要去上班了，等我下班回家，已是凌晨三四点了，小郭都睡着了。小郭的作业根本就没人管。有时我休假在家盯他写作业，他都做得很晚，拖拖拉拉，明明是少则半小时，多则一小时的功课，他都能写3小时以上，做作业总是磨磨蹭蹭。两三道题，本应20分钟就可以做完，可他却要耗上近两个小时。从书包里拿出书本就要花上几分钟时间，翻书、打开作业本也心不在焉，做作业也是东张西望，还常常做一些与作业无关的事，比如抠抠手指甲，拿他喜欢的玩具玩上一会儿，或是突然问'妈妈，爸爸什么时候回家？'有时候还到另一个房间转一圈，要么就停下来整理一下书桌；因为写得不工整，或写错了，就要撕掉几张作业纸……这样，每天都要耗到很晚才能勉强写完。"

听了小郭妈妈的述说，我又参观了小郭写作业的房间，发现房间的书架上摆满了各种各样的作文书，甚至还有小升初高分作文什么的，奥数、奥英的书籍也是挤满了书架。而小孩子喜欢的童话或是科幻之类的书一本都没有。

是什么原因导致的呢？带着这样的问题，我又询问了以前小郭的班主任，得知小郭周末还要去上各种各样的补习班。通过与原来班主任的沟通以及和家长的交流，我了解到了这孩子的一些信息，总结出了孩子作业拖拉形成的原因。

第一，无人监管——自由散漫

试想，每天放学回家都是他一个人，妈妈已经上班去了，自己年龄小根本就没有自觉学习的意识，再加上遇到难题根本无人辅导，学习积极性肯定备受打击，哪里有心再继续写作业，自由散漫那就是可想而知的啦！

第二，被逼无奈——故意磨蹭

小郭是独子，父母由于文化水平低，吃过不读书的苦，所以把希望都寄托在小郭的身上，他们望子成龙，生怕自己的孩子落后，希望孩子能做完学校的作业后再多做些题目，能够考到前几名。而小郭呢？哪里能体会父母的苦心，所以为了不做多余的题，只好拖拉啦！

第三，时间观念差——不会管理时间

小郭属于特别贪玩的孩子，心理总是想着玩，由于父母没有满足他的愿望，不管是作业完成得快慢都没有得到适当的放松，再加上对时间没有概念，写作业、做事磨蹭也就是自然的事了。

第四，注意力不集中——无关动作多

小郭写作业时总是东看西看，磨磨蹭蹭，一会儿玩橡皮，一会儿东张西望，怎么能快起来？一个小时的作业常常两三个小时都写不完，所以每天总是很晚才能睡觉。

针对小郭的具体情况，我决定对他进行有针对性的辅导。

无人监管孩子的作业，这不是好现象，所以我强烈要求小郭妈妈一定要找一个可以提醒孩子写作业的人。后来，小郭妈妈找到了她的邻居，让小郭在邻居家和邻居上一年级的小孩一起写作业。我告诉小郭遇到难题要先思考，如果还是不会做就打电话问我。这样有人提醒了，孩子自然就记得要写作业了，而且难题能及时得到解答也能提高小郭的学习积极性。

针对小郭写作业磨蹭的情况我和小郭妈妈共同商讨了对策。我让小郭把每天老师布置的作业做一个大概的估计，将他需要完成的任务进行一个时间预计，如一共要一个半小时，如果小郭一个半小时完成了，余下的时间就由小郭自由支配，如玩他喜欢的玩具，进行一会儿体育锻炼等。也就是说要让孩子做自己喜欢的事情，要给孩子留下一定的休息时间（自由支配的时间）。养成这样的习惯后，孩子会抓紧时间完成作业，因为早写完就有很多时间玩了。（其实这点对于所有孩子都是适用的！）我教小郭妈妈明确地告诉小郭："只要你按时按质完成作业，老妈是不会多加一丁点儿作业的，做完作业剩下的时间全归你自己。"我还教小郭妈妈，偶尔要给小郭一点承诺："儿子，快写作业，写完作业我就带你到哪里去玩。"小郭听了便有了目标，高兴得不得了，赶快认真写作业。就这样，通过这个办法，一次、二次、三次……他最终形成了快速完成作业的良好习惯。

　　小郭的时间观念差，不会管理时间，针对这一点，我的方法是想方设法让学习变得有趣起来！人就是这样，对于喜欢的事、有趣的事都愿意快点做；而对于枯燥的事，不那么有趣的事，则能拖则拖，孩子如此，大人也如此，这是人的天性！所以，对于小郭这样不大喜欢写作业的孩子，我想了很多办法，尽量调动小郭写作业的兴趣。我告诉小郭，只要他在我规定的时间内完成任务，就能得到一颗星星，够二十颗星星，可以满足他的一个愿望。

　　每天写作业时，我会和小郭一起估算出做作业需要的时间，然后让他回家后在写作业之前先上闹钟，若闹钟在小郭完成作业后才响，我会让小郭妈妈给予孩子一个奖励！渐渐的，我发现小郭在自己定闹钟学习的过程中，也不断体验到了成功感，不再把作业当作无法完成的任务。

　　除此之外，我还让小郭妈妈给孩子确定一个作业完成的最后时间，要保证孩子八个小时的睡眠。所以到了晚上十点，孩子的作业还没有完成，就不再写了，要求孩子必须睡觉。作业没有完成，会受到老师的批评，以后，孩子就会抓紧时间完成了。通过这样的方法，我们明显看见孩子作业质量有了很大进步。

　　要想孩子集中注意力，还要让孩子相信自己能够做到这一点，就要多给孩子贴"正向标签"。在小郭写作业时，我试着观察他做得好的一面，并及时指出来，比如"今天注意力比昨天集中多了，东张西望的次数少了。""今天又有进步，在做看拼音写汉字时，我看到你足足有20分钟在认真做题。"多从正面挖掘，这样会激发孩子想做得更好的动力。

　　通过一段时间的辅导，小郭的作业不论是速度还是书写都有了明显的进步。有一天，小郭竟然当着同学的面炫耀："作业，so，easy，妈妈再也不用担心我的学习！"听着这话，我的心里充满了幸福感！

　　总之，矫正孩子养成的不良习惯需要坚持和耐心。孩子的这些坏习惯不可能在一夜之间踪影皆无，家长有了这样的思想准备，才能看到孩子的进步，才能坚持到底，有所收获。

农村小学高年段学困生的管理策略

惠州市三栋镇中心小学　宁小佳

农村小学高年段的班主任难当，不是难在不会当，而是难在当不好。这已经成为农村小学班级管理中不争的事实。实际上，农村小学的班主任在班级管理中往往要花更多的心思和努力去管理班级，其中最重要的一项就是转变班上的学困生，因为他们知道，学困生的转变与否关系班级建设的好坏。但是尽管如此，班主任们也常常适得其反，收获不大。

一、学困生特点

近百年来，教育学、心理学、神经生理学、社会学等许多领域的研究者，从不同的角度对学困生进行了研究和定义，其中钱在森等人提出的解释最适合班级学困生的定性。他认为学困生可分为先天性学习障碍和后天学习不良两种。所谓先天性学习障碍是指因学生个人内部神经方面的生理缺陷而导致的学习困难。这种类型的学困生因自身的缺陷往往显得学习能力差、自信不足、性格内向，个别会因神经因素性情躁动，给班级管理带来难度。为了让他们获得正常的教育环境，只能通过家长和学校两点一线的干预和耐心引导，严重者不得不送往特殊诊疗机构做特殊的辅导。而后天学习不良是指先天发育健全，智力正常，但学习效率低下，达不到国家规定的教学大纲的要求。这类学生往往在课堂学习中反应迟缓，记忆效果差，注意力涣散，分心多动；在课堂上容易违纪或干扰别人，在课下容易和同学闹矛盾甚至违反班规校纪。虽然他们自身有许多不足，但是他们的自尊心极强，性格偏激，逆反心理也比较严重。在班级管理中，这类学生是班级管理的难点和重点，如果对这类学生管理不善，他们会破坏班级秩序，损害班风，扰乱班规校纪，更别说如何高效有序地学习了。对于这类型的学生，班主任在管理上一定要讲究方式方法。

二、农村小学高年段学困生形成的原因

（一）学校原因

所谓万丈高楼平地起，中、低年级的教师在孩子的教育引导上起着举足轻重的作用。孩子出现任何学习、德育方面的问题，作为班主任都应及时和家长沟通，共同寻找解决的办法，帮助孩子改正过失，杜绝问题的恶性发展。如果错过了教育时机，孩子坏习惯养成了，要再改就难了。

中、低年级教师在带班时应多侧重习惯和品行的德育引导，不能一味地侧重学习而忽略德育。有一位教育家曾说过：如果让一个人在短时间内提高成绩，并不是件难事，但要想改变一个人的行为习惯，改变一个人的思想则并不是件容易的事。所以，在学生的小学学习阶段，在学生形成人生观、价值观的过程中，一定要把德育工作放在首位，并且方方面面、时时刻刻贯穿孩子成长的全过程。而学生良好的道德和品行的形成，必须通过教师或班主任创造适合学生品德成长的价值环境，组织促使学生在"德"的方面不断建构和提升的教育活动来完成。但调查发现，学校绝大多数班级都为了考试成绩而忽略了德育活动的教育。

（二）家庭原因

小学阶段，孩子最亲近，接触最多的就是家庭环境的熏陶和感染，父母的一言一行、秉性脾气都会在无形中成为孩子学习的榜样。因此，良好的家庭教育是培养高素质人才的必要条件，也是优化孩子心灵的催化剂。什么是良好的家庭教育？随着社会经济的发展，人们的教育观念也开始与时俱进。很多学生家长已经走出了传统教育的误区，开始尝试民主教育、平等教育、鼓励教育、表扬教育……这些教育方法能极大地培养学生的自信心、独立性和自主性。事实证明，发展全面且优秀孩子的家庭大都有如此的教育观念。可以说，对于孩子的成长，父母是关键要素。而实际上，很多农村学生家长还保留着传统的教育观，没有与时俱进，或者认为学习没前途，不重视教育。大部分家长认为孩子的培养主要依靠学校，孩子好不好学校说了算。另外，农村学生家长

绝大部分都是农民，自身文化水平不高，对孩子的教育引导在方法和理念上相对不足，不会关心小孩，也不会和孩子谈心，当孩子出现品行、道德、学习问题时，很多家长不以为然或认识不深，延误了教育时机。还有部分家庭，家境不好，须外出打工，孩子因此疏于照顾，教育和安全都严重缺失。

（三）社会因素

随着社会的进步，对素质教育的提倡和学生的综合能力培养的要求也越来越高。在这种形式下，家庭、学校、社会都在鼓励孩子多学。很多家长害怕孩子落后于他人，逼着孩子报补习班、兴趣班、加强班，大量占用孩子的课余时间，违背孩子的教育发展规律，让孩子满腹怨言不敢说出来。很多学校都看重学生的学习成绩，逼着老师压着学生学习知识，课上满堂灌，课下不休息，使成绩好的学生反感，成绩差的学生捣乱。社会上各种补习班、艺术中心如雨后春笋般地出现，邻里之间孩子特长的比拼等让家长们担忧、着急。这些看似为了学生好的环境，都像一块块石头，压得学生透不过气来。心理素质好的学生，在这样的压力下能有所得，但心理素质不好的学生，这样的压力下会适得其反，学而不进就自然而然地形成了。

（四）学生自身原因

学困生大部分会自信不足，学习基础差，厌学。心理研究表明，"自卑——厌学——拒教"是学困生的三大情感特征。如果一个学生从心理上自信不足，开始自卑，那么他的学习一定不优秀，也一定会和老师保持距离。他越是排斥同学和老师，就越不能得到及时的帮助，成绩也就越差。学习越差，基础越不牢固，他对学习也就越没兴趣。而往往物以类聚，人以群分，一旦孩子被贴上学困生的标签后，优秀的孩子一定会和他保持距离，久而久之，自暴自弃的学困生就会出现各种各样的行为毛病了。

三、学困生的管理策略

农村小学高年段出现的学困生经调查主要分为先天性学习障碍（占少数）和后天学习不良两种。要纠正这些学困生，班主任在管理上应该多注重方式方法。

（一）学困生的引导方向

对于有先天性学习障碍的学困生，班主任要起到帮扶作用，在征得家长同意后，帮助改善这类学困生的学习和生活，争取让其达到同等水平的学生的学习能力。对于后天学习不良的学生，班主任在班级管理中应树立帮扶目标，让其摆脱"学困生"的标签，达到教学大纲要求的学习水平。

（二）学困生的管理策略

1. 激发兴趣，树立自信

要让学困生走出学习困境，首先要培养他们的内动力——自信。学生学习不良，自信不足，对知识的渴求就会降低，如果再加上课堂知识点听不懂，更容易让他们分心，甚至扰乱课堂。要想让学困生走出困境，让其课堂认真听讲是关键。课堂知识能听懂，学生就不捣乱，就会乐学、爱学；自信有了，班风、学风也就有了。要做到这样，班主任应及时和科任教师沟通，让任课教师在备课的时候适当考虑学生的学习层次，根据学生不同的学习水平设计问题，提高学困生的课堂参与度。对学困生在课堂上的表现多鼓励，多表扬。当他们的思维离开课堂的时候，适当提醒，但应避免直接点名批评，从而打击他们的自信心和自尊心。苏霍姆林斯基说过："在影响学生的内心世界时，不应挫伤他们心灵中最敏感的一个角落——人的自尊心。"不得不承认，如果学困生能在课堂中找到学习的乐趣，能在课堂上得到同学的认可，那么他们的自信心将会大增。

其次，老师在作业的设置上，应尽量使题型多样化，难易混搭，让每个学生在享受个性化选择的同时又兼顾了学困生的心理；要鼓励他们积极参与学习、完成作业。批改作业时，详细指出作业中的不足，或当着学困生面批改，增加他们被重视的心理和加强他们对知识点的掌握。另外，老师还应敏锐地发现学困生的优点，发现其个性。如果孩子确实在学习上没有发展的潜力，那么他一定有其他优点来弥补学习的缺陷，此时班主任应尊重学困生的个性发展，积极帮扶他树立个性发展的空间和自信。比如，推荐他积极参加体育运动、书法比赛、音乐活动等，让他在活动中获得自信和肯定。事实证明，绝大部分学困生在个性特长方面都有很大的优势。在班级管理中，班主任应尽量考虑学生身上的优点来设定相应的制度，争取能让学困生也有参与评比的机会。如果能通过各种途径让学困生获得自信和肯定，那么他们的转变就指日可待了。

2. 培养良好的习惯

好的习惯是成功的一半。在德育方面，要让学困生遵守校规、班规，团结同学，尊敬老师；在学习方面，要让学困生养成踏实、认真、刻苦、主动学习、爱学习的习惯。好习惯的养成不是一朝一夕形成的，学困生之所以习惯差，是因为没人监督、提醒。所以在学校，班主任可以给每位学困生设定谈话时间，提醒、监督他们的学习和生活。谈话时间的安排可长可短，也可以利用午间和课间。经验证明，谈话既可以拉近师生之间的距离，也可以及时发现并纠正学困生的问题。班主任在班级管理中可以针对学困生的转变，设置培优辅差小组、生活小组、学习小组等，用学生的力量来转化学困生。培优辅差小组主要针对学习，由学优生带学困生，监督、帮扶学困生学习习惯的养成。生活小组由家庭距离较近，有父母在家的学生和留守儿童类学困生为一组，主要是监督、提醒学困生在课下的生活安全和学习习惯的养成。学习小组则是班级营造学习氛围，感染学困生。对于学生而言，小组学习有利于同学之间友情的建立，也有利于学生学习成绩的提高，还减少了师生之间的矛盾。

好的教育要有家庭的参与，所以，学困生好习惯的培养，家庭教育必须和学校同步。为此，班主任可以通过电访、家访等形式向家长传达孩子的近况和学习特点，征求家长的配合，共同改变学困生的不良习惯。对于留守儿童类的学困生，班主任应联系家长，做家长的思想工作，让家长承担起监护人的责任或者为孩子安置一个合适的家庭帮忙管教。

3. 软硬兼施促成长

对学困生的管理，并不能一味地鼓励，一味地表扬和避重就轻，必要的时候也要对其进行有效的刺激。美国心理学家马斯洛有一句名言："如果你有意地避重就轻，去做比你尽力所能做到的更小的事情，那么我警告你，在你今后的日子里，你将是很不幸的。因为你总是要逃避那些和你的能力相联系的各种机会和可能性。"因此，学困生在学习上要特殊对待，从轻要求，但并不代表他们就可以游离于班级计划和制度之外。我们要给他们提供运行特殊的标准，也要给他们制定特殊的准则——设定短期和长期的学习达标计划。当他们无法按照特殊的要求完成要求时，他们也要接受相应的惩罚。所谓"没有规矩，不成方圆。"压力才是动力的源泉。只有让学困生在学习上感受到压迫感，他们的主动性和积极性才有可能被调动出来。

四、小结

当然，对农村小学高年段学困生的成功引导是一个漫长的过程。这个过程需要班主任付出足够的耐心和热情，也需要班主任灵活地采用各种方法去抓住他们的心理个性，分析他们学习困难的原因，对他们循循善诱。同时，这个过程还需要教师对他们动之以情，晓之以理，管之以规，需要教师用真挚的爱和行动去感化他们、帮助他们，催其上进。只有这样，才能把他们塑造成为身心健康，学习优良的学生。

7

第七篇

心理教育

许红名班主任工作室"心理教育"
团体辅导课活动

惠州市南坛小学实验学校　林　贝

管好我的"愤怒怪"

【活动目标】

1. 了解愤怒时的表现。

2. 体验过度的愤怒情绪产生的消极影响。

3. 感悟有效控制自己的愤怒情绪给人际交往带来的益处。

4. 初步学会运用各种有效方法来控制自己的愤怒情绪。

【活动过程】

（一）团体热身

教师展示火山爆发的图片。

教师提问：火山爆发有什么消极的影响呢？

教师展示图片，介绍火山爆发的消极影响。

教师提问：火山爆发和人的什么心情相似呢？

教师引导：其实每个人心里都有一个"愤怒怪"，有的人能够管好自己的"愤怒怪"，让它乖乖待在里面；有的人则让自己的"愤怒怪"到处乱跑，给自己、周围的人和物造成伤害。今天这节课我们一起来认识我们的"愤怒怪"，并且学习怎样管好自己的"愤怒怪"。

（二）团体转换

1. 生气时的我

（1）教师提问：回忆一件让你生气的事情，你当时是什么样子呢？

（2）教师总结学生回答，引出图片，展示常见的愤怒的表达方式。

2. 生气的影响

（1）教师：请同学们回忆最近一件让你生气的事情，把它写或画在纸上。

（2）教师：请同学们在生气的情绪中把纸撕碎。

（3）教师：现在，请同学们想办法，把刚才撕碎的纸恢复成原来的样子。

（4）学生尝试拼纸。

（5）教师引导：其实，无论我们怎么努力，都难以把刚才的碎纸拼成原始的样子。刚才我们体验了把气发泄在纸身上，如果我们把气发泄在人身上呢？把撕纸的行为换成对他人随意发脾气，对他人造成的伤害可以弥补吗？即使我们事后道歉了，改正了，但对他人造成的伤害却是很难抹去的。

3. "踢猫效应"

（1）导入：刚才我们介绍了随意发泄脾气对我们的消极影响，接下来，我们一起来看看消极情绪还会产生什么样的影响。

（2）角色扮演：

（第一幕：家里客厅）

母亲（很高兴）：老公，你回来啦？

父亲生闷气，不作答。

母亲：我做了你爱吃的糖醋排骨和红烧鱼，快来尝尝！

父亲：尝什么尝！你老公我在单位挨批，你倒在家做糖醋排骨、红烧鱼，是不是想把我也炒了？

母亲：啊？你……你是哪根筋不对了？我做我的菜，碍你什么事？

父亲：就碍着我了！端着你的菜马上给我消失，给你5秒，1、2、5！

母亲：你会不会数数啊，时间还没到！喂……（被父亲推进厨房）

（第二幕：家里厨房）

儿子：妈，这道数学题我不会，你快过来教教我。

母亲：去，去，去，没看我正忙着吗！

儿子：你忙什么啊？一没洗菜，二没切菜，三没炒菜，四没吃菜，五没……

母亲：小鬼头，啰唆什么？快去做作业！

儿子：我不会做啊！

母亲：查字典啊！这都不会！你脑子进水啦？

儿子：查字典？有没有搞错？数学题怎么查啊！

母亲：自己解决！还不快去！

儿子迅速逃开

（第三幕：哥哥房间）

弟弟：哥哥，我这道数学题不会，教教我吧！

哥哥：走开，烦着呢！

弟弟：你看一眼嘛。你教我，我就不吵你。

哥哥：走，走，走，看到你就烦。

弟弟：哥，你今天吃炸弹啦？

哥哥：听不懂人话是吗？赶紧离开我房间。

弟弟：小气鬼！我就不走。

哥哥：我数10秒，1、2、3……（边说边把弟弟推出门外）。

哥哥锁上门，把书狠狠摔在地上。

（3）教师提问：你觉得生气有什么影响呢？

（4）教师总结：从这个情景剧，我们可以发现：如果不能及时处理好自己愤怒的情绪，就容易传递给其他人，形成连锁反应。随着关系链条依次传递，由地位高的传向地位低的，由强者传向弱者，无处发泄的最弱小者便成了最终的牺牲品。

（三）团体工作

1. 换个角度想问题

（1）教师提问：我们来想想该如何控制好愤怒的情绪呢？

（2）学生回答，教师归纳学生的回答。

教师：接下来给同学们介绍几种常用的方法。

（3）展示图片，学生仔细观察后回答问题。

（4）教师引导：学会从不同的角度看问题。

（5）案例分析：拥挤的公交车上，一位阿姨提着菜不小心把小红的新校服弄脏了，小红有些生气……

周末，爸爸原本答应带小明去吃大餐，结果没有去，小明十分生气，不理爸爸了……

2. 转移注意

（1）看远处的景物。

（2）离开发生愤怒情绪的地方，出去走一走。

（3）听听音乐。

（4）干点儿自己喜欢的事。

3. 宣泄倾诉

（1）找肯听你倾诉的好朋友，倾诉你的烦恼。

（2）找一个没有人的地方，对着远处大喊一声。

（3）对着不会损坏的东西重重地给它几拳头或者几脚。

（四）团体结束

教师提问：愤怒有什么积极的地方吗？

教师总结：愤怒的情绪是正常的，每个人都有，但不受控制的愤怒则会对自己、对他人造成影响，所以我们要管好自己的"愤怒怪"，不要让它伤害自己，伤害他人。

精彩的心理课堂

【活动点评】

2017年6月13日，林贝老师在五年级（3）班开展题为"管好我的'愤怒怪'"的团体辅导活动课，工作室成员参与听课评课。该课贴近生活，通过情境对话、角色扮演、游戏等方式让学生觉察自己的愤怒情绪并掌握调节情绪的方法。

课堂结束后，林贝老师组织了评课。许多老师对团体辅导的形式十分感兴趣，在评课中进一步了解心理课的特点和实施。刘庞斌老师认为该课不仅能够帮助学生调节自己的愤怒情绪，作为听课的教师也受益匪浅，自己在平时的教育教学工作中也容易发怒，今天意识到应该审察自己，调节好情绪，避免"踢猫效应"。冯玉梅老师认为在心理课上，虽然要求辅导老师做到价值中立，但对于一些情况，辅导老师有必要做适当的干预。例如林贝老师在这次的课堂中让学生自由回答遇到不开心的时候怎么办，有学生提出打人摔东西，辅导老师有效应用了价值干预，给予学生正确的引导，提出宣泄是可以的，但原则是不伤害自己、不伤害他人。

神奇的心理暗示

【活动目标】

1. 认识到心理受暗示性是人的特征，但程度不一样。

2. 体验心理暗示的神奇力量，区分积极暗示和消极暗示。

3. 在平常生活中能够有意识地摒弃消极暗示，合理利用积极暗示。

【活动过程】

（一）团体热身

左手或右手：

教师邀请一名学生上台，让学生闭眼，双手水平伸直。

教师念指导语：请你想象你在其中一只手里放了很多的硬币，但不要告诉老师是哪只手，请你一直想着放硬币的那只手，那只手很重很重。（念完指导教师猜测学生心里想着把硬币放在哪只手上。）

教师：为什么老师能够猜出来同学心里想的呢？是因为心理暗示让同学们假想放了硬币的手更重了，所以老师根据哪一只手更重就可以判断出来。今天我们就来讲讲神奇的心理暗示。

（二）团体转换

1. 生活中的心理暗示

教师：生活中有哪些心理暗示的现象？其实生活当中，心理暗示无处不在。

2. 积极和消极的心理暗示

（1）（随机把卡片发给学生）看到卡片中的话，你心情怎么样呢？心情好的同学请坐到左边，心情不好的同学请做到右边，不好不坏的同学就随意做。

① 教师在坏心情区随机找学生提问：你拿到的卡片里写了什么？为什么这句话让你心情不好了呢？

② 教师在好心情区随机找学生提问：你拿到的卡片里写了什么？为什么这句话让你心情好呢？

（2）教师小结：心理暗示分为消极的暗示和积极的暗示。积极的暗示会让我们有积极的心态，从而促进成功，而消极的心理暗示则会让我们产生消极的心态，从而导致失败。

（3）教师介绍"罗森塔尔效应"以及《大象和木桩》的故事。

（三）团体工作

如何进行自我暗示。

1. 言语暗示

（1）教师：刚才老师发给同学们的卡片，这个属于什么暗示呢？

（2）言语暗示要求语言积极、不断重复。

2. 表情暗示

（1）邀请一名学生，根据老师的指令表演"喜、怒、哀、惧"。

（2）教师：不同的心情会有不同的表情，反过来，我们的表情也会影响我们的心情。所以多笑一笑心情会好很多。

3. 动作暗示

（1）教师：请同学们想一想，有哪些动作是代表积极的？哪些动作是代表消极的呢？

（2）教师：我们可以选择一个自己喜欢的动作坚持每天做一次，给自己积极的心理暗示。

4. 音乐暗示

（1）邀请3~5名学生上台，根据老师播放的音乐自由舞动。

（2）学生定格动作，教师采访学生通过动作想表达的含义。

（3）教师小结：不同的音乐对心情有不同的影响，欢快活泼的音乐能够让人放松和快乐。

5. 想象放松

（1）邀请5名学生并排站好。

（2）教师指导语：双臂向前伸直，掌心向上，并使双手保持在同一高度。现在在你的左手上放一个气球，你的右手上放一个铁球。请同学们在脑海中静静地想象着，左手的气球在慢慢膨胀着，变得很轻很轻，气球越来越大，越来越轻；右手的铁球也在慢慢膨胀着，变得很沉很沉……

（3）观众比较指导语结束后5名学生的手是否有变化。

（四）团体结束

1. 用一用

（1）期末考试时，最后一道应用题你明明做过就是想不起来，十分着急，心跳加速。

（2）妹妹把你刚写好的试卷撕烂了，这时你……

（3）你平时学习很认真，但这次期中考试考得很差。

2. 教师小结

巧妙运用好心理暗示，让我们的生活更加美好。

【活动点评】

2017年4月11日下午，林贝老师带领心理社团成员在团体活动室开展题为"神奇的心理暗示"的团体辅导活动课，工作室成员参与听评课。

活动结束后，林贝老师组织成员进行评课，成员提出意见：

（1）通过本次团体辅导活动课，充分体验心理暗示在学习生活中的广泛应用，希望将其应用到自己的教育教学当中。

（2）工作室成员邓萍老师提出在内容上可以适当缩减，感觉本次内容设置较多，思路不够清晰。

（3）欧翡老师提出在团体转换的环节中，部分学生抽到的是消极的语句，个别学生出现一些消极的情绪表现，辅导老师要能敏锐觉察到，在课堂当中进行处理或利用课后进行适当干预，保证学生最终获得的是积极的情绪体验。

神奇的心理暗示

团队熔炼

【活动目标】

1. 知道在人际交往中只有先开放自己、有付出，才能得到朋友。

2. 知道在选择朋友时，每个人都有自己独特的期待和标准。

3. 体验主动交往的重要性，尝试主动与人交往。

4. 尝试在团体中开放自己，敢于表达自己的想法。

【活动过程】

（一）团体热身

1. 热身游戏——大风吹

（1）所有学生围成圆圈后坐在坐垫上，教师任意抽出其中一位学生的坐垫，并请这位学生站在圆圈中间。

（2）该学生喊"大风吹"，其他学生回应"吹什么"，该学生喊"吹走×××"。××指团体里部分学生共有的特征，比如"吹走戴眼镜的人""穿白色鞋子的人"。

（3）不具备特征的学生坐在坐垫上不动，具备特征的学生须离开自己的位置找到新的位置坐好，站在中间的学生也要参与抢位置。

（4）最后没有抢到坐垫的学生站到圆圈中间，继续喊口令。

2. 分享与交流

教师提问：第二次玩这个游戏，你有没有什么新的发现或感受呢？

（二）团体转换

游戏"爱在指尖"。

（1）将所有学生平均分成两组，其中一组学生先围成一个圆圈，另一组学生分别站在已经围成圆圈的学生身后，围成一个外圈。然后，里圈的学生全部转过身来，与外围的学生相对而站。

（2）所有学生听从教师的口令，当教师发出手势的口令时，学生向面对自己而站的另一名学生伸出自己的手指。

伸出1个手指表示"我目前还没有想和你做朋友的打算"。

伸出2个手指表示"我愿意初步认识你"。

伸出3个手指表示"你给我的印象不错，我希望能对你有进一步的了解"。

伸出4个手指表示"我很喜欢你，希望与你成为好朋友"。

（3）教师发出动作的口令，学生根据对面学生的反应做出以下动作：

如果两人伸出的手指数目不一样，不需要做任何动作。

如果两个人伸出的都是1个手指，就各自把脸转向自己的右边，并重重地跺一脚。

如果两个人伸出的都是2个手指，微笑着向对方点点头。

如果两个人伸出的都是3个手指，热情地握住对方的双手，并开怀一笑。

如果两个人伸出的都是4个手指，热情地给对方一个温暖的拥抱。

（4）做完一次，由内圈或外圈学生顺时针转动。教师播放《找朋友》的音乐，音乐停，则停止转动。和下一个学生相视而站，继续跟随教师的口令做出相应的手势和动作。

（5）教师提问：你是根据什么决定伸出几个手指的呢？当你伸出的手指比对方多，你有什么感受？当你伸出的手指比对方少，你有什么感受？你做得比较多的动作是什么？为什么会这样呢？有没有同学握手和拥抱都没有进行过？你觉得为什么会这样呢？

（6）教师引导：在人际交往中只有先开放自己、有付出，才能得到朋友。在选择朋友时，每个人都有自己独特的期待和标准，不强迫他人一定要喜欢自己，与自己成为朋友。

（三）团体工作

1. 幸福马兰花

所有学生围成一个圆圈，每个人间距30厘米左右，不可有肢体接触。游戏开始，大家围着主持人走圆圈队列，边走边念"马兰花，开几瓣"。如果主持人说"5瓣"，那么任意5个人手牵手围成圈。没有组队成功的同学需要大声说一句鼓励自己的话。

2. 分享与交流

（1）教师提问：刚才的游戏中，找到集体时你心情怎么样？当你落单时，你有什么感受？你觉得自己为什么会落单呢？

（2）教师针对学生的回答引导学生学会主动交往。

（3）教师反馈活动中出现的现象，如有的学生不仅自己迅速找到组织还帮助他人找到组织，有的学生为了避免落单把其他学生挤出去，等等，组织学生进行讨论。

（四）团体结束

（1）教师：今天我们玩了三个游戏，哪一个游戏让你印象最深刻呢？说说你的感受。

（2）学生分享今天的收获和感想。

游戏"爱在指尖"

团体分享

心理咨询技术在班主任工作中的应用

惠州市南坛小学实验学校　林　贝

一、导入

展示两个不同的情境（教师正在上课，学生迟到）。

版本一：

生：对不起，老师，我迟到了。

师：你就不能早点儿起吗？都像你这样，这课还能上？

生：老师，我……

师：（不等学生说完就生气地说）再迟到就别来上学了！

学生沮丧地低着头，心里愤愤不平。

版本二：

生：对不起，老师，我迟到了。

师：赶快回到座位上去（同时目光示意）。

（下课后）

师：今天你迟到了，能说说为什么迟到了吗（关切地）？

生：我今天起晚了。

师：你想想，怎么样才能按时到学校呢？

生：早点睡觉，早点起床，不能赖床（暗下决心明天早点起）。

提问：老师们觉得哪个老师处理得更好呢？

引导：学生迟到了，老师的教育目的是让学生能够准时到校，但第一位老师当时说的这句话并不能帮助这个学生以后准时到校；相反，学生感受到的是委屈、气愤，回到座位他可能会在心里诅咒老师，甚至在心里给老师安排了一个葬礼。所以那节课他是听不下去的，下课了他可能会去攻击同学来发泄自己的情绪。第二位老师使用了心理咨询的一些技术，比如倾听、运用非言语、提问、运用积极语言，有效节省课堂时间，解决了问题。今天，我们来讲讲心理咨询技术在班主任工作中的运用。

二、主体

（一）介绍心理咨询

定义：是指心理咨询师协助来访者自己解决自己的心理问题的互动过程。

重点介绍心理咨询的三要素（咨询师、来访者、咨询过程）、三特征（是助人自助的过程，内容是心理性的，通过人际互动过程产生影响）。

（二）倾听技术

1. 倾听的重要性

（1）使他人感受到被尊重和被重视，建立相互信任的关系。

（2）了解真实情况。

（3）帮助他人理理思绪。

（4）解决冲突、矛盾，处理抱怨。

2. 倾听时容易出现的错误

（1）急于下结论。

（2）轻视问题。

（3）做价值判断。

3. 倾听的定义

接受言语及非言语信息，确定其含义和对此做出反应的过程。包括三部分：接收信息——理解信息——反馈信息。

（三）提问技术

1. 介绍开放式提问和封闭式提问的定义

（1）开放式提问：没有预设的答案，不能用简单的几个字来回答的问题，如"刚才发生了什么事情呢？""对于这件事你是怎么看的？""你刚才为什么打他呢？"。

（2）封闭式提问：通常以"是不是""要不要""有没有""对不对"开头，以"是""否"或其他简短的语句作答，如"你是不是不喜欢上学？""你有没有偷同桌的笔？""你考了多少分？"。

2. 如何使用提问技术

（1）多用开放式。

对比以下两种方式：

第一种：

生：老师，××刚才很用力地打了我。

师：是不是你先惹他了呀？

第二种：

生：老师，××刚才很用力地打了我。

师：发生什么事情了呢？

（2）开放性的问题要慎用"为什么"。

问太多"为什么"容易形成消极暗示——教师在责备学生的行为、想法和情绪，使学生产生逆反心理。另外，很多时候学生也不知道为什么会这样，老师总问"为什么"容易导致学生烦躁不安。

那么，如何巧妙地提问"为什么"呢？第一种方式是改为"能说说××的原因吗？"第二种方式是将学生的话重复一遍。

（3）不可连续提问。

生：老师，××刚才很用力地打了我。

师：是不是你先惹他了呀？他怎么会无缘无故来打你呢？怎么不见他去打其他同学？你为什么总是爱惹麻烦呢？

（4）运用积极暗示语言提问。

学生说到自己的成绩差时：

教师A：你认为是什么原因导致你的成绩这么差？

教师B：你认为是什么原因导致你自己没有取得理想的成绩？

教师A的表达聚焦问题所在，突出了来访学生的缺陷。

教师B的表达指出的是一种目标，易引起学生形成积极的内心体验。

（四）内容表达技术、情感表达技术

1. 定义

内容反应是用自己的话把来访者所陈述的主要内容整理后反馈给来访者。情感反应是用自己的话把来访者所陈述的有关情绪情感的主要内容整理后反馈给来访者。

2. 举例

生：老师，我妈妈离开爸爸了，我觉得像天塌下来一样，我以后怎么办？

教师A：你可别那么想，一定要坚强起来。

教师B：爸爸妈妈分开了，让你感到无助和难受，是吗？

（五）具体化技术

1. 定义

帮助来访者准确表述自己的观点、概念、体验到的情感以及所经历的事件，澄清重要、具体的事实。

2. 使用情况

（1）问题模糊：在介绍问题时，使用一些含糊的，很大、很普遍的字眼，如××同学真坏、我最近好烦、我觉得我有心理病。

（2）以偏概全的不合理思维方式。

生：老师，大家都不喜欢我。

师：你能具体说说你觉得谁不喜欢你吗？

家长：我家孩子真是什么事情都做不好，这让我觉得自己当母亲当得很失败。

（3）概念不清。指来访者有时对某种事件、某种观念的理解模糊不清，甚至是自行认定，如"老师，我孩子有多动症""老师，我觉得最近我得了抑郁症""老师，我觉得我是同性恋"。

学生心理辅导个案撰写

惠州市南坛小学实验学校　林　贝

一、介绍填写《心理辅导记录表》的意义

1. 梳理辅导思路。

2. 反思辅导的过程，促进成长。

3. 有利于个案归类。

二、介绍本次培训的目的

1. 了解心理辅导的过程。

2. 能够鉴别正常和异常。

三、介绍专业心理辅导的过程以及其与班主任心理辅导的不同

略。

四、介绍如何填写心理辅导个案记录表

（一）收集资料

1. 辅导对象、班级、年龄、性别、时间、个案来源。

2. 具体介绍什么是个案来源、为什么要填写个案来源。

（二）主诉

1. 含义：简要说明来访者当前的主要问题、问题的持续时间。

2. 要求：精练、准确，数字统一用阿拉伯数字。

（三）个人陈述

1.含义：心理问题发生发展过程（时间、地点、人物、经过）、症状表现（认知反应、情绪反应、生理反应、学习、生活、人际交往）、求助原因。

2.要求：以第一人称或第三人称引述求助者原话。

（四）辅导者观察和他人反馈

1.辅导者：

健康状况：有无明显身体缺陷。

认知：感知觉是否正常，有无幻觉、错觉；语言表达和理解能力是否正常；说话内容与声调是否一致。

情绪：情绪表现是否与所说内容一致。

行为：有无奇怪的动作表情。

2.他人反馈：学习、生活、人际交往。

（五）原因分析

从个人、家庭、学校、社会等多角度分析。

（六）评估

1.评估问题的严重程度和性质。

2.从心理健康到心理不健康，是一个渐变的过程，而不是截然分明的，偶尔出现一些不健康的心理和行为是正常的。精神疾病应转到医院精神科。

3.正常与异常的区分：

（1）主观世界与客观世界的统一性：心理活动、行为必须与客观世界保持一致。

（2）心理活动内在一致性：知、情、意是否协调一致。

（3）人格相对稳定性：人格包括性格、处事风格。

4.区分神经症性心理问题：

常形冲突：涉及大家公认的重要生活事件，有明显的道德色彩。

变形冲突：涉及生活中鸡毛蒜皮的小事，不带有明显的道德色彩。

5.一般心理问题与严重心理问题的区分：

	一般心理问题	严重心理问题
原因	由现实因素激发	现实的刺激强烈
时间	不间断的持续1个月，间断的持续2个月	间断或不间断，2～6个月
影响	不严重破坏社会功能	社会功能受到较大影响
是否泛化	不泛化	泛化

（七）辅导目标

1.近期目标：目前获得积极变化。

2.远期目标：提高情绪调控能力，掌握人际交往的技巧，树立正确的自我意识。

（八）辅导过程

1.心理辅导的理论有精神分析理论、行为学习的理论、认知理论、人本主义理论、心理生物学理论等。

2.重点介绍认知理论中埃利斯的合理情绪理论——ABC理论及理论中所提到的不合理信念。

（九）辅导效果评估

自评、他评。

（十）小结心理辅导的过程

略。

我的辅导个案分享

惠州市南坛小学实验学校　林　贝

　　入职一年来，我的个案累积有上百次。有主动来访的，也就是学生自己主动预约心理辅导的；也有被动来访的，就是老师或家长觉得学生有问题然后又不知道该怎么解决的，会转介到我这里来。我认真浏览了自己一年来接诊的个案，发现学生找我咨询的主要是人际交往的问题，如和老师、同学、父母的矛盾；而老师或家长咨询得比较多的问题主要有三类。这三类问题是：好动，注意力不集中；睡眠问题；情绪问题。对比之后我们可以发现，其实老师、家长眼中的问题和学生眼中的问题是不一样的，很多时候都是老师、家长觉得学生有问题，但其实学生并不觉得自己有这方面的问题。所以有时我们不是要去思考为什么这个孩子有问题，而是要反思为什么我觉得这个孩子有问题，是不是对他的要求高了。因为每个学生都是不一样的，不能用同一把尺子去衡量他们。今天的分享，我从两个方面展开，首先是讲讲老师、家长向我咨询的比较多的问题，然后是学生向我咨询的比较多的问题。

　　（案例略）看完这个案例，相信在座的老师都会联想到自己班上的某某学生好像也是这个样子的。许多老师会觉得这学生有多动症，甚至学生的家长在和老师沟通交流时也会说我家孩子有多动症。多动症有三个核心症状。这样看，似乎班上挺多学生都是多动症。其实我校36个班级，1400多名学生，目前尚未发现能够真正诊断为多动症的学生，老师、家长反映的有多动症的学生只能称为具有多动的症状，或者说是好动。

　　那么，如何区分学生到底是多动症还是好动呢？

　　（1）注意力。比如一般的孩子都是喜欢看动画片，平时很贪玩的孩子一看见自己喜欢的动画片，就认认真真地观看，完全沉浸在动画片中，这说明孩子不是多动症，因为多动症的孩子几乎无法认真做任何事情，都是不能长时间集中注意力的。

（2）好动的孩子回家后会先看动画片，动画片播完，他还是会有意识想到要去做作业的，或者被家长督促，他还是会做作业的。而多动症的孩子，他们的行动常是冲动式、杂乱的，一会看动画片，一会儿做作业，一会儿又到处乱跑。

（3）那么，课堂上学生为什么会出现好动、注意力不集中的现象呢？

学生原因：小学低年级学生无意注意占主导地位，有意注意基本上是被动的。比如老师要求学生观察一幅小学生写字姿势的图片，这个属于有意注意，学生却偏偏不看姿势，反而去看图片中小学生的裙子，说："你看这娃娃的裙子多漂亮，上面画了鸟、蝴蝶。"这个则属于无意注意力，没有预先的目的也不需要意志努力。这个年龄段的孩子还不太会控制自己的注意力，容易被新颖、奇特、突发的无关刺激所吸引，因而容易分心。另外，注意力会逐步提高但仍有限。所以，对于孩子课堂上偶尔出现的走神、注意力不集中的现象我们应该给予理解，运用注意力规律组织课堂教学，比如低年级儿童的学习在15~20分钟之后，就应放松一会儿，然后再继续学习。

（案例略）有关睡眠的问题从一到六年级都有家长来咨询，而且基本上都是男孩子。多数都是因为看了恐怖电影、悬疑小说后怕黑、怕鬼、怕怪兽，晚上不敢睡觉。家长担心孩子有什么心理问题，需不需要看心理医生。从我接待的个案来看，基本上都是正常的情绪反应。为什么孩子会害怕呢？这和小学生的认知发展特点有关。首先，是因为知识经验不足，无法解释"未知"现象；其次，是小学阶段的孩子想象力丰富，想象与现实之间没有明确界限，因此，他们脑海里会幻想出各种各样的画面。

遇到这样的情况，许多家长或老师都会这样说孩子，"男子汉大丈夫还怕鬼？有什么好怕，都是假的，世界上是没有鬼的，睡觉时不要去想它。"其实这一大长串的话对于孩子来说毫无帮助，并不能缓解他们的害怕，让他们好好睡觉。为什么说没有用呢？我们来做个实验，请老师们欣赏一组猫咪的图片。现在请各位老师闭上眼睛，不要想××。现在，请睁开眼睛。相信各位老师脑海里出现的是××。所以，一味地告诉孩子不要去想、不用害怕是没有用的。

当孩子因为这些科幻悬疑的事物害怕并且影响他的睡眠时，首先要接纳他的这种害怕、恐惧，告诉他其实老师小的时候也会害怕，也不敢自己睡觉，但现在已经不再害怕。这样，孩子就会因为有同类或者榜样的存在而不再那么害怕。接着是和孩子一起将孩子害怕的事物进行分析，弄清楚孩子到底害怕的是什么。也许跟孩子聊着聊着，你会发现孩子心中的鬼其实像极了生活中的某个让他害怕的人，或者电视里的某个角色。知道了害怕什么就可以和孩子一起试着让孩子用想象把害怕的东西表达出来，可以画出来，可以以文字的形式写出来，还可以玩一些在黑暗里寻宝的小游戏，等等。不要刻意回避令孩子害怕的事物，反而夸大了它。可以让孩子多接触，多了解。

（案例略）这两个案例都是孩子的情绪问题，不同的是第一个通过攻击外在的事物来宣泄，第二个则是通过攻击自己来宣泄。经常会听到老师和家长向我反映孩子特别容易发脾气，情绪起伏大，不太正常。为什么孩子会出现这样的情况呢？其实和小学生的情绪发展特点有关。

冲动：情绪一下子就爆发出来。

外露：不善于控制自己的情绪，不善于掩饰。

易变：常随情境变化而变化，破涕为笑之类的表现时常可以见到。

孩子发脾气，我们本能地想救火，消除他的情绪。其实消极情绪也是有意义的，不必急于让情绪消失，而是要尽量给孩子机会，让他感受、识别，同时自己锻炼着平复下来。他每自己平复一次，他的情绪控制能力就得到了一次锻炼。

如何帮助孩子处理他的情绪问题呢？

以上讲的是老师、家长们向我咨询得比较多的问题。接下来讲讲学生会咨询的问题。主要是人际交往的问题。

不知道在座的老师是否有这样的经历：课堂上乱糟糟的一片，顿时火冒三丈，于是拍桌子大发脾气，甚至摔门离去，临走前还要附带几句狠话。

学生告诉我，以前他们会想办法去哄老师，集体道歉、送礼物等，但现在这样的事情多了他们开始觉得老师有些矫情、爱发脾气。所以，我们老师自己需要先做好自我的情绪管理。不生气是教师职业情绪管理的第一步。许多老师都知道不能生气，但是就是控制不住自己。怎么办呢？一个简单的小办法就是事先给自己打个预防针，上课之前提醒自己：等会我可能会遇到各种各样的事情，我得冷静，得控制住自己，不能因为个别学生的缘故而耽误整个班级。

前面讲到的都是学生出现的比较正常的现象，属于一般的心理问题。接下来想介绍两个比较棘手的案例。（案例略）

我们先来了解一下什么是阿斯伯格综合征，它有几个核心症状：

（1）患者愿意与人交往，但是缺乏交往技巧，不理解面部表情、肢体动作等非语言表达的信息，交往方式刻板、生硬、程式化。

（2）在交谈过程中察言观色的能力差，不关注对方的反应，也不顾忌别人的感受。

（3）行为模式刻板、仪式化，表现为固执地保持日常活动的程序，如上学必须走相同的路线，每天吃同样的饭菜，定时上床睡觉。一旦行为活动被改变，会表现出焦虑不安、烦躁。

（4）比同龄人更晚学会骑自行车、接球、开罐头等。通常他们是不灵活，步态僵化、姿势古怪、操作技能差。

我们回过头看看这个孩子，他的确是符合阿斯伯格的一些诊断标准的。但是，我们也要看到他平时是十分遵守纪律的，而且成绩很好，社会功能基本正常，生活可以自理，并不需要让学生休学，且让学生在学校里与同龄孩子一起学习更加有助于他的成长。对于这样的孩子，我们怎么做呢？

积极关注：虽然不喜欢上学，但是至少每天都来学校了。共情：感受到作为一个问题学生他在学校的痛苦。重点是引导孩子认识到自己是一个好人，这是转变的开始。其实每个孩子的成长都会带着问题，我们不一定需要解决所有的问题，不能苛求每个孩子都是完美的。

如何看待学生出现的问题呢？首先，是从发展的眼光去看。所有心理问题都具有发展的意义，体现发展的曲折性。顺风顺水的成长只是表象，其发展是不充分的。学生的一部分问题在青春期后会自动消失。关注成长中的问题并帮助学生，才能让他充分地成长。

其次，是全面。既要看到他的问题，也要看到他的长处和优势。

最后，是积极地看。不要用问题的方式去思考儿童行为，不妨把目前出现的问题当作过渡性的行为，当作是孩子成长路上的必然经历，相信会有好的结果。

当学生出现问题，作为教师我们需要借助家长的力量。但是和家长聊孩子有什么样的问题难免比较难开口。那么，教师该怎样和家长沟通孩子的问题，让家长更加认同、接受、配合呢？在这里向大家介绍"三明治"心理学沟通法。

三明治是一种典型的西方食品。三明治心理沟通法，是把沟通的内容分为三个层次：第一层面包片，代表的是认同、赏识、肯定、关爱对方的优点或积极面；中间一层黄瓜、奶酪、煎蛋，代表的是建议、批评或不同观点；第三层面包片，代表的是鼓励、希望、信任、支持。

与家长沟通的第一层意思，一定要对学生的表现进行正面的陈述、正向的肯定。例如，孩子最近上课专心了许多（可能实际上，他只是在教室里安静读书）；孩子能积极参加学校组织的活动（可能是你有意安排他参加了学校的某个活动）；或者说，孩子很乐意帮助别人，那天帮我搬作业本（哪怕那天还是教师叫孩子去搬的）……家长听教师这么一说，心里自然会很高兴。这是与家长沟通的第一层，充分地认同、赏识、肯定、关爱孩子的优点或积极面。

然后，提出孩子暂时存在的问题或教师的建议。最近，教师发现孩子的家庭作业出现了一点状况：组长收不到他的作业本；几次单元练习也有比较明显的退步；教师在课堂上特别关注他，在学校也和孩子谈过许多次了……用比较委婉的语言，指出孩子存在的问题，并陈述教师对学生做了哪些帮助和努力。家长朋友最近有没有发现孩子的变化呢？（给家长陈述的时间）这是与家长沟通的第二层。对教师来说，这是与家长沟通谈话的关键部分，这就像三明治的中间层，黄瓜、奶酪、煎蛋，代表的是教师的建议，是需要家长来配合的重点。

最后，对孩子提出积极的期望。教师也可以提前创造一些让孩子表现的机会，同时向家长表明，孩子的健康成长需要教师和家长的共同协作，家长一定要支持教师的工作，今后多联络。

这种三明治的沟通法，把建议、问题夹在两个表扬之中，不仅不会挫伤家长的自尊心和积极性，家长还会愉快地接受教师的建议，正确地对待孩子身上存在的问题，并自觉地关注孩子的成长。

小学生偷窃行为的心理干预研究

惠州市第二十五小学　刘庞斌

　　小学生偷窃行为是学校教师在教育教学活动中经常遇到的问题，由于小学阶段学生思想不成熟，心智发展不完善，自制力差等原因，也并非简单几次谈话就能解决问题。作为教师，我们遇到这种问题时要怎样理解学生的偷窃行为？要如何挖掘这种行为背后的原因？要怎样干预才更有效果？这些都是我们要思考的问题。

一、偷窃的定义

　　偷窃，又称盗窃，语出《史记·卫将军骠骑列传》："（匈奴）以盗窃为务。"英文为steal。偷窃在法律上的定义是指以非法占有为目的，用不合法的手段秘密地盗取他人财物的行为。它一般有以下四个主要特征：

　　（1）侵犯的客体是公私财物的所有权。

　　（2）本罪在主观方面只能由故意构成，并且具有非法占有的目的。

　　（3）客观方面表现为行为人实施了秘密窃取数额较大的公私财物或者多次盗窃的行为。

　　（4）本罪犯罪主体是一般主体，即年满16周岁并具有刑事责任能力的自然人都可以构成本罪。不满16周岁的人实施了盗窃行为不构成犯罪。

　　这是法律意义上对偷窃的定义，简而言之就是用不合法的手段秘密地取得不属于自己的东西。这定义和特征适用于社会中一切年满16周岁并具有刑事责任能力的国家公民。而在小学校园中发生的偷窃行为，则不适用于此定义。一是因为小学生年龄小，不具备刑事责任能力；二是小学生偷拿别人的东西，主要是心智发育不成熟所导致，其行为只能算是一种不诚实的占有行为，这种行为可以在学校和家庭教育中得到干预和纠正，不会对社会造成危害。所以关于偷窃，我们一定要把小学生的此种行为和社会中的盗窃区分开来，不能把它们简单地等同起来。

二、偷窃行为的表现（特点）

不问自取即为偷。由于小学生年龄小，自我控制力发展不足，思维发展不完善，是非观念不强，且在学校过的是集体生活，所以难免出现偷拿别人东西的行为。这些行为都表现出一些共同的特点，一般表现在以下方面。

1. 偷窃的时间

小学生发生偷窃的时间表现为随意性，可能在课间、课上、课外、上学前或放学后，也可能发生在升旗、集会或体育课等教室无人时。

2. 偷窃的场所

显然，学校教室是发生学生偷窃事件的主要场所，教师办公室也是发生学生偷窃行为的场所。此外，学生家里和校外小店亦是小学生偷窃行为的频发场所。

3. 偷窃的对象

小学生偷窃的对象都是他们能经常接触到的固定的人群，主要是同学、父母和教师。

4. 偷窃的物品

小学生偷窃的物品非常零碎，且种类繁多，一般可分为文具类、书籍类、玩具类、零食类、财物类。文具类主要有笔、尺子、铅笔刀、文具盒等辅助学习的相关工具；书籍类主要是各科课本、课外书、辅导书等各类书籍；玩具类、零食类则是学生私自带到学校来玩耍的物品和食用的食品；财物类包含红领巾、校服、帽子等衣物，此外还包括少量的钱币、音乐播放器，甚至是相机、手机等较贵重的物品。

三、偷窃行为的原因

导致小学生产生偷窃行为的原因有很多，也很复杂，但总的来说可分为两类：一是主观原因；二是客观原因。

（一）主观原因

小学阶段的学生年龄小，心理发展不成熟，缺乏正确的道德意识，法律、是非观念淡薄，而且有些学生自尊心很强，意志力比较薄弱，缺乏应有的自觉性和自制力，因此在学校学习活动和家庭生活中遇到矛盾冲突时，就极易产生各种心理问题，偷窃行为心理就由此产生。在小学生产生偷窃行为的众多因素中，心理因素又是主要的原因。

1. 占有心理

小学阶段的学生自我意识发展还不完善，他们看到自己喜欢的东西就想据为己有，这是一种占有心理。这种心理主要跟学生早期的家庭教养有密切关系。这类学生在幼儿时自我意识还没有完全形成，缺乏"物品归物主所有"的观念，因此在与小伙伴玩耍时，常常把自己喜欢的东西随意从其他孩子手里抢过来，而此时其父母也并不以为然，听之任之。之后，随着学生年龄的增长，其自我意识逐渐加强，小时候形成的错误观念同时被强化，于是出现了偷窃的行为。

小学生因这种占有的心理而引发的偷窃行为如未被及时发现，或是被发现了却没有重视并加以教育，则该学生就会对自己的错误行为不以为然。如此下去，小学阶段的偷窃行为最终会逐步演变成盗窃行为，直接触犯国家法律。

2. 嫉妒心理

嫉妒是指人们为竞争一定的权益，对相应的幸运者或潜在的幸运者怀有的一种冷漠、贬低、排斥，甚至是敌视的心理状态。嫉妒俗称"红眼病""吃醋""吃不到葡萄说葡萄酸"等。

嫉妒心理是一种人与人关系性的体现，是人情感的表现。在学校的学习生活中，我们常常会发现有这样一种现象，有些学生看到自己身边的同学在某些方面超过自己，便情不自禁地产生一种难受的感觉，于是将对方视为对自己的威胁而感到愤怒，并随之做出一些消极的行为。比如，有些学生会因为某个同学的学习成绩比自己好，而去偷拿人家心爱的东西让对方难受，以此来解恨。这种"见不得别人好"的行为就是小学生嫉妒情感的一种表现。

3. 补偿心理

补偿心理是一种心理适应机制，个体在适应社会的过程中总有一些偏差，以求得到补偿。从心理学上看，这种补偿，其实就是一种"移位"，此处的行为被压制，欲望得不到满足，就转移到别处寻求补偿。比如当小学生得不到父母长辈的关爱，提出的要求经常遭到拒绝、被漠视时，就可能产生偷窃行为，企图以此来补偿因得不到关爱而受到的伤害。

4. 捉弄心理

随着年龄的增长，小学阶段的学生身体发育迅速，视听嗅觉能力逐渐加强，触觉能力逐渐敏锐，精力旺盛，性格好动，活动不停。处于这个阶段的学生，尤其是男孩，特别顽皮，很喜欢捉弄班里的女生或性格内向、比自己矮小的学生，他们不是故意扯女孩子的头发，就是悄悄地把她们的书、文具偷走藏起来，或者丢掉。当看到别人找不到书或文具而着急、难过，甚至哭泣时，他们就起哄，觉得好玩，有一种痛快的感觉。这种"把自己的快乐建立在别人的痛苦之上"的行为，多出现在小学高年级段开始进入前青春期的学生身上。

5. 报复心理

在小学阶段的学校集体学习生活中，学生在与同学相处过程中常常会出现一些小矛盾、小纠纷，而当他们在纠纷中处于吃亏状态的时候，由于他们的成长环境和接受教育程度的不同，会产生不同的处理矛盾的方法。心胸狭隘、自尊心敏感的学生此时就很容易对对方怀恨在心，产生日后报复的心理。而偷窃对方财物就是他们常常采用的其中一种报复方式。

6. 被迫心理

这是一种小学生偷窃行为的特殊的心理。这种学生偷窃，往往不是出自其本意，而是被迫的。比如被高年级或者行为霸道的学生勒索要钱，威胁不给钱或者告诉老师和家长就要打他。这种被勒索的学生一般胆小怕事，因此不敢声张，只好回家找借口问父母要钱。如果向父母要不到钱，又怕挨打，于是无奈之下只能铤而走险，实施偷盗行为，偷父母或同学的钱以求过关。

（二）客观原因

社会心理学认为，人的行为取决于个人的内在因素与外界环境因素的相互作用。小学生偷窃行为固然有其内在的心理因素，当然也有其外在的客观原因。客观原因可总结为以下三个方面。

1. 家庭教育

家庭教育是学生整个成长过程中受教育的重要组成部分，家庭教育的缺乏或失当往往会促使偷窃行为的发生。

（1）家长毫无节制的满足与纵容。有些家长对自己的孩子过度溺爱，他们在物质上对孩子有求必应，从而使孩子变得娇纵而任性。孩子毫无节制地对物质的欲望在一次次毫无悬念地得到满足后，他便更加不能约束自己，越来越放纵，这样造成的后果是一旦他的物欲在家长那里得不到满足，就会去"拿"别人的东西，以求满足。

（2）家长在金钱上的放任态度。家长在金钱上对孩子有求必应，且不教孩子如何正确地使用钱。家长的这种做法，会导致孩子的两种偏差：一是孩子会因为有钱而产生优越感，一旦他发现有某样东西其他同学有，而他一时又无法买到时，便会在嫉妒心的驱使下偷走别人的那样东西。二是孩子由于养成了对金钱的欲望，一旦这种欲望在家长那里得不到满足，他就会去偷窃别人的金钱。

（3）孩子在家庭中缺乏关爱。很多单亲、父母关系不和、留守家庭中的孩子，由于长期得不到家庭的关怀与爱抚，便选择了偷窃，用偷来的钱买零食、玩具，用偷来的钱交朋友。这些孩子多是以实施偷窃的行为来填补自己空虚无助的心理。

（4）家长教育方式粗暴。有些家庭的家长信奉"棒棍之下出孝子""好孩子是打出来的"等落后的教育观念，对孩子实施粗暴的教育方式。这些在家里动不动就挨骂或挨打的孩子，普遍有逃课、迷恋网络、沉迷游戏、混迹网吧等行为，这也促使了孩子偷盗行为的出现。

（5）家长重养轻教，漠视问题。有些家庭的家长对孩子只养不教或重养轻教，不关心自己孩子的思想状态，只关心孩子的学习成绩，忽视孩子的心理成长状况。他们面对老师反映的孩子在学校的问题，反映淡漠，不能高度重视，结果导致孩子的问题不但不能得到根本的解决，反而日趋严重，甚至衍生出更多的心理、行为问题，例如偷窃。

（6）家长道德失范的结果。俗话说：家长是孩子的第一任老师。在家庭中，孩子与家长朝夕相处，是孩子道德行为的启蒙老师，家长的言行对孩子有着非常深刻的影响。可是有些家庭的家长本身就品德不正、行为不洁，在这样家庭中成长的孩子从小就耳濡目染，自然有样学样，出现诸如偷窃等不正当的行为。

2. 学校教育

学校是学生学习成长的主要场所，有的学校只注重安全教育和知识传授，对学生的思想道德教育不力，以致学校校风、学风不良，那么这个学校的学生出现偷盗行为的概率就会大大增加。有些班主任在班级管理中不得法，不能做到公平公正地对待每一位学生，偏袒好学生，漠视问题学生，这些所谓的"问题学生"在这种冷漠的态度下生活久了，就会采取各种消极的行为来对抗老师，比如故意偷窃或破坏班里的物品。还有一些教师教育方式过于简单、粗暴，对出现问题（例如偷窃）的学生一味责骂，没有认真调查问题出现的原因就草率下结论，不能彻底解决问题，以致后面的问题越来越严重。

3. 社会环境

社会环境的消极影响也是造成小学生偷窃行为的重要原因。

随着社会经济的不断发展，各种各样的新事物不断涌现，各异的价值观、世界观充斥着整个社会，仅与社会一墙之隔的学校也不能独善其身。奢华、拜金、享乐、攀比等这些社会上的不良风气，正大面积地影响着校园内的学生，误导他们的道德价值判断。同时，互联网、通信等信息产业的飞速发展，在为人类的进步带来推动力的同时衍生出来的那些负面、消极的事物，也在不断地影响着学生的健康成长。小学生的模仿能力都非常强，他们非常乐意模仿从这些渠道中看到的各种行为，当然也包括偷窃的行为。另外，由于社会管理的不善，导致电子游戏厅、网吧、KTV等娱乐场所林立。一些不法商家更是受利益驱动，拉拢、诱导小学生去消费，因为小学生没有收入来源，从而直接导致了小学生偷窃行为的产生。

在现实生活中，成年人的道德失范也随处可见。他们打麻将、聚众赌博；他们崇尚享乐主义，认为金钱至上；他们蔑视法律的存在。这些负面的思想和行为，都在不知不觉地影响着我们的学生，使他们偏离了健康成长的轨道。

四、偷窃行为的心理辅导

从偷窃行为的原因分析中我们可以知道，小学生偷窃行为的背后肯定有这样那样的原因，在这些众多的原因中，个体心理因素又是主要的。作为学生教育的直接施教者，我们如果不重视学生偷窃这个问题，不及时对他们进行有针对性的心理干预和辅导，不能将这种行为消灭在萌芽状态的话，它必将直接影响学生以后良好品行的形成，这对他们将来的人生发展是极为不利的。所以我们一定要重视小学生偷窃这种行为，并积极进行干预，尽快解除学生出现的心理障碍，帮助学生健康成长。

（一）家庭预防与干预

俗话说：孩子有病，家长吃药。当学生出现偷窃行为问题时，多数是学生家长有行为偏差或是教育失当，此时我们要及时地与家长取得联系，进行针对家长的家庭干预。

在与家长联系的时候，我们要明确告诉他们，我们联系你，是来分析原因、解决问题的，不是让你来责骂孩子的，这时候孩子需要的是你的帮助与理解。孩子出现偷窃行为，并不代表孩子的品德出现了问题，而且这种行为的背后肯定有其心理原因。让家长有了这样的认识后，适时地引导他们从家庭的教育中寻求孩子行为背后的真相：在家里，家长对孩子的要求是不是毫无节制地满足与纵容？在金钱上是不是有求必应，采取放任的态度？在家里有没有更多地关爱孩子？家长教育方式是否简单粗暴？家长有没有重养轻教，对孩子出现的问题漠视处理？家长自己是不是有道德失范的行为？我们要耐心地引导家长分析问题，找出原因，然后统一看法，改变不良的家庭教育方式，并加强亲子沟通，改善亲子关系。在教育孩子时，既要对孩子严格要求，也要尊重、信任他们，保护他们的自尊心，使他们更愿意袒露自己心里的想法。这样才能真正地了解他们，对他们进行更有效的教育，从而改善他们的心理，纠正他们不良的偷窃行为。

现在很多家长面对孩子出现的诸如偷窃行为等问题时表现得束手无策，他们很困惑，不知道怎样去教导他们。确实，家长们在做父母前，并没有学过系统的教育孩子的方法，不懂得孩子各阶段的心理发展，因此，他们在教育孩子上是属于无证上岗。那么，怎样来干预这种现象呢？我们通常的做法是充分利用家长会、校讯通等平台，让持证上岗的教师给家长们讲授相关家庭教育的理论与方法以及心理健康的知识等，让家长懂理论，有方法，从而实现对学生不良行为的预防与干预。

（二）学校心理辅导

1. 五步认知行为教育辅导

第一步，了解偷窃及其影响。学生出现了偷窃行为，我们要避免当面对偷窃学生进行指责、质问，千万不要在一开始就急着想要纠正。与其对立，劈头盖脸要他们改变，我们可以营造一个让人放松的友善氛围，引导偷窃学生自己说。教师在倾听的过程中，可以简单地复述听到的话，以掌握学生说话的重点，然后再甄别、筛选信息，了解其偷窃的原因。

了解到学生偷窃的原因后，教师耐心地给他讲解什么是偷窃，并结合案例讲述由偷窃行为所引发的后果，给周围的人和社会带来怎样的不良影响。

第二步，认识到自己也是偷窃的受害者。引导学生观察自己的偷窃行为，诊断自己的行为所引发的后果，强调这些后果又如何反作用于自身，让学生认识到自己的行为并没有给自己带来好处，反而自己也成了偷窃的受害者。

第三步，寻找解决问题的办法。当学生能比较全面地了解偷窃这种行为后，我们及时联系学生家长，取得家长的配合，共同帮他找到改正这种行为的方法。

第四步，计划改正措施。将改正方法细化，制定可行的改正措施，并计划可替代性的活动替代平时的不良活动，培养健康的爱好。

第五步，执行计划。开始执行既定计划，记录计划执行的过程，家长、教师共同监督计划的执行情况。到计划执行的后期，及时评估计划执行的效果，分享心得体会。

这五步认知行为教育辅导是一个需要时间的过程，家长、教师要耐心陪伴，不可期望一次就能解决所有问题。

2. 常规教育辅导

由于学生各方面的不定性，他们非常容易受环境的影响，所以作为学校来说，一定要重视学生德育的建设工作，通过晨会、国旗下讲话、广播站、宣传栏等，加强诚信、守法的宣传教育，在全校营造一个诚实守信、乐学善学的良好的、积极向上的校风。另外，学校应将心理咨询室真正地使用起来，负责解决和辅导学生生理及心理上的一些问题，让学生的心灵有一个可以依靠的宁静港湾。

在班级管理中，班主任要尊重学生，平等地对待学生，为学生排忧解难，做学生心目中的重要他人。班主任也要注重班级文化的建设，营造良好的班风，这对预防和纠正学生的偷窃等不良行为是非常有帮助的。

当然，学生的健康成长，靠一两方面的努力是不够的，还需要我们社会全体公民的关注与努力，共同为学生营造一个良好的成长环境。总之，我们相信只要家庭、学校与社会共同关心与努力，小学阶段学生的偷窃行为就一定能够得到有效的控制，还孩子一个健康、诚实的心灵。

参考文献

［1］王晓春.学生问题诊疗手册［M］.上海：华东师范大学出版社，2006.

［2］林崇德.发展心理学［M］.北京：人民教育出版社，2008.

［3］谢弗.儿童心理学［M］.北京：电子工业出版社，2010.

［4］李怡.小学生偷窃行为的心理分析及矫正策略［J］.校园心理，
2012，2（10）.

把爱说出来

惠州市中洲实验小学　许　娟

【活动意义】

通过心理健康活动的设计、辅导和实践，让学生感悟爱，体验爱，发现爱，奉献爱。激发学生爱的情感，给予学生爱的教育，构筑学生健全的人格，促进学生心智健康成长。

【活动重难点】

对学生进行爱心、情感教育，使之体验、感悟爱是本课的重点。引导学生关爱他人、学会表达自己的爱；培养学生爱的意识，在生活中学会如何正确表达爱是本课的难点。

【活动准备】

多媒体课件、白纸、卡片、小盒子。

【活动过程】

（一）创设情境，感悟爱

同学们准备好一张白纸，听清楚老师的问题：在白纸上写下你生命中最亲、最爱、最重要的五个人。假如现在要你在这五个人中选择一个人留下，你选谁？请迅速在纸上把其他四个人的名字涂黑覆盖，直到看不见他们的名字。

（二）活动实践，体验爱

1. 出示模拟游戏规则一

（1）请你在这张白纸上写下你生命中最亲、最爱、最重要的五个人，是亲人的写上称呼，如爸爸、妈妈，是朋友、同学、老师的写上名字，如张三。要求写好后不能涂改、更换。

（2）学生自主完成，教师巡视。

（3）待学生完成后，出示游戏规则：请你从这五个人中选出两个留下，其他三个人的名字全部涂黑，这意味着白纸上的这三个人将要离你而去。请你回想这三个人在生活中对你的好。

（4）学生们在明白游戏规则的基础上独立完成。教师相机引导：当你将白纸上这个人的名字涂黑的时候，白纸上的他将要离你而去了，你再也握不住他那双温暖的大手，你再也投不入他那温暖的怀抱，你再也听不见他呼喊你的小名，你再也等不到他在雨中为你送伞的身影了，他就这样从你的身边离开了。请你做出选择，涂黑他的名字。

（5）师提问：此时此刻，你选择了谁？你又想对他说些什么？（指名学生回答，教师引导。）

2. 出示模拟游戏规则二

（1）请你从仅剩的两个人中再涂黑一人，这意味着这个人跟你相处的时间只有半天了，请你想一想你能为他做些什么？

（2）师提问：请你想一想你能为他做些什么？引导学生思考回答。

3. 出示模拟游戏规则三

（1）和最后白纸上的他相处的时间就只剩下最后的三分钟，把你想对他说的话写在白纸的背面。

（2）播放背景音乐《感恩的心》并引导学生在三分钟内把想说的话写在白纸的背面。

（3）学生完成后，教师有选择性地选择几名学生的留言，念给学生们听。

（三）反省导行，发现爱

师：同学们，做完这个活动测试，你的心情是怎么样的？

学生：沉重、难受、不舒服……

师：同学们的心情老师理解，不过老师还有一种和大家不同的心情——庆幸。谁能告诉大家，老师为什么感到庆幸。

学生：因为这是个游戏活动，因为这只是假如。

师：对，因为这不是真实的，因为这只是假设。那谁能告诉我，既然是假设，既然不是真实的，为什么你在画去那些名字的时候，你会难受、沮丧、绝望、心情沉重，为什么？

学生：因为他们是我最爱的人，因为我爱他们……

师：从同学们的回答中，老师体会到同学们对自己的亲人怀着深深的爱意。现在老师要问同学们几个简单的问题：

（1）知道爷爷奶奶、爸爸妈妈的生日是每年的几月几日的同学举手。

（2）在家给爷爷奶奶、爸爸妈妈洗过脚的同学举手。

（3）经常拥抱爷爷奶奶、爸爸妈妈的同学举手。

（4）无偿为父母做过家务，为爷爷奶奶捶过背的同学举手。

（5）自觉帮助过同学、老师、陌生人的举手。

小结：同学们，你们现在自己看看，既然你们这么爱自己的亲人、同学、老师，可是你的所作所为根本没有表现出来，为什么不能大胆地说出来（揭开板书所遮的"爱"字）？请大声跟老师念——"把爱说出来"（两遍）。

（四）明理生情，奉献爱

1. 把爱晒出来

师："爱"。同学们，你们接触过的爱有哪些呢？谁能告诉老师？

（板书家人的疼爱、老师的关爱、同学的友爱、朋友的挚爱、陌生人的博爱）

师：分析完了，我们一块进行第一个环节——把爱晒出来。同学们根据老师右手边的板书（用手指示），把自己感受到的相关的爱晒出来，告诉大家。说之前可以先小组讨论，然后写一写草稿；说的时候还可以借助照片、视频这些东西边展示边讲解。

2. 把爱说出来

教师背对学生，敲击黑板，花传到谁手上，谁就说出一件有关黑板右侧板书的小事。

播放学生家长视频，视频出现前出示孩子的名字并停止配乐。

师：同学们，我们说了很多关于家人的疼爱、老师的关爱、同学的友爱、朋友的挚爱、陌生人的博爱。今天，老师还请到了极为特殊的嘉宾，他们也有几句话想对我们说，你们想不想知道他们是谁？

学生：想。

老师：好，同学们，在请他们出来之前，老师要提一个要求：如果这个嘉宾，他的话是说给你听的，请你起立，以示礼貌，好吗？

学生：好。

3. 把爱画出来

老师：同学们，现在让我们动动手上的画笔，把你心里最想画的人画出来。画好后，写上自己画的是谁以及自己的名字，把它挂到后面的黑板上。由于时间关系，同学们尽量画简单点。

4. 把爱唱出来

谢雨桐、周阳领唱，其他同学合唱《左手右手》《感恩的心》。

播放背景音乐《相亲相爱的一家人》随机出示日常生活中学生们的全家福照片。

（五）拓展延伸，升华爱

师提问：这节课你有什么感受？经过这一个心理游戏，你明白了什么？懂得了什么？（学生小组互动交流后回答。）

今天放学回家后，对自己的爸爸、妈妈、亲人大声说出"我爱你"。

小调查：调查学生在班上曾经得到过哪些同学的帮助，引导学生用行动表达同学间的关爱。

师总结：爱不仅仅是对我们的亲人，还有对老师、同学、邻居、朋友的爱，也要及时地说出来。（出示课件"分享屋"。）

【活动总结】

上完了心理健康教育课——《把爱说出来》，心里比较高兴，这节课超出了预想的效果，获得了很好的反响，比较成功。通过对本节课的精心设计以及辅导和实践，我对心理健康课的教学流程和教学主旨都有了更清晰的心得体会。令我最为欣喜的是，这节课得到了评课老师的认可和肯定，孩子们在课堂上也表现得积极踊跃。

在本节课的构思设计和讲授过程中，我感触最深的是，心理健康课所涉及的内容应该来源于学生，回归于学生，不是老师想当然，一人操控的。所以在教学的各个环节都要时时处处考虑到所任班级学生存在的具体问题，然后有的放矢，具体问题具体解决。

本节课的教学目标是：让学生正视父母、老师、朋友、同学甚至陌生人对自己的关爱；让学生在理解和体会的基础上关爱父母、老师、同学、朋友，等等。针对如上的教学目的，我采用了以下几种教学形式：检测导入、小组讨论、代表发言、游戏互动、播放视频、课堂画画、班级合唱等。

我在课前、课中游戏、互动时把学生都进行了分组，让孩子在活动中感受。总体的设计还算到位，课件制作也很满意。当然，也存在许多不足，我分组让学生互相交流时就存在漏洞，有些环节交流时间长，浪费了时间，让学生画自己感受最深的人的时候，时间也耗费得太长。

进一步反思这节课，我遵循新课改的理念，课堂上面向全体学生，将辅导和活动相结合，尊重学生、体现主体性原则；而且在教态上、语言的组织和整理上比较注意营造和谐、自然而亲切的氛围，这也是课堂能产生良好效果的一个重要因素。在课堂上，我尽可能地把课堂还给学生，让学生讨论发言，在这样的宽松环境下，孩子们可以大胆地、有创意地说出自己的心声。在播放家长录制的视频的时候，学生可以放开怀抱感受这种排山倒海般的感动并加以宣泄。心理健康课提倡让学生多思考、多参与、多感悟，即使是让学生掌握解决问题的方法时，也要放手让学生独立思考、小结、想策略。学生要能知道助人自助的精妙所在，我们教师心育的任务就达成了。

以上是我在《把爱说出来》这节心理健康教育课的教学中的一些体会和反思。当然，我的心理健康课还存在许多不足，需要我在实践中一边摸索，一边提高。我认为，要想真正上好每一节心理健康教育课，发挥出它真正的作用，还需要我们心理健康教育的教师们不懈的努力和钻研，以期取得更好的效果！

在这里，读懂教育智慧

——对一名有攻击性行为学生的心理辅导

惠州市中洲实验小学　许 娟

一、主题

强悍的外表通常是为了掩饰脆弱的心灵，这样的情况往往会在那些背景较特殊的学生身上出现。这些学生难以融入集体，常常选择一些特殊的方式表达自己的情绪。"我要用拳头证明我的存在""我的实力"是他们的口头禅。李乐涛便是这样一名学生。

李乐涛是三（1）班新转来的插班生，机灵，浓眉大眼，脸上两个小酒窝，显得非常可爱。他口齿伶俐，表达能力强，擅长手工制作，剪纸，科技小制作做得非常好。另外，李乐涛身体健壮，酷爱运动，再加上一、二年级就读的是乡村小学，所以，田径、篮球、足球、乒乓球、羽毛球，样样喜爱，而且水平不错。乐涛性格外向，外表很讨人喜欢，但他却是个让同学畏惧，令老师头痛的"打架大王"。

"如果教育者希望从一切方面来教育人，那么必须从一切方面去了解人。"要解决乐涛的问题，首先要深入调查，了解情况。我向乐涛的家长以及其他任课教师和同学做了大量深入的调查访谈，发现他确实存在不少问题。

二、背景

（一）自身表现

李乐涛比较霸道，自以为是，常常颐指气使地吆喝别人，对他人持强迫式、绝对化的要求，稍不满意便拳脚相向，不计后果。李乐涛平时喜欢引起他人的注意，常常试图获得他人对他的赞赏、尊重。另外，他痴迷武打影视剧、暴力游戏，还喜欢上网吧，放学后妈妈经常要去网吧找他回家。随着年龄的增长，李乐涛变本加厉地叛逆。

（二）家庭状况

李乐涛的父母文化素养不是很高，父亲常年在外做生意，对他要求很严，母亲是操持家务的普通妇女，非常宠爱孩子，频繁地给零花钱。我上门家访时，乐涛父亲百般叮嘱孩子，好好与老师谈谈，自己却推说有要事先走了。父亲眼中的孩子，问题一大堆，但反问乐涛父亲时，他却说："我给他吃好、穿好、玩好，念好学校，到处找老师补课，我有什么问题？"

乐涛生活上以自我为中心，与父母关系不和谐，尤其是对父亲，表面服从，内心不满，甚至怨恨。

（三）同伴交往

李乐涛崇尚武力，崇拜李小龙、成龙、甄子丹等武打明星，视为偶像，一味模仿，并结交了一些不良少年，互相影响，感染上了情绪冲动、暴躁易怒、报复性强等不良习性，经常与人打架并谩骂同学，和老师顶撞、对着干，与同学相处矛盾多。但他又善察言观色、欺软怕硬，比他强壮的不敢招惹，专门找弱小的同学欺侮。

（四）学习状况

李乐涛学习兴趣不浓，上课无心听讲，喜欢随意发言，同学们会在他稀奇古怪的恶搞答案中哄堂大笑，他经常故意扰乱课堂秩序，影响课堂教学，而且乐此不疲、乐在其中。不做作业，因成绩不理想，父母要求他重读了二年级。这么小一个孩子，却有这么多不良的品行，三天一小打，五天一大打，打架骂人似乎是他来学校的唯一目的和必修课，真令人惋惜。作为班主任，经常要面对来自科任教师、家长、学生的投诉，我不得不苦苦思索改变他的方法。

三、过程

一个中午，我正在办公室批阅作业，几名学生神色紧张地跑来报告：

"老师，李乐涛在篮球场上与王智勇打起来了，体育老师也叫不住他……"我赶紧跑到球场，只见李乐涛像一头被激怒的公牛，两手紧握拳头，一张脸涨得通红，口里喘着粗气……旁边的王智勇流着鼻血，衣服上沾了些泥土，袖子上有些血迹……看来，"战争"刚刚结束。我仔细了解后知道：打架缘于两人打篮球时发生冲撞。这本是件小事，但李乐涛却说："他干吗撞我？他撞我，我就打他！"我问他："王智勇已向你道歉了，你为何还要打他？"李乐涛说："我才不要他的道歉！"一番耐心的谈话后，李乐涛承认说："今天心情不好，早上爸爸打了我，说我几天没做数学作业。数学老师打电话给爸爸了。（数学老师事后与他父亲做了电话交谈。）抢球的时候他一惹我我就爆发了。"我问他："是不是因为爸爸这般对你，所以你就借题发挥，把气出在同学身上？"听了我的话李乐涛低下了头。

四、评析

（一）家庭因素

1. 缺乏沟通的家庭氛围

李乐涛的父母为了生计，日夜奔波忙碌，没有时间和精力与乐涛沟通；又因自身文化素养不高，认为只要给孩子吃饱穿暖就可以了，既没有关注孩子的感受（情绪）和心情（心理），也没有给予孩子必要的尊重和认同，忽略了对李乐涛精神世界的引导和对道德素养的教育。

2. 父亲和母亲的教育方式迥然不同

李乐涛的母亲对其宠爱有加，几乎到了百依百顺的地步，缺乏必要的底线原则设定和明确的规则约束；其父则恨铁不成钢，坚信"棍棒底下出人才"，孩子稍有过失就辱骂加棍打。父亲的粗暴言行潜移默化地影响着乐涛，使他形成了错误的道德观念，认为"以恶抗恶、用暴力解决人际矛盾天经地义"，进而产生了错误的道德行为，导致李乐涛有意无意中用自己的身心症状为父母的家教问题买单。

（二）社会环境因素

近朱者赤，近墨者黑。常年与不良少年结伴、为伍，痴迷网络暴力游戏以及对简单幼稚的功夫明星的崇拜，更增加（强）了李乐涛的攻击心理、攻击行为。

（三）心理因素

根据埃利斯ABC原理和马斯洛需要层次原理的分析，消极、被动的学习态度加上缺乏明确的学习动机，导致李乐涛学成绩较差，得不到老师、同学、家长的认可、接纳、关怀、鼓励，增加了他的挫败感，使他产生了厌学情绪。李乐涛渴望获得成功，受人尊敬，打架让他体会到了一种"驾驭他人的满足感和被人尊重的快感"，于是其攻击性行为越来越频繁，越来越恶劣。

李乐涛的攻击性行为是由于爱的需要、自尊的需要没有得到满足导致的。缺乏爱的关怀，学习等方面屡遭挫折，使他痛苦烦恼。李乐涛看到自己的缺点错误，但又不愿积极面对改变现状，而是采取鸵鸟主义逃避否认，最终导致他无法妥善处理解决问题，无法有效控制自己的情绪言行，加之其挫折容忍力又较差，当与人产生矛盾时，因其想要达到的目标受到难以克服的阻碍，而产生了紧张状态与冲动的情绪反应，从而导致攻击行为。

（四）辅导策略与辅导过程

通过谈话、调查、分析，我们明白了李乐涛的攻击性行为是因为家庭教育的不力与不当、结交不良朋友、痴迷暴力游戏、错误偏激的偶像崇拜，加上自身个性方面的问题而引发的。明确问题实质后，我确定了以下辅导方案。

1. 帮助家长营造宽松和谐的家庭氛围，消除家庭教育的负面影响

建立和睦的亲子关系，营造宽松和谐的家庭环境，使李乐涛的归属与爱的需要、自尊的需要得到满足，同时要求妈妈每天放学到学校接孩子（避免他一放学就和不良少年结伴去网吧）。

与李乐涛父母保持密切联系，改变其错误的教育观念和方法。每次同李乐涛的父母沟通时，我们都反复强调孩子犯错误属于成长过程中的正常现象，希望他们多一点呵护，少一点指责；多一点表扬，少一点批评，并诚恳地指出，孩子的问题是家庭问题的投影。只看见孩子的问题，却看不见自己的问题，是一些家长的通病。难以改变孩子的倔强任性，是因为我们还没有触碰到他那颗渴望被爱的柔软的心。有偏执的父母才会有执拗的孩子，孩子是父母的一面镜子，父母要学会先审视自己，不能光盯着孩子的问题看，对自己的问题却视而不见，抑或看见了却不愿积极地面对、改变。既然孩子的问题是家庭问

题的折射，那么要改变孩子，家长先要改变自己。发现问题后，要积极地自我成长、改变才能改善亲子关系，这样简单粗暴的棍棒教育只会使孩子表面上服从，但不能治本，而且容易使孩子形成不正确，甚至扭曲的道德认识。乐涛父母在老师真诚的协调、沟通下，基本做到了以说理教育为主，"棒打"现象逐渐减少，走出了亲子教育的误区。

2. 合理运用奖惩策略，坚决杜绝体罚，提倡以奖代罚

让其看到希望，树立信心，愿意改变，尝试改变；及时鼓励、适当奖励李乐涛的合理行为，使其正当行为及时得到强化。

（五）辅导纠正其认知偏差

心理学研究认为，对于大部分攻击行为，认知过程起着重要作用。攻击性行为往往会因为情境刺激影响而被助长或抑制。因此，我们主要采取了以下辅导措施。

1. 促膝谈心，转变道德认识

李乐涛总认为"只要有理，动手打人就没错""看他不顺眼，打了他又怎样"。针对李乐涛的认知偏差，我们主要以谈心方式引导他进行换位思考：如果你自己被打了，你有何感受？让他分析打人后会产生什么后果，帮他进行后设认知，让他懂得不管事情的起因怎样，以武力解决问题这一方式在任何时候都是错误的。同时，渗透纪律、法律常识教育，使孩子进一步认识到打人的错误。

2. 提供方法，纠正攻击行为

我们还发现李乐涛缺乏解决问题的技能，导致他形成了"打人有理论"。所以我们认为为李乐涛提供解决问题的方法就显得尤为重要。

（1）掌握解决问题的方法。每次打架后我们都与李乐涛一起分析以下这些问题，并要求其按此法解决矛盾冲突：我要做什么；我要考虑所有的可能性；我需要做出合理的选择和确定解决问题的方法；我需要评价我是如何去做的。

（2）用注意转移法进行辅导。结合李乐涛酷爱运动、精力充沛的特点，在日常学习生活中，我们采用一些他感兴趣的事来转移他的注意力。

① 消耗能量。李乐涛情绪紧张、怒气冲天时，让他去打球，以减少他的攻击性能量，并达到转移其注意力的目的。

② 让美术老师指导他参加区"反邪教漫画比赛"，让他多剪纸、多画

画；让他在校运会上多报几项比赛项目，发挥他的特长，帮助他恢复自信心和心理平衡，逐渐消除攻击性行为。

经过一年多的跟踪辅导，李乐涛的攻击性行为正在逐渐减少，与同学的关系也较以前和谐多了。同学们都说"李乐涛进步了"，正如他自己所说的："打架也没啥意思！"

五、个案反思

李乐涛的攻击性行为的个案，让我们思索了很多。他之所以心理失衡，有家庭教育因素的影响，也有个体因素的作用，加上社会不良因素的影响，使他产生了不良认知，进而发展到攻击性行为。在辅导中，我们以真诚、宽容和忍耐为原则，对李乐涛进行辅导：认知调控，让他学会尊重别人，文明待人处事；行为调控，用激励手段强化李乐涛的正确行为；宣泄调控，帮助孩子学会发泄自己的不良情绪。最终，李乐涛学会了正确认知、正确归因，攻击性行为逐渐减少，直至基本消除。

"人不是一件东西，他是一个置身于不断发展的生命体，在生命的每一时刻，他都正在成为，却又永远尚未成为他能够成为的那个人。"道德教育和心理辅导是现代教育中两个不可缺少的轮子。在教育学上，特别是转化问题学生时，教师只有做到既是思想政治工作者，又是心理辅导员，才能转化劣迹斑斑、心灵有重创的学生。在辅导时，我起初没有很好地与家长进行沟通，走了不少弯路。后来与其他科任教师商议，共同制订咨询方案，与家长多次联系，家校协作，才进行得较顺利。可见，家庭教育是进行学生心理辅导的一个重要力量。另外，要有敏锐的观察力，尽早纠正学生的不健康行为，发现问题及时把它扼杀在萌芽状态，不要因为偏爱，而忽视应有的教育。

每个学生都具有可塑性，每个学生又都存在自己的缺点。学生的缺点并不是与生俱来的，要教育好有行为问题的学生，需要我们心理辅导教师付出更多的关心与爱护。只要给他们以爱心，激励他们不断进步，相信每一个学生都会茁壮成长。作为一名教师，我们需要付出更多的是真诚与责任，时时去关爱有问题的学生，因为爱能消融他们心底的寒冰。

心灵呵护，需要温度，更需要智慧，我读懂了！

8

第八篇 《惠城教育》邀稿

接新班的那些事

广东省许红名班主任工作室

编者按

　　接手一个新班，意味着新的开始。是所谓的"好班"还是"差班"？每个班主任在刚接手新班级时都不免有些期盼，有些焦虑。有的老师在接到新班后又不免要抱怨，学生如何纪律不好或习惯不好，家长如何不配合……新班，似乎成了"烫手的山芋"，然而，不可避免的，我们终将要面对这块"烫手的山芋"。那么，我们该如何应对接新班这个常规命题呢？

课前准备很重要

惠州市惠南学校　许　娟

　　"没有规矩，不成方圆。"想要提高课堂教学效率，良好的秩序很重要，新接班的班主任一定要花大力气抓好常规管理。一节课最重要的是什么？是课前准备的两分钟。课前准备好了，教师一走进课堂，神清气爽，马上进入状态，把最好的一面展现出来；课前准备一团糟，教师先要花力气整顿秩序，声音高八度把下面的躁动压下去，到正式讲课，热情已经消去大半，接下来就很难充分发挥。所谓良好的开端是成功的一半，这话丝毫不假。明白了这个道理，新班主任就应该知道力气往哪里使了。

1. 理想中的课前准备

预备铃响起，黑板干净，讲台整洁。学生迅速地回到座位上，书本等物品已经摆好，安静地等待老师上课。

2. 现实中的课前准备

预备铃响起，学生不买班干部的账，原来在说话的还在说话，原来站着的还站着，在他们心目中，打预备铃不算上课，打上课铃还不算上课，老师进课堂了还不算上课，甚至老师喊了"上课！"口令也还不算上课。有的班甚至是等老师板起脸来整顿课堂纪律时，才意识到已经上课了，声音才逐渐小了下去。老师刚刚开口讲课，那边再来个上厕所迟到的，一声"报告"把老师的话头打断，如此反复几次，一节课已经过去五分钟了。

3. 应对策略

（1）班主任要把新班的课前准备当作一件大事来抓，一个好习惯的养成绝非易事，但一经养成，就可以长期发挥它的作用。从长远的角度看，这个精力花得值！先苦后甜。

（2）班主任要实施"扶上马，送一程"策略，尽全力培养得力助手，帮助班干部把好课前准备这一关。开学初亲力亲为，每次上课前，都当作是自己去上课，在教室门口出现一下，提醒学生此时应该做什么。每周再来一次课前准备情况点评，抓落实情况。

（3）班主任要有为任课教师提供优质服务的意识，不仅要让学生感受到幸福，也要让任课教师感到幸福，让他们愿意来上你班的课。有的任课教师驾驭课堂的能力并不是很强，遇到调皮的学生、纪律不好的班级，有一种很无助的感觉。有些学生很势利，会欺软怕硬，任课教师就特别希望班主任在这个时候能帮他一把，这种帮助就像雪中送炭。班主任要掌握不同任课教师的能力和心理，及时地予以协助。帮人就是帮己，最终受益的还是你的班级和你自己。

（4）班主任千万不要在课前准备时到教室去讲事情、发通知、收东西，找学生谈心。一通话讲完了，抬腿走人，把一个骚动的课堂甩给任课教师是不负责任的表现，即使有很重要的事情要布置，也不能影响课堂教学，因为，课堂是神圣的！

应对新班问题学生"四步曲"

惠州市第七小学　冯玉梅

接手新班级，相信教师们最大的顾虑就是对新班里的问题学生情况不是很了解，因为班主任工作中有很大一部分都是在解决问题学生产生的各种各样的问题。那么，怎样才能更快地了解新班级学生的情况，有的放矢开展工作呢？

中医讲究"望、闻、问、切"，这样才能对病人的病情做出正确的判断。我想，班级里的问题学生也是一群心理上需要治疗的"小病人"，他们更需要我们新的班主任进行有效而正确的诊治。

第一步：望，找出问题学生

新接班，班里的几十个孩子都是新面孔，想要了解他们的情况，首要的就是我们教师多花时间去细细观察。课堂上观察他们听课、发言、学习习惯；课余时间观察他们与同学、老师的交往，观察他们与伙伴的嬉戏……观察他们在日常生活中的言行举止，会让我们很快地发现问题学生的所在：他们在学习和品德上存在一些问题，跟不上班级的整体要求，完不成课程标准规定的起码目标，在思想品德和心理品质上存在问题和障碍，反复出现违反与其年龄相应的道德准则和纪律，侵犯他人或公共利益。这类学生主要是由于个体发展潜能及发展需要没有得到应有的张扬，不能完成基本学习任务，他们更需要在他人帮助下解决问题。

第二步：闻，了解问题学生的情况

兵法有云：攻心为上，攻城为辅。班主任工作也是如此，对于新班里的几十位学生，要想更顺利地开展工作，最好的办法莫过于将心比心，以真诚打开学生的心门，听一听他们的心声，了解他们的真实想法，这样我们遇事才不会过于主观，有失偏颇。"问题学生"之所以成为"问题"，大多是他们的内心想法得不到实现，压抑太久没有出路，自然就会想到一些其他的疏通途径。所以，越是问题学生，越应给他们机会，让他们有机会表现自己的真实想法，多点认真倾听，多些真诚首肯，多听听学生们感兴趣的话题，多给问题学生发表看法的机会，也许会让我们更好地融入新班，更顺利地开展工作。

第三步：问，拉近师生距离

对于陌生人，我们的第一反应就是保持距离，孩子们更是如此，所以，新教师还应主动出击，多咨询学生们对新教师工作的看法，多问问学生们的家庭情况，平时爱看什么书，朋友是哪几位，爱玩什么游戏，等等。特别是问题学生，他们往往有着比一般学生更活跃的想法、更积极的行动，而且他们更渴望得到新老师的认可，毕竟谁也不想长期被别人认为是个格格不入的人。新教师的到来往往是孩子们获得"新救赎"的机会。平日里，他们往往受到的表扬比较少，教师的批评、同学的轻视、家长的打骂，使他们的自尊心受到极大的伤害，很容易产生心理偏激，因此，更要尊重他们，与他们多沟通、多谈心，帮助他们树立自信。

第四步：切，找准问题病因，对症下药

找准病因，分析问题学生的个性特征，注重因材施教，是我们转化问题学生的有效手段。当我们找出问题学生后，就要针对他们的个性特征，遵循教育教学规律，帮助他们适应新教师的新要求，对问题学生进行有效的转化：对厌学型的孩子多关注其学习；纪律型的课上多关注、课后多谈心；品德型的多与其家庭联络，协同纠偏；心理障碍型的帮助他们学会与人沟通，多交朋友；"好学生"型的，提高他们的抗挫折能力，加强心理辅导……针对不同的病因，教师应施以不同的手法进行诊治。

著名教育家陶行知说过："一切最好的教育方法，一切最好的教育艺术，都产生于教师对学生无比热爱的炽热心灵中。"爱学生，更要爱那些给我们出了不少难题，助我们锻炼出十八般武艺样样精通的问题学生，因为换个角度想，正是有了这些需要我们付出更多心血的孩子，我们的工作才更加充实！

接新班，制度先行

惠州市南坛小学实验学校　陈友廷

"老师，教室里有一个风扇坏了怎么办？"

"老师，××没做眼保健操，我们班被扣分了……"

"老师，我们班的黑板报谁出啊？"

…………

作为一名接新班的班主任，一开始每天都要被这些琐碎的问题纠结，每天都有数不清的事要处理，既有固定的事，也有偶发的事。班主任疲于应付，烦不胜烦。接手新班意味着新的开始。这个开始，既是学生熟悉、适应新班主任的开始，也是班主任建设新的班集体的开始。刚接手班级千头万绪，从何下手？立国先立法，定规先定制。要领导、建设一个新班级，第一要紧事是把班级制度建设起来，让学生有"法"可依。值得注意的是，班级制度不同于班规，比班规要更周详，更系统。我们可以尝试从以下几方面努力。

一、工作标准化

以擦黑板为例，黑板什么时间擦、擦到什么程度算达到要求，不是学生说了算，也不是班主任说了算。我们可以制定一个擦黑板的"行业标准"。标准如下：

（1）每节课一下课就擦黑板。

（2）黑板擦过后应该完全看不到字迹。

（3）每天中午和下午各清理一次黑板槽，保证无积尘。

（4）每天用完后的黑板擦需要清理上面的粉尘。

（5）每天放学后用湿抹布清洗黑板。

有了标准，就可以很好地解决"你应该怎么做"和"我应该怎么查"的问题。用同样的理念我们可以设计出"拖地的标准""摆桌椅的标准""正确佩戴红领巾的标准"等等，让学生有章可循。有一个标准，班级工作运转就可以更有序。

二、班干部部门化

每个学生都有自己的能力特长和兴趣爱好，如果每个人都有自己的职能，班级凝聚力就强。我们可以打破常规班长主导的班委会形式，把班干部职能分成各个部门，让每个部门各司其职，将班级的事务都分解到这些部门来完成。

学习部：主要负责早读、作业收发。

纪律部：主要负责红领巾、校牌规范佩戴及自习课纪律。

卫生部：负责值日卫生。

生活部：负责补办校牌、班费管理等。

文娱部：负责午唱、节日庆祝活动的组织。

体育部：负责每天的出操、校运会等体育活动。

宣传部：负责教室的环境布置、布置板报。

这样，如果有班级事务需要处理，学生不会只找班主任，而会找负责的班干部，班主任可以从琐碎的小事中解放出来。

三、班务正规化

什么是正规化？就是对日常工作中的事郑重其事地对待。如果有学生犯了错，要登记进班级日志，有学生受到了表扬或者做了好事也要登记进班级日志。如果要评优评先，那么要先有评优的条件颁布，不能是班主任口头上拍脑袋决定，这样学生完全不知道评优的标准是怎样的，班主任的公正性往往会受到学生的怀疑。而接手新班，一旦让学生认定班主任处事不公，对班级集体建设将产生破坏性影响。

班级的制度建设看似无形，但一旦建立起来，整个班级的运转就会像有了灵魂一样，对接新班的班主任来说也就能四两拨千斤了，班级管理水平将有质的提高。

用班级文化影响学生

惠州市十一小学金榜分校　张小金

接手新班是一件令人头疼的事，我接手过五次新班级，开始时感觉挺痛苦的，但慢慢地自己也总结出了一些经验，用一句话总结就是"用'文化'促'转化'"。用班级文化来影响新接班学生，能快速形成班级凝聚力，让学生们较快地进入了你的管理轨道之中。下面仅以视觉文化来谈谈我新接一个班级之后的一些具体做法：

课室就像一个家，如果课室不整洁，会对学生产生不良影响。所以，刚接班的第一个星期，我着重打造温馨整洁的教室环境和富有特色的教室文化。如给学生们制定严格的清洁课室的标准，必须保证每时每刻看到的课室都是干净整洁的。接下来发动学生们对课室进行了布置，如在明亮的窗户上贴上有文化意义的贴画，在课室的角落放上图书柜，认真出好后墙的板报，还把前一年学生活动的照片做了一期宣传栏或照片墙，主题是"相亲相爱一家人"，孩子们比较快地把课室当成自己的家，从而爱护公物、讲究卫生。还有每周给表现突出的学生颁发表扬信，然后让家长签名后交回班级统一贴到课室"我被表扬了"的表扬栏里。这样一来，学生就非常渴望能得到老师发的表扬信，从而强制自己表现优秀，慢慢地从"他律"变为"自律"，良好的行为习惯也就逐渐形成了。

文化氛围就像个磁场，孩子们在这一个场里被正确的、积极的东西磁化，会潜移默化地使自己的心灵净化、人品美化、情操高尚化。我相信，接手新班后用班级文化来影响学生是一个不错的选择。

"立新"未必要先"破旧"

惠州市第十一小学　毛江玲

首先，班主任需要从以前的班级文化、班级制度中吸取精华。任何班级制度，制定者的动机都是要有利于班级建设，只是在操作过程中会分化，或者落实到位，易行有效；或者执行不够，不符合班级实情，最后达不到预期目的。对于前者，就可信手拈来，为我所用，何苦要再创造些新的名目，大可全部保留。对于后者，可以去观察去分析，找出症结所在。执行不够导致成为一纸空文的，就去抓落实；不合实情的，就去创新去改革；没有再造的价值，就可完全舍弃。

其次，班级文化制度具有一定的稳定性，要想一下子全部"立新"可能会吃力不讨好。若有个别学生习惯了以前的制度，依恋以前的老师，内心留恋旧班，他们对新班一方面充满期待，一方面又会做新旧比较，产生排斥逆反心理。所以，新班主任还是要将班级情况彻底摸清之后，再寻求好的治班之策，切不可操之过急。

所以，新班主任可以利用班会课师生讨论，旧班哪些好的做法要保留，哪些需要有所变化，在此基础上制定班规。民主坦诚的氛围，相信会使学生肩负责任感，畅所欲言，献言献策。

新班主任治理班级还要有发展的眼光，可以让学生纵向比较，看看自己升了一个年级后有了哪些进步；可以面向学生大张旗鼓地赞扬以前老师的优点，引导学生尊师爱班；可以教育学生对以前的老师要感恩，在教师节号召学生给以前的老师说一句问候，做一张贺卡，写一封书信。班主任接手新班，"立新"之前别急着"破旧"。

孩子，你慢慢来

——听班主任讲孩子们成长的那些事

广东省许红名班主任工作室

编者按

> 班主任，一个普通的称呼，一个平凡的岗位，春夏秋冬又一季，每天，孩子们的点点滴滴早已刻进他们的心，他们的脑。本期我们来听听广东省许红名班主任工作室教师们讲孩子们成长的那些事。

等待，让教育变得更美

惠州市第十一小学金榜分校　张小金

前段时间，我和爱人跟女儿一同种下了几颗向日葵种子。

种子是女儿在商店里精挑细选后买下来的。拿回家，从专心致志地读种植说明书到小心翼翼地拆开包装，再一点点小心地撒入植盆，每一步都做得一丝不苟。当三颗种子一颗颗被种入时，小家伙欢呼雀跃，声音激动而自豪。面对这即将成为家庭一员的新生命，小家伙恭敬而虔诚，如同呵护心中的小宝贝。

小家伙每天从幼儿园回来后的第一件事就是忙着给种子浇水，每天都扬起小脸蛋期盼地问："妈妈，种子什么时候发芽？为什么还没看见向日葵的种子长出来呢？说明书上说种子6天就会发芽，现在还剩多少天呀？"她还告诉我，在幼儿园里，最想念的就是向日葵了……

时间一天天过去，对于久未谋面的小生命，小家伙没有了起初的好奇和新鲜，但仍旧在等待。而我却没了耐心，开始寻思是否要换上备用的种子。

几天的阴雨连绵日，暖阳重新露脸。

早晨，推开阳台上的玻璃门，一股清风扑面而来，"吹面不寒杨柳风"，春的气息越发浓郁。俯身向日葵，一点柔绿刺激了我的眼球，我欣喜地回望正在酣睡的女儿，真想一把抱起她看这动人的绿。真的，是真的！我们的向日葵发芽了！

生命就是这样奇妙，几天前正在犹豫着是否要挖掉旧种子，重新撒上备用的种子时，正当要对这迟来的小生命放弃时，今天它居然发芽了！焦躁地等待结果，往往容易忽视生命成长的过程——每一步小心翼翼地行走，积累下来就是质的变化，因为成长需要孕育，需要等待！

我们的教育不也需要如此吗？

作为班主任的我们，常会这样做：

我们是否经常在学生犯错误时，或低头不语，或敌视倔强不说，或几乎不假思索地简单粗暴地斥责几句以解心头之火，之后却不了了之，让孩子的违纪现象依旧？

学生回答问题时，想急着表达又常吞吞吐吐，或说来说去不在我们的预设中。我们是否为了急于听到孩子正确无误的回答，而迫不及待地把答案全盘托出，甚至让学生做好整齐划一的笔记，恨不得把学生这只"鸭子"填饱？课后，学生的作业仍是错漏百出，继而学生开始变得不懂思考，不愿发言。

学生有心事时，不想回答问题，不愿跟他人沟通，没有很好地完成作业，我们是否马上觉得学生变得不守规矩了？接着便是把他们拉到身边，开始一番数落与训斥。之后，孩子觉得世界上没人能理解他们，开始变得孤僻，内向，甚至自暴自弃，不爱学习。

更多的时候，在对待学生的态度上，我们很多班主任有太多恨铁不成钢，太多迫不及待，太多想立竿见影，太多想整齐划一。

也许，教育更多是一种等待。等待，让教育变得更美！

体验，也是一种成长

惠州市富民小学　刘晓华

如何开展五月"感恩母亲"主题班会呢？我一改过去的说教，来个体验式教育，让孩子扮演孕妇，体验妈妈十月怀胎的辛苦。活动开始，我宣布："今天我们到操场活动！"顿时，班上像炸开了锅，孩子们兴奋得一蹦三尺高。"大家把书包背上。""啊，背书包？""多不方便啊！""那么重，多累啊！"孩子们一边议论着，一边向操场走去。

正当学生们准备卸下包袱，好好玩乐一番时，我却没有停下来的意思，继续带队向前走。孩子们开始叽叽喳喳议论起来，我却无视他们的牢骚，反而小跑起来了。随着我身后脚步声的减弱，孩子们的脚步开始放慢了。随着我的一声"停"，孩子们如释重负，齐齐瘫倒在地，大口喘气，"妈呀！终于停下来了……"

"感觉如何？"我问道。"好累啊！""我都想扔掉这个书包。""这是什么活啊，折腾死人了。"……孩子们大吐苦水，我微笑地问道："背书包跑步，你们联想到什么？""乌龟。""托运工人。""外星人啦。"……五花八门的答案脱口而出。突然一个"孕妇"的答案让我竖起了大拇指："是啊，我们的妈妈就是这样，十月怀胎生下孩子，为宝宝的生活起居劳心劳累！我们该怎样去感恩妈妈的那份无私呢？"顿时，操场上安静下来。

看着孩子们那可爱的脸蛋，我继续说："'母亲节'快到了，你们有什么话要对妈妈说呢？或者想为妈妈做点什么？孩子们，只要你表达了自己的爱，再稚拙的礼物，也会让妈妈觉得幸福无比！"那一张张小嘴说出了动人的答案："我出生的时候7斤半，在肚子里的时候妈妈肯定感到很重！""我回去给妈妈捶背！""我要送一枝玫瑰花给妈妈……"

几天后，当我翻开孩子们的日记本，细细品味着家长们写的评语时，一股暖流涌遍全身——感恩母爱，这就是体验式教育的成效！

留守的爱

惠州市横沥镇中心学校　林丽丹

　　自从农村撤并学校以来，镇中心小学就多了一群少小离家求学的孩子。班里大多是内宿生，星期天就要到校上晚修。

　　因学校要组织到德育基地开展实践活动，故周日返校时，很多学生带了钱来准备交给老师。令人担心的事情发生了，一个八人住的宿舍里居然有四人的钱丢失。小A丢失100元，小B丢失50元，小C丢失20元，小D丢失5元。四人的钱均在星期天晚自习后发现遗失。

　　我急得团团转，早操后将那个宿舍的学生都留在操场上，一一询问却未得到任何有效信息，只能将他们带到值班室。校长、主任轮番询问，也只能推断是他们自己宿舍的成员偷的，但并不能确定谁是偷窃者。

　　校长安慰我说："学校那层楼的监控还未调试好，不知道当时是否是其他宿舍的学生拿的。找不回来就算了，不用再让学生交钱，到时候学校出，但要对学生进行教育。"校长的贴心话让我的心平静下来，想着，也许我可以拿监控来说事。

　　班里的学生都静静地留在教室，等待着……我调整好情绪，快步走进教室，对学生们说："我现在要去做一件很不情愿的事，去看看监控……"教室里寂静无声，上课铃声正好响起，我离开教室。

　　第二节课正好是语文课，我给每个学生发了一张纸。"如果是你，请你写在纸上告诉我是你做的，如果你主动承认错误，我不会告诉任何人，包括校长。如果钱被你花了，你告诉我，我可以先帮你垫上，以后用你自己的零用钱还。"我又一字一顿地说："刚才，我已经查看了监控，请每个同学都拿起笔，不是你拿的，你也写上自己的想法、折好。不要看别人的，也不要给别人看。"我亲自收上学生们的小纸条，一张张打开，看完所有的小纸条，我松了一口气——是小A和小D拿的。"请所有的男生中午吃完饭后，轮流到老师的办公室聊聊天，拿了钱的那位同学请将钱带上。"班会课上，我对全班说："所有的钱都找回来了，请同学们不要再追问是谁拿的。那位拿钱的同学心里也不要有负担，老师答应了的事情一定会做到。我相信你只是一时的贪念，并不是真的小偷。但是，请你从现在开始，努力做一个诚实的孩子。"

作为一名乡镇小学的班主任，面对的是越来越多的留守儿童，他们周末在家都是由年迈且文化程度不高的老人带，以致疏于管教，养成了许多坏习气，如缺乏自觉性，纪律松散，学习马虎……在教育过程中，更要细心呵护，耐心倾听孩子们的心声，用爱心去包容孩子们的言行，耐心引导，尽己所能把他们引到正确的道路上来。

让教育多一把评价的"尺子"

广东省许红名班主任工作室

编者按

　　谈起对学生的评价，人们马上想到的是学校考试、学习成绩。大部分家长对孩子的要求，就是分数和排名，学校、教师表彰的"好学生"也主要是学习、纪律方面表现突出的孩子。很显然，我们对学生的评价过多地聚焦在了学习方面，我们的评价指标单一局限。其实，如果我们能在评价孩子时，多一把尺子，多一种评价标准，孩子将可能多一份发展，多一个成功的机会。

多一把尺子，让顽石开花

惠州市南坛小学实验学校　曾一琦

　　爱因斯坦说："如果你根据能不能爬树来判断一条鱼的能力，那你一生都会认为它是愚蠢的。"这听起来很荒谬，但是在过去很长一段时间，对于学生的评价，作为教师的我们恰恰就是这么做的。

　　长久以来我们只用分数来衡量学生的好坏，成绩好的学生就得到教师、家长的褒奖，成绩差的学生日子就不那么好过了。我们以这种狭隘的标准来评价学生，导致很多有天赋但是成绩不突出的学生被忽视。今天，我们要在肯定教育应该有标准的同时，再多拿一把尺子来衡量学生，让更多学生在这把人性化的尺子中展示精彩。

有些孩子不适合系统教育，所以他的学业成绩不是很理想，但也许在某方面他能展示出众的才华。比如韩寒，高一就退学了，但是他创作了大量优秀的文学作品，在赛车比赛中屡获佳绩。还有中国的童话大王郑渊洁，上小学时，郑渊洁被老师叫到讲台前，面对全班同学说了100遍"我是全班最差的学生"，后又因不按老师要求写作文等"错误"而退学。25年前，人们看不起这个只有小学4年级学历的狂生；25年后，人们则看不懂这个头脑中有无数创作灵感的大师。有些学生体格不健壮，但是心灵手巧；有些学生擅长音乐，有些学生擅长数理化，有些学生擅长沟通交流……每个孩子身上都有闪光点，我们要善于发现和发掘，并且给予及时恰当的鼓励，提供足够的平台，努力引导他们往良性的多元化的方向发展。

在教育孩子过程中，我尽量让每一个孩子都有展示才艺的机会。有一次，学习了《葡萄沟》一课后，我要求学生用喜欢的方式介绍家乡的风景或特产。我原本以为他们会用一贯的写作文的形式呈现，但是，第二天的展示课上，他们带给了我不小的惊喜。喜欢写作的平平交上来的是一篇描写细腻形象的作文；富有绘画天赋的紫芊用一幅画向我们展示了家乡大海的辽阔和深邃；善于表演的晓静大展歌喉，一曲《客家妹子爱唱歌》深深地打动了我……不同的作业方式，学生从不同手段展示了家乡特色，也展示了个人优势。从这次成功的作业中我看到了，多样化的评价方式带来的全新的学习面貌。

每个孩子都是独特的生命个体，教师或者父母要做的不是以自己的理解去定义和塑造孩子的成功，而是多角度地肯定、激发孩子。教育是为了孩子成才，但是孩子成才的方向却有千千万万，我们作为教育者，应该抛弃曾经的以学业成绩来衡量孩子优劣这条单一的标准，多拿一把尺子评价学生，将会拯救那些在成绩、分数面前失去自信的孩子，犹如在他们上坡时，拉了他们一把。

多一把尺子量教育，用智慧的眼睛帮助孩子找到自己的优势，给他们更多、更好的成长平台，说不定，顽石也能开出美丽的花朵。

为师者，要善于寻"尺"

惠州市第十一小学金榜分校　张小金

几年前，我刚调到一所新学校工作。

开学初，为了更快地了解班上情况，课间十分钟，我常常会和学生聊上几句才回办公室。当来到矮小的安面前时，我亲切地问道："请问你叫什么名字？"他的眼神没有其他孩子的羞涩和兴奋，只见他侧着头，用近乎仇视的目光冷冷地说道："你不会问别人啊？"说完扭过头继续玩他的玩具。我的手还未离开他温热的头，可心已经凉了一大截。安的行为，让我感到震惊、不安。

经了解，安是一个父母离异的孩子。母亲改嫁，他跟着生父和继母一起生活。由于幼小时疏于照顾，所以从小体弱多病。在我接班前的一个学期，他基本属于生病休学状态，在校学习一度中断。这孩子没有学习自信心，学习基础十分薄弱，成绩极差，而且常常违反纪律，从不交作业，经常受老师批评，老师们为此经常头痛不已。

得知这是一个缺乏关注和关爱的孩子，我决定这样做。

1. 积极关注，拒绝冷漠

每天给予他比别人更多的关注，如，提醒他把红领巾系好，衣领翻好，鞋子擦干净，等等，从生活的细微处入手，拉近师生距离，希望能慢慢融化他那颗冰冷的心。

2. 满足期待，远离自卑

开学第二天，我把他的座位调到了最靠近讲台的位置，问他是否愿意每天帮我拿扩音器。刚开始他不相信地看着我，我微笑着，继续用真诚的目光征求他的意见。不多久，他很乐意地答应我，而且工作积极准时。每一次他把扩音器放到讲台前时，我都真诚地向他说声"谢谢"。他慢慢感觉自己有事可做了，不再经常有事没事跟同学们找碴。

3. 提高期待，重拾自信

拿扩音器的工作做好后，我又给他"升职"，以表奖励，那就是当语文课代表的小助手。他每天都把没按时交作业的同学名单列得很清楚，过后还不忘提醒他们补交作业。就这样，同学们开始认可安的工作责任心，并为安的善意提醒投去感激的目光，开始有越来越多的同学跟安一起玩。乘着他这个工作热情的劲头，我和他谈起了学习。我告诉他，只要不懂就可以在送交作业的时候来问老师，他很开心地点点头。之后，在课堂上我也常常看到他坐得端端正正的样子。

4. 家校合力，走近优秀

当安有一点一滴的进步时，我都会用校讯通、打电话或表扬信的方式告知家长，让家长对安有持续积极的关注和合理的期待。

今天，安同学的变化就像他自己所说的"改头换脸"。的确如此，安自信了、文明了、积极了、阳光了，更受欢迎了，成绩也稳中有进步了。

看到安的改变，我庆幸自己没有只拿分数这把尺子去衡量安的发展。我更多地关注了安内心真正的需求——被爱、被关注、被期待。同时根据安的个性和需求，为他另寻度尺，于是使他获得了前所未有的信心，并取得了一次又一次的进步。

只要用心我们就会发现：每个孩子都是某方面的天才。为师者，要善于寻"尺"。

多一把"尺子"，多一份幸福的滋味

惠州市南坛小学实验学校　黄艳玲

作为一名一线的教育工作者，一名小学班主任，如何让教育"多一把评价的尺子"？我一直在思索着，并尝试着。

苏霍姆林斯基说过："教师无意间的一句话，可能造就一个天才，也可能毁灭一个天才。"新《课程标准》更加注重学生的发展性评价，发展性评价的侧重点不同于以往注重甄别与选拔的阶段性评价。发展性评价更强调评价过程的持续性，更加注重评价对人的促进作用。教师不仅要了解学生、相信学生、尊重学生、关爱学生，而且还要依靠学生、保护学生，尊重学生的个体差异。

我们班有个叫小宇的孩子，他从一年级到三年级，成绩一直比较差，虽然各科老师都没少下功夫，课堂上多提醒多关注，课余时间多辅导……但他的成绩一直没有什么起色。我真的十分能理解这孩子，他就是这样一个词语至少要抄写20次才能掌握并且隔一两天便又会遗忘的孩子。我并没有因为他难教而过多地批评他，否定他，因为他的闪光点是那么的多。他有一双总能变废为宝的巧手，很多可以被废弃的纸盒、报纸等总能在他手里变成意想不到的手工品。他还是一位对自己的形象要求很高的孩子，红领巾一直有棱有角，身穿白色礼服套装时脚上必穿白袜子和黑皮鞋，哪怕夏天也一样。对于这样一个一丝不苟的孩子，我除了发自内心的喜欢，经常当着全班同学的面表扬他，还授予他当我们班的"仪容仪表监督员"。我也经常想，小宇这样的孩子将来进入社会工作与生活，肯定也不会像他当前的学习一样糟糕吧，因为他有一双善于编织生活的双手与一颗细致纤敏的心。

只要以分数为唯一的评价标准，很多孩子是真的毫无尊严可言的。可如果我们能以发展性的眼光去看待每一位孩子，每一位孩子的身上一定都有他们自己的闪光点。

我经常在班上教育孩子们，每个人生来都是天使，都有可爱之处，都有某种超强的能力，看到别人发挥了超强的能力，我们就要夸赞他。于是班上经常能听到这样的正能量评价，"你的书写能力真强！""你待人有礼貌，真好！""你的跳绳本领真强！"每个人在这样的赞赏中，都发现了自己与别人的闪光点，学习与生活都处在温暖、有力的磁场中。

无疑，单一的、功利的以分数为主的评价方式吞噬着教与学的快乐，吞噬着教师与学生的幸福。我相信，多一把评价的尺子，我们的教育教学工作会多一份幸福的滋味。

多一把"尺子"，多一份悦纳

惠州市惠南学校　陈小燕

美国著名心理学家威廉·詹姆斯研究发现："人类本性中最深刻的渴求就是受到赞美。"作为正在成长中的孩子，他们身上有不良习惯和弱点是难免的，实事求是地赞美他们，对于管理班级能起到事半功倍的效果。在教育的过程中，班主任为了学生能不断取得进步，会对学生提出严格乃至苛刻的要求，有时甚至会与学生之间发生一些教育上的摩擦、碰撞，以致事与愿违。其实，只要我们多一把衡量的尺子，就会多一批好学生。

每一个孩子都有自己的闪光点，班主任要抓住孩子的闪光点，大力表扬他，树立起孩子的自信心。可是我曾听一位班主任说："我想表扬他，可是我找不到他的优点。"的确，班主任有时对学生的评价会走向单一化。那些学习进步比较明显的学生就会更多地受到老师的表扬和肯定，而那些成绩进步不明显或者是没有用心学习的学生就很少受到表扬和鼓励。如果教师在评价学生时，能够用多把激励性评价的尺子来衡量学生，注重评价的激励性、多元性、延伸性，每个学生就会多一个机会体验到成功。

学年初，我接到了一个全年级成绩最差的学生，一年级的成绩就只有个位数，所有教过他的老师谈到他时结论都惊人的一致："他——我是没办法教了。"可是，我不这样认为，我认为每一个孩子都有其闪光点，我首先找到他的家长，把我发现的孩子身上的优点说出来，让家长尊重孩子，多给孩子激励性的教育。接着，我经常在班上帮孩子树立信心。对于这种孩子，不能用同样的标准跟其他学生做比较，我对他的要求是比较低的，只要他上课坐得端正，我就很夸张地说："你们看，小明坐得多端正，我们把掌声送给他。"从他的眼神中，我可以读出他此时此刻是多么地高兴。为了树立起孩子的信心，我经常找他谈话，传递着自己有多么喜欢他，相信他一定可以进步。同时，在他的听写本上，哪怕他只写对了一个词，我也会在他的本子上写"你进步了，你真了不起，继续努力，你一定会更棒的！"并在班上大力表扬他这次听写有进步。孩子受到鼓励后，学习热情和思考探索的积极性更高了。俗话说："良言一句三冬暖，恶言一句暑天寒。"人人都爱受到别人的表扬，尤其是小孩。鼓励孩子会使他们更加积极向上。在一次次的掌声中，小明妈妈反映，小明在家学习自觉了，虽然很多不会，但学习的积极性提高了，成绩也一次比一次有进步。虽然他不是班上成绩最好的，但起码他进步了。是金子，就让它发光；是铁矿石，就把它炼成钢铁；是泥巴，就把它做成瓦罐。

作为班主任，要善待每一个孩子，用心去呵护孩子的心灵，用行动去感染他们的思维和灵魂，用真诚的鼓励来帮助孩子，促进他们成功、进步。同时，要注意留给他们时间和空间，允许他们失败，让孩子在我们的掌声中成长，为孩子撑起一片广阔的蓝天。

来自网络时代的班主任

广东省许红名班主任工作室

QQ相册传真情

惠州市第七小学　冯玉梅

带了三年的学生毕业了，看着QQ相册中他们的相片，为他们的点滴变化而感慨，当时的"婴儿肥"长成了秀丽的姑娘，当时的"小不点儿"一下子蹿成了现在的挺拔男，当时的"羞涩小子"早就独当一面成了班中的劳动委员……点击鼠标，翻看这三年间我为学生们拍摄的一张张照片，为人师的骄傲与自豪，面临分别的心酸与伤感，五味杂陈，让我不由得感慨时光的飞逝。

还记得刚接这个班后，我买了一部小相机，随身带着，不忙的时候就会给学生们拍拍照，虽然拍出来的照片未必张张好看，但我愿意用照片记录学生的在校生活，也以此拉近与学生间的距离。刚开始我就给表现好的孩子拍，得了奖了，来一张；发言积极，来一张；劳动认真，来一张；积极捐书，来一张……就这样，我的照片内容越来越丰富，学生的作业，班中的风貌，校园内的改变，学生的课余生活等，都被我收入镜头当中，我用照片记录学生们在校的情况，然后把照片放进QQ相册中，孩子们可以登录我的QQ账号后自由观看或取用，有时开家长会或是开班会，我都会到QQ相册中找一找相关的照片，对工作也有很大的帮助。

记得有一次开家长会，在会前，我便以幻灯片的方式把学生的相片在大屏幕上播放出来，并配上文字加以说明：值日认真的孩子自理能力强，作业工整的孩子有自律性，课间爱奔跑的孩子运动细胞比较发达，常帮助同学的孩子充满爱心，文静不爱讲话的孩子或许手工很不错……在幻灯展示的同时，我也在向家长们传递一个信息，学习，不是最主要的目的，有时我们要多些角度来评价孩子，或许孩子们会更有进步。早一些来校的家长纷纷被幻灯片吸引住了，不仅是为自己的孩子，更为其他孩子而鼓掌。第二天，看着孩子们的笑脸，我知道，这些孩子们一开完家长会就被批的厄运将从此改变，通过我的照片，家长们多了一个渠道、多了一个角度看孩子，更多了一个理由爱孩子。

六月份，孩子们要求开一个特别一点儿的班会，我同意了，放手让班级中能力较强的学生去执行任务。班会的各个节目都搞得有声有色，其中最让我感动的是学生们播放了一组照片，全都是我以往给他们拍的。每放一张，就有讲解员在一旁叙述，全班共同回顾了这三年来我们在一起的点点滴滴。最后，全班同学齐声向我致谢。当时，泪水真的是不由自主地往下流淌。

我要感谢我的学生，是他们让我更深切地体会到高僧索达吉堪布说的："做才是得到。"我更想告诉我周围的朋友，当我们用手机发微博、发微信时，不妨把镜头多对准我们的学生，也许，你会发现成绩以外的一些故事。一些让人感动的瞬间或许就在你指间按下时定格，并值得我们回味一生。

微信，筑牢留守之爱

惠州市横沥镇中心小学　林丽丹

我班百分之九十以上的学生是留守儿童，父母常年在外打工，对孩子学习和生活的了解少之又少，唯一能见面沟通了解的就只有每周，甚至每月见面的那短暂的一天时间。平时我会利用电话或校讯通与家长进行沟通，与家长交流孩子在校的学习和生活情况。用电话和校讯通交流，虽然直截了当，但却受时间或空间限制。自微信普及以来，我时常收到家长请求加为好友的信息。我开始琢磨着，是不是可以利用微信为学生再搭建一座家校沟通的平台，互联网信息量大，交流速度快，利用网络来交流可以不受时间和空间的限制。作为班主任，作为德育工作的直接组织者和实施者，怎样利用微信再搭建一座家校交流平台，让家长可以更好地了解学生在校的学习和生活情况，更新教育孩子的观念，让学生更好地进行学习呢？

班里的孩子大多由年迈且文化程度不高的老人带，以致疏于管教，养成了许多坏习气，如缺乏自觉性、纪律松散、学习马虎……问题最为严重的是小C，他聪明活泼，但坏习气可真不少，学习缺乏自觉性，纪律松散，带领班里的几个小捣蛋惹了不少事端。白天在课堂上与老师对着干，惹得科任教师无法正常上课；夜里在宿舍讲鬼故事，吓得同学躲在被窝里不敢睡觉。我找他谈话，可他总是一副无所谓的样子，多次打电话给家长，但总是无人接听。我试着加了他的母亲为好友。通过信息交流，我了解到小C父母离异后，母亲再婚并且又生了孩子，对小C的关注大大减少。小C心理失落感大增，这才不断惹是生非，想引起大家的关注。

我有意识地拍下小C在校生活的点点滴滴，如他在大课间与同学跳长绳的精彩动作，在宿舍打扫卫生的勤劳背影，在球场上投篮的矫捷身影……及时地发送给他的母亲。慢慢地，我发现同学们对他的投诉渐渐少了，科任教师对于他的投诉也少了。在教育过程中，我及时调整方法，利用微信将学生在校的学习生活照发给家长，让家长实实在在地了解到孩子在校的情况，配合教师，通过正面的引导教育，取得了良好的效果。

打工在外的家长对孩子在校表现非常关注，但缺乏了解途径。于是，我将班里举行主题班队会的活动照片发到朋友圈，配上简洁的文字说明，让家长了解班里的学情。小F（年前因忧郁症被家长带去看心理医生）的家长给我发信息："老师，谢谢您让我了解到孩子在校的快乐生活，让我知道，她真的变得很快乐！"学生活动时，我用手机留下了他们在校的精彩瞬间，此时，我不仅仅是他们的老师，还是他们的忠实观众。这让我更加关注每一位学生，更了解班级的情况。

空闲时，我时常将有关教育的资料分享到朋友圈，更新家长的教育观念，让家长从这些教育方法中得到了帮助，使家长的教育方式有所改变，最终让孩子们的人生得到了积极的改变。

作为一名乡村班主任，留守儿童是我们心里的痛，他们比同龄的城市儿童承受了更多的离别和思念，虽然我无法拉近地理的距离，但我可以用微信拉近与他们的心理距离，给予他们莫大的心理安慰。

让孩子在童年看见"风景"

广东省许红名班主任工作室

编者按

一个人经历一个什么样的心路历程，就会有一个什么样的价值判断，就会表现出与他的价值判断相一致的行为。一个孩子12年的求学之路上，我们应该让他对学习生活有一种什么样的体验和感受？让我们的孩子经历一个情感不断愉悦、精神不断富足、灵魂不断升华的过程，让他们一边成长一边欣赏成长沿途中的"风景"应当成为我们每个教师的追求。

我把风景还给你

惠州市南坛小学实验学校　黄艳玲

孩子，

让我送给你这样的校园，好吗？

春天，我们躺在草地上看悠悠白云，

再开辟一片小园地，种上喜欢的凤仙花，

在她的根下，

我们和小蚂蚁一起快乐玩耍。

孩子，

让我们这样度过夏天，

围坐在树荫下读读诗、唱唱歌。

会的，我们多读上几首，

不会的，也不要叹气，这里没有分数，

有的只是鲜叶一样的稚嫩与银铃般的笑声。

那秋天与冬日呢？

哦！不要发愁。

那翩翩起舞的落叶和纷扬飘落的冬雨，

正排着队等着我们将它们编写成诗呢！

孩子，

我想把属于你的风景还给你！

还给孩子一个童年

惠州市南坛小学实验学校　游鲜红

孩子，你的周末在做什么？有没有在这难得的休息时间，去体验原本就属于你们的童年？在周末时有没有做自己想做的，玩自己想玩的，有没有属于你们自己的空间，自己的世界？

孩子，你的双休日或许可以这样安排，既能放松身心，又有所收获。

到图书馆去吧！那儿可以焕发学习兴趣，拓宽知识面，使你的知识技能和创造能力共同提高。

到野外去吧！美丽的田野，清新的空气可以减轻一周的疲劳，放松神经，小鱼、小兔，草莓、油菜花……你可以结识许许多多新朋友。

还可以陪妈妈逛逛街，到超市购物。在琳琅满目的超市里找找自己要买的东西，了解商品的不同分类，学会选择某件商品，懂得什么叫性价比，还可以学会怎样购买安全食品，学会怎样合理消费有结余。

双休日，在家做一些力所能及的事，体会温馨的家需要一家人的共同创造，一起分享。

对了，双休日里你还可以成为一名小小志愿者，到敬老院去陪陪孤独的老人，帮助社区打扫卫生……去感受感受劳动的喜悦，体验体验"赠人玫瑰，手有余香"的快乐。

…………

　　还孩子一个自由的双休日，让他们在周末做自己喜欢做的事；把童趣还给孩子，让他们长大后拥有更多快乐的记忆，我想，这是每个家长，每个老师，乃至整个社会应该努力去做的。

书中自有"好风景"

惠州市南坛小学实验小学　陈　娟

　　一个人的成长，应该是一个情感不断愉悦、精神不断富足、灵魂不断升华的过程。我希望在从教的过程中，能带领孩子们畅游书的海洋，领略中华文化的渊源，将阅读带来的快乐延伸至孩子们的心灵深处，让他们在成长的路上看到不一样的"风景"。

　　阅读要从低年级抓起，我首先推荐图文并茂的阅读绘本，这类书籍最能激发孩子的阅读兴趣。高年级则逐渐引导孩子阅读小说、散文、史书，把阅读的种子播撒在教室的每一个角落。我要陪着孩子们静静地、静静地阅读，10分钟、20分钟……好书伴成长，经典润童年，每周的"好书推荐会"，每月的"读书分享会"，以读开启思维的门扉，以读开阔人生的视野，让好书伴随他们成长，让他们在书中欣赏到不一样的"风景"。

为学生"布景"

惠州市南坛小学实验学校　张晓兰

　　童年的风景是掀起时间的帷帘浮现的独家记忆。欢乐的童年光景会在孩子幼小的心灵里埋下美好的种子。

　　童年对人的一生的重要意义无须赘言。教育工作者就是要让学生看到这童年的"风景"。如何得以实现呢？我想，提供宽松、民主、和谐的教育氛围是前提。在人文关怀和良好的师生关系下，学生可以轻松愉快的心情面对学习、生活，建立起健康应对他人和社会环境的能力。纵使学习是艰苦的，纵使树人是百年的工程，教师的感化也能带领学生走出困境，迎来曙光。

为学生"布景"。良好的学习氛围就是孩子的乐土，谆谆教诲定能让孩子们看到童年的美好风景。愿可爱的孩子们的童年中，欢乐有我们相伴。

这也是风景

惠州市第十一小学　毛江玲

孩子的童年能看见许多"风景"，教师的"喜怒哀乐""七情六欲"必定是孩子想看见的风景之一。因为，没有哪个学生希望自己面对的是一架板起面孔的教书机器。但有些教师为了维护师道尊严，总是用峻肃的面孔、提高的声调来直面学生。一个不会表达自己情感的老师，一定得不到学生的喜欢和拥护。只有善于表达自己情感的老师，才会有一帮跟他"同哀怒，共喜乐"的学生。在小学任教的我，这种体会尤为深刻。

学校晨会上班级获得了"文明班"称号，这是对一个月来学生表现的肯定，岂不是一件大喜事？但有些班主任害怕有张扬招摇之嫌，竟然制止孩子们的欢呼声和掌声。聪明的教师，微笑地看着孩子尽情欢呼，或者干脆陪着孩子欢呼，此时释放的喜悦，一定是师生接着努力的动力。老师的比赛课获得佳绩或作品变成了铅字，千万不要偷着乐，独乐乐不如众乐乐，把获奖照片、奖状等大方地跟孩子们分享，你那满足的笑容将成为孩子美好的回忆和追逐的方向。测验成绩不尽如人意，想着自己的付出，想着和平行班的差距，老师真是又生气又哀伤。很多老师忍而不发，课堂情绪却大受影响。你完全可以展示此时自己最真实的一面，开诚布公地跟学生谈自己的"怒"和"伤"，引导学生尊重老师的劳动，激发学生向上的斗志，然后就是师生分析原因，制定策略。我相信，"危机"终究会变成"契机"。运动会上，老师尽情为孩子加油吧，你的热情会感染选手和啦啦队，一起朝着胜利去拼；课堂上，老师可以跟着作者或嬉、或笑、或怒、或骂，你的激情一定能让文本的情境走进学生内心；班级活动时，老师可以怀揣着一颗童心上路，跟学生们"疯"在一起……

老师们，让我们做一个情感丰富、善于表达的老师，那么，我们的身边将围绕着一帮性格阳光，精神丰盈的学生。有了情感真实丰富的老师，孩子们的求学路上就多了一道美丽的"风景"！

让孩子见到文明的风景

惠州市第七小学　冯玉梅

"老师早上好！""孩子早！"我接手的班级，每天的见面都是以一个甜甜的笑脸、一声亲切的问候开始，就连最羞涩的孩子也不会吝惜他们稚嫩的声音，这一声声师生间的问候，就是我每天工作的动力源泉。

今年我带的班中，有一位特别不爱说话的小女孩，与人交往总是羞涩万分，声音极小极小，需要弯下腰来才能听清，课堂上想听见她的发言，那无异于平民百姓听到皇帝的"金口玉言"！可就在上个星期，她早上来校时，主动跑到我的身边，开心地向我说了声："老师早上好！"天啊！声音响亮，字正腔圆，态度不卑不亢，队礼也敬得标准，因为这几个字发自她口，所以在我听来犹如天籁！这一整天，应该说到现在为止，我都在为她的问好而激动着，每次与她见面，我都有种控制不住的欢喜！

在我的班上，无论孩子学习成绩如何，每日的问候都是相同的，离开校园时的"再见"是真切的，每周末的那句"周末愉快"也是充满趣味的。我想，最文明的风景，就来自我们一线教师对孩子的最平常的影响。从开学第一天开始，与见到的每个孩子问好，哪怕是一个笑脸，一声简单的"早"，只要坚持下去，就会发现孩子们真的在转变。他们会与常向他们问好的老师更加贴心，对这样的老师也更加信赖。

教师对学生的影响，不仅仅限于课堂，更体现在平时的一言一行。"德艺双馨"原是文艺界德高者的冠名，但在我看来，这同样是我们教师追寻的目标！只有这样的教师，才能从内心深处影响学生，使学生在校园里见得到文明的风景。

成为会"造景"的"园林师"

惠州市南坛小学实验学校　陈友廷

喜欢苏州园林，源自多年前在初中课本上叶圣陶先生的那一篇《苏州园林》。时隔多年，文中有一段话让我至今念念不忘："假山的堆叠，可以说是一项艺术而不仅是技术。或者重峦叠嶂，或者是几座小山配合着竹子花木，全在乎设计者和匠师们生平多阅历，胸中有丘壑。"园林师对假山的堆叠竟须动用到生平阅历，竟须胸中有丘壑！不觉心中有所感。其实，我们现在的教育不正像极了在堆假山吗？

现在的教育，是工业化时代的教育，几千上万人规模的学校比比皆是。学生关在教室里啃着有限的几本教科书，出不了教室这个门。写《秋天的田野》学生没有见过田野，写《我的家乡》学生没有一点乡土情结。失去了鲜活的体验，我们教师也就只能在教室这个方寸之地就事论事了。这样的教育不是在堆假山是什么？

改变能改变的，适应不能改变的。教育是关乎社会整体的大问题，单靠教师一己之力无法改变很多。但是，我们还是有很多事可以做的。我们可以成为一个"园林师"，而不仅仅是一个园丁。园丁只会勤勤恳恳的辛劳，却未必胸中有丘壑，园林师则不同，他们能有所创造，能因地制宜地设计，能将心中的蓝图化为现实中的园林美景。身为新生代的新教师，不应只是埋头苦干的老黄牛，应是对教育事业有所追求的"园林师"。我们可以有所作为也必须有所作为，我们可以为孩子成长"造景"。为了丰富孩子的学习内容，我们可以在校本课程中钻研探索；为了丰富孩子的心灵世界，我们可以创设新颖多样的活动课程；为了孩子的真正成长，我们可以进行生命化教育；为了孩子……一个孩子12年的求学之路，我们没有理由总是让他的学习生活淹没在单调乏味的应试当中。

可以说，我们可以做的还有很多很多。如果每个教师都能成为"园林师"，在自己的小天地里尽心设计、尽情规划，那么，合众人之力，教育这座大园林也必将风景无限好，我们的孩子对学校流连忘返也就不是难事，我们离追求的教育也许就不远了！

孩子，我能为你做什么

广东省许红名班主任工作室

编者按

　　学校是一个微型的小社会。在班集体中生活与学习，既是形成自我、发展自我的过程，又是适应环境、互动共荣的过程。在这个过程当中，班主任该充当何种角色？苏霍姆林斯基说："每个儿童都是一个独一无二的世界。"一个班集体，正是由这些拥有丰富和鲜活个性的儿童组成的。儿童的个性发展与成长是集体进步与成长的内动力。那么作为班主任，我们能为他们做些什么呢？能带给他们什么呢？快乐？善良？自立？还是……

孩子，还你周末！

惠州市南坛小学实验学校　高晋

　　当教学楼的最后一声钟声敲响时，亲爱的孩子们，你们是如此欢呼雀跃，如同获得新生一般，我也是满脸笑容灿烂，如释重负。一周的学习生活又结束了，又可以自由地打发两日的生活了，校园里似乎真正迎来了一个春天。

　　想想上学期每周五放学的情景，真心觉得累！孩子们一个个愁容满面，背着沉重的书包，一副打了败仗的样子，完全没有周末轻松、自由的状态，因为他们要完成一大堆作业！而我一想到两天后的周一，心情也好不到哪里去！

时下，喊了多年的"课业减负"确实已经体现在教材上，但却没有落实到考试上，试题依旧很难，教学与考试脱节……这一切，不得不让很多教师在周末布置各种不同类型的作业，来巩固这一周的学习，抄写、听写、默写、阅读、朗读、作文、练习……于是乎孩子们一周五天起早贪黑的学习，好不容易盼来了双休，基本上被成堆的作业和补习班给占据了，孩子们很少有属于自己的自由支配的时间。可想而知，这种状态下，孩子们怎能有高效的学习效率，怎能有快乐的周末！

为了还孩子一个轻松、自由的周末，我制定了周末语文作业优惠政策：

（1）周一至周五每天的语文作业，等级为"优"的学生，可以申请免写周末语文作业，课外阅读和摘抄除外。

（2）周一至周五的每天语文作业，等级只有一个不是"优"的学生，可以申请选择周末语文作业其中两项不写，课外阅读和摘抄除外。

（3）周一至周五的生字、古诗听写、默写过关的，可以免写周末抄写和听写、默写作业。

这样制定，不仅可以减轻孩子周末的负担，还可以提高课堂学习效率和平时作业质量。因为，每天的家庭作业是对课堂知识的巩固和知新！如果要保证每天作业都为"优"，必须认真听讲，积极思考，做好笔记，参与课堂互动，提高课堂效率。完成作业时，也需要字迹工整，认真读题、思考。这样经过在校五天高效的学习和完成作业，一周的学习任务在学习工作日就能完成，何必留到周末呢？

有了属于自己的周末，孩子们可以发展自己的兴趣爱好，自由阅读，走进大自然，生活中处处都是语文啊！周末，本该属于快乐的孩子，属于七彩的童年！

孩子，送你四种"营养品"

惠州市南坛小学实验学校　陈　娟

每个儿童都是一个独一无二的世界。一个班集体，作为班主任，我能为他们做些什么呢？能带给他们什么呢？

责任。我们班孩子曾一起观看了《穹顶之下》。柴静，一个有良知的记者，向我们真实地报道了当今的环境问题，孩子们看完后感触特别深。他们对雾霾有了新的认识，同时也对当今的环境产生了担忧。孩子们对此做了一份有关环保的手抄报，还在班级中倡议保护身边的环境从小事做起，能不坐车尽量不坐车，采取步行；生活中，不乱扔纸屑，爱护一草一木。绿色环保，从我做起！

书香。还没有走进我们班，你就会闻到一股淡淡的书香。随即映入眼帘的是一排排整整齐齐的书架，这里是我们吸收知识的乐土。在这里我们可以畅游书的海洋，领略中华文化的博大精深。我们还会一起分享、交流读书心得。讲台的对面是学习园地，这里凝聚着全班人的汗水，一张张奖状就是最好的证明。

温暖。一方有难，八方支援。谁有困难，谁有忧伤，谁开心，我们会在第一时间得知，因为这里有一群团结向上、睿智进取的孩子。当女同学身体不适，有人会带她找校医；当有同学扭伤脚，有人会搀扶着；当有同学心情不好，有人会安慰。在德育基地的感恩教育中，孩子们一声声的感谢、一个个的拥抱让我感动不已。

快乐。孩子们在这样一个温暖的家庭里学习，轻松而惬意，他们不会因为学习的压力而忧愁，他们不会因为受到委屈而伤心。当我们取得好成绩，孩子们会在一起欢呼雀跃，为自己的努力拼搏喝彩！

我希望能带给孩子的，除了书本上的知识，还有他们成长所需要的营养！

孩子，我愿像阳光伴你左右

惠州市南坛小学实验学校　刘惠玲

失去了父爱或是母爱的孩子，被称为"单翼天使"。小白就是一位"单翼天使"。他的内心，是一口深井，隐藏着伤心、孤独和难言的苦衷。

从二年级起，小白便开始了寄宿生活。孩子性格暴躁、易怒，常在宿舍与生活老师、同室孩子发生矛盾。从小没有父母照料的他，缺乏自理能力，寄宿生活让他手足无措：每天大家看见的便是他凌乱的书包，缺角脱页的书本，穿戴不整的衣服。每天看到他那种游离的状态，让人难以接受的同时更多的是心疼,这孩子该怎么办?

但与小白相处的这一年多来,我发现他是一个淳朴天真、天资聪慧的孩子。因此我要尽我所能去引导他,为他的生活注入阳光,为他的生活增添正能量。

在宿舍,他总爱给生活老师出难题。有一天晚上,因为睡觉时讲话受了批评,他便对生活老师大发雷霆,把床褥用品扔了一地。我得知后便赶往宿舍,只见他牙齿咬得咯咯作响,眼里闪着一股无法遏制的怒火。我站在他跟前,一言不发,目的是先让其冷静,因为我知道此刻如果再加入责备的语言,定会将他这团怒火燃烧得更旺。他看着我,一言不发。随后,眼里的那团怒火变成了两行泪,滑落在脸颊上。我一边安抚他,一边替他收拾好凌乱的床铺,安抚好他的情绪,哄他入睡后方才离开。事后,我意识到,跟进工作还是有盲点,应该双管齐下,多方配合才有实效。于是,我加强了与生活老师的沟通,定期跟进孩子在宿舍的情况,经常到宿舍看望他。渐渐地,每次到访公寓楼,总能听见生活老师夸他进步了。的确,大家的多维关注让他变得快乐了,自信了,他也越来越亲近老师了,整天像小尾巴似的跟在老师身后,说着一些心事,报告着一些他认为非常重要的事……

当然,毕竟是孩子,他的不良情绪也会时不时反复地出现。比如,妈妈答应过来看他,却没有信守诺言按时出现,这都会让他的心情跌入谷底,无由来的发怒、生气。记得前几天因为生妈妈的气,小白在饭堂里把整盆汤扔在地上……每当他发怒时,我要做的事就是第一时间赶到他身边,想办法创造一个能够让他冷静下来的环境,再安抚好他的情绪,待他心情平复后再做相关引导。我曾俯下身一遍又一遍地教他系鞋带,每天重复着教他整理着装、收拾书包;在他身体不适时嘘寒问暖,在他心情烦闷时逗他一笑。

我们之间,没有轰轰烈烈的动人故事,只有像涓涓细流般的日常琐事。但这正是孩子需要的,他需要和风细雨,需要和煦的阳光陪伴他成长。

9

今天，我们这样做班主任

今天，我们这样研讨

今天，我们这样建设班级